趙爾巽等撰

清史稿

第四册

卷一七至卷二五（紀）

中華書局

清史稿卷十七

本紀十七

宣宗本紀一

宣宗效天符運立中體正至文聖武智勇仁慈儉勤孝敏寬定成皇帝，諱旻寧，仁宗次子。母孝淑睿皇后，乾隆四十七年八月初十日，生上於擷芳殿。幼好學，從編修秦承業、檢討萬承風先後受讀。又與禮部右侍郎汪廷珍、翰林侍讀學士徐頲朝夕講論。乾隆五十六年八月，高宗行圍威遜格爾，上引弓獲鹿，高宗大喜，賜黃馬褂、花翎。嘉慶元年，娶孝穆成皇后。四年四月戊戌，仁宗遵建儲家法，親書上名，緘藏鐍匣。十三年正月，孝穆成皇后薨，繼娶孝慎成皇后。

十八年九月，從幸秋獮木蘭，上先還京師，而教匪林清黨犯闕之變作。是月，戊寅，賊入內右門，至養心殿南，欲北竄。上御槍斃二賊，餘賊潰散，亂始平。飛章上聞。仁宗欣慰，封上爲智親王，號所御槍曰「威烈」。諭內閣曰：「忠孝兼備，豈容稍靳恩施。」上謙沖不自滿假，謝恩奏言：「事在倉猝，又無禦賊之人，勢不由己，事後愈思愈恐。」其不矜不伐如此。

二十五年秋七月，仁宗秋獮熱河，上隨扈。戊寅，仁宗不豫，己卯，大漸，御前大臣賽沖阿、索特納木多布齋，軍機大臣托津、戴均元、盧蔭溥、文孚，總管內務府禧恩、和世泰公啓鐍匣，宣示嘉慶四年御書，立上爲皇太子。仁宗崩，卽日奉大行皇帝梓宮回京。辛巳，尊母后爲皇太后，晉封惇郡王緜愷爲惇親王，緜愉爲惠郡王。癸未，奉皇太后懿旨：「大行皇帝龍馭上賓，皇次子智親王仁孝聰睿，英武端醇，見隨行在，自當上膺付託，撫馭黎元。但恐倉卒之中，大行皇帝未及明諭，而皇次子秉性謙沖，予所深知。爲降諭旨，傳諭留京王大臣，馳寄皇次子，卽正尊位。」上奉懿旨，恭摺覆奏，並將御前大臣等啓鐍匣所藏嘉慶四年四月立皇太子硃諭進呈。召在籍翰林院侍講秦承業來京。

八月乙酉，命遵古制行三年之喪，臣民仍照定例持服。免直隸承德府屬及經過宛平等五州縣明年額賦。癸巳，允王大臣請，持服百日。乙未，大行皇帝梓宮還京師。御史袁銑疏陳定規模、正好惡七事。上優詔嘉納之。加方受疇太子太保。戊申，大學士、九卿等奏上大行皇帝廟號尊謚曰仁宗受天興運敷化綏猷崇文經武孝恭勤儉端敏英哲睿皇帝。頒大行皇帝遺詔於朝鮮、琉球、暹羅、越南、緬甸諸國。庚戌，上卽皇帝位於太和殿，告祭天地、太廟、社稷，頒詔天下，以明年爲道光元年。加恩中外，非常赦不原者，咸赦除之。加黃鉞、劉鐶之、賽沖阿、孫玉庭、蔣攸銛太子少保。辛亥，停本年秋決。是月，賑河南許州地震災。貸盛京彰武臺邊門等處被淹兵丁一年錢糧，並給修屋費。貸巨流河等處一月口糧。

九月己未，尊大行皇帝陵曰昌陵。庚申，切責軍機大臣，以擬遺詔錯誤，罷托津、戴均元軍機大臣，文孚、盧蔭溥仍留軍機大臣，均下部嚴議。斌靜奏沖巴噶什愛曼布魯特比蘇蘭奇糾薩木薩克之子張格爾作亂。命慶祥兼程赴喀什噶爾勦之。命大學士曹振鏞，尚書黃鉞、英和在軍機大臣上行走。壬戌，以那彥成爲理藩院尚書。命吏部尚書、協辦大學士吳璥督理河南儀封河工。調劉鐶之爲吏部尚書，茹棻爲兵部尚書，盧蔭溥爲工部尚書，黃鉞爲戶部尚書，汪廷珍爲禮部尚書，顧德慶爲左都御史。起松筠爲左副都御史。戊辰，以秦承業爲翰林院侍講學士，命在上書房行走。庚午，上始御西廠幄次，引見廷臣。詔開鄉會試恩科。命臣工切實言事。丁丑，豫親王裕興以罪奪爵圈禁。壬午，加提督楊遇春太子少保，賞雙眼花翎。是月，賑河南睢州等七州縣水災，並給睢州等四州縣一月口糧。

冬十月戊子，調英和爲戶部尚書，那彥成爲吏部尚書，穆克登額爲工部尚書，普恭爲禮部尚書，和世泰爲理藩院尚書，松筠爲左都御史。辛丑，上大行皇帝尊謚廟號。翌日，頒詔天下，覃恩有差。甲辰，賑江蘇被水江寧等八州縣、安徽被水鳳陽等府所屬州縣。戊申，以德英阿爲烏魯木齊都統。是月，賑江南海州、安徽泗州等八州縣及屯衛水旱災。給浙江蕭山等三十三縣貧民口糧。

十一月丙辰，上奉皇太后居壽康宮。戊辰，以魏元煜爲江蘇巡撫，左輔爲湖南巡撫。庚午，冬至，祀天於圜丘。自是每歲如之。癸酉，以誠安爲左都御史，松筠爲熱河都統。甲戌，誠安改鑲黃旗漢軍都統。以文孚爲左都御史。丁丑，翰林院侍講學士顧蒓奏松筠宜置左右，忤旨，下部嚴議。

十二月甲申，上皇太后徽號曰恭慈皇太后。翌日，頒詔天下，覃恩有差。諭奉皇太后懿旨，立皇帝繼妃佟佳氏爲皇后。丙戌，和世泰改福州將軍。以晉昌爲理藩院尚書。調慶保爲閩浙總督。以史致光爲雲貴總督，韓克均爲雲南巡撫，顏檢爲福建巡撫。庚寅，河南儀封決口合龍。癸巳，加上孝敬憲皇后、孝聖憲皇后、高宗純皇帝、孝賢純皇后、孝儀純皇后尊謚。英和罷軍機大臣，照舊供尚書等職。丙申，以汪廷珍、湯金釗、方受疇、蔣攸銛言查陋規不便予議敍，孫玉庭奏尤爲剴切，溫諭褒之。起李鴻賓爲安徽巡撫。召張映漢來京，以陳若霖爲湖廣總督，帥承瀛爲浙江巡撫。

是歲，朝鮮、琉球來貢。

道光元年春正月癸丑，御太和殿受朝，樂設而不作，不讀賀表。丙辰，賞刑部員外郎初彭齡禮部侍郎銜。裁浙江鹽政，以巡撫兼管。己未，以文孚爲禮部尙書，那清安爲左都御史。丁卯，越南進香，表賀，貢方物，詔止之。丙子，朝鮮國王李玜奉表慰唁；廓爾喀王熱尊達爾畢噶爾瑪薩野奏仁宗升遐成服，貢金緞，賜敕嘉賚之。

二月壬午朔，日食。班禪額爾德尼進貢物，賜敕褒嘉賚之。戊戌，協辦大學士吳璥予告。庚子，命孫玉庭爲協辦大學士，仍留兩江總督。加陝甘總督長齡太子少保。甲辰，免江西豐城等六縣民借籽種口糧逋穀。

三月辛亥朔，欽天監奏，本年四月初一日，日月合璧，五星聯珠。詔：「益勵寅恭，與內外臣工共圖上理，不必宣付史館。」壬子，以送仁宗睿皇帝梓宮至山陵，命莊親王綿課等留京辦事。癸丑，再免經過地方本年旗租，並給麥田籽種。辛酉，仁宗睿皇帝發引，上奉皇太后送至昌陵。壬戌，廓爾喀進登極表貢，命與道光二年例貢同進。丙寅，上謁泰陵、泰東陵、昌陵、隆恩殿，上孝淑睿皇后尊謚曰孝淑端和仁莊慈懿光天佑聖睿皇后。丁卯，命成都將軍呢瑪善赴雲南幫辦軍務。癸酉，葬仁宗睿皇帝於昌陵。加托津、曹振鏞太子太傅。丁丑，上奉皇太后還京師。戊寅，仁宗睿皇帝、孝淑睿皇后升祔太廟。己卯，以升祔禮成，頒詔天下，覃恩有差。命貴州提督羅思舉赴雲南軍營協勦。是月，貸山西岢嵐等十州縣、甘肅狄道等五州縣上年災民倉穀口糧。

夏四月丙戌，常雩，祀天於圜丘，仁宗睿皇帝配享，自是歲以爲常。庚寅，授呢瑪善爲欽差大臣，督辦雲南永北軍務。授那清安左都御史。大學士、三等侯明亮致仕。命戴均元、穆克登額、阿克當阿相度萬年吉地。甲辰，雲南大姚拉古賊平。丁未，上詣大高殿祈雨。戊午，撥江蘇海州等州縣賑銀四十五萬六千兩。命伯麟爲大學士管兵部。以長齡爲協辦大學士，仍留陝甘總督任。癸亥，詔停本年秋決。甲子，授伯麟體仁閣大學士，曹振鏞武英殿大學士。丙寅，封阮福晈爲越南國王。以松筠爲兵部尚書，慶惠爲熱河都統。壬申，夏至，祭地於方澤，仁宗睿皇帝配享，自是歲以爲常。癸酉，雲南永北大姚賊平。

六月辛巳，以張師誠爲廣東巡撫。甲申，安定門災。庚寅，上御太和門，命鄭親王烏爾恭阿、順承郡王倫柱齎册寶詣孝穆皇后殯宮行册謚禮。戊戌，召成齡來京，以李鴻賓爲漕運總督，孫爾準爲安徽巡撫。除河南新鄉縣地賦。以琦善爲山東巡撫。

秋七月庚戌，刑部尚書和瑛卒，調那彥成爲刑部尚書，松筠爲吏部尚書，晉昌爲兵部尚書。以穆克登布爲理藩院尚書。己未，嚴烺以三品頂戴署河東河道總督。丁卯，調毓岱爲江西巡撫。以楊懋恬爲湖北巡撫。庚午，上奉皇太后謁西陵，免經過地方額賦十分之三。

壬申，上奉皇太后還京師。是月，賑甘肅寧夏等四縣水旱災，並免上年額賦。

八月庚辰，展順天鄉試於九月舉行。丁亥，命松筠在軍機大臣上行走。以特依順保爲烏里雅蘇台將軍。癸巳，兵部尚書茹棻卒，以初彭齡代之。乙未，霍罕遣使請入覲，卻之。丙午，調張師誠爲安徽巡撫，孫爾準爲廣東巡撫。

九月戊辰，暹羅國王鄭佛遣使進香、貢方物，溫諭止之。己巳，召長齡來京，以朱勳署陝甘總督。是月，賑安徽宿州等三州縣水災。

冬十月己卯，上御乾清門聽政，自是歲以爲常。丁亥，調孫爾準爲安徽巡撫，嵩孚爲廣東巡撫。

十一月己未，貴州巡撫陳若霖奏請歲減民、苗佃租二萬二千石，給苗疆會試舉人川費，允之。壬戌，以河防功加黎世序太子太保銜。

十二月戊子，以邱樹棠爲山西巡撫。癸巳，吏部尚書劉鐶之卒，調盧蔭溥爲吏部尚書，免軍機大臣。調初彭齡爲工部尚書。以戴聯奎爲兵部尚書。

是歲，朝鮮、越南、琉球來貢。

二年春正月丁未朔，方受疇病免，以顏檢爲直隸總督，長齡署之。以葉世倬爲福建巡撫。辛酉，祈穀於上帝，仁宗睿皇帝配享，自是每歲如之。庚午，召特依順保來京，調奕顥爲烏里雅蘇台將軍，松筠爲黑龍江將軍。以晉昌爲盛京將軍，那清安署兵部尚書。辛未，以三載考績，予曹振鏞等議敍，罷侍郎那彥寶、善慶、吳芳培，降左都御史顧德慶。以王鼎爲左都御史。命長齡回陝甘總督。以松筠署直隸總督，那彥成署吏部尚書。

二月丁亥，以謁陵命莊親王緜課等留京辦事。癸巳，兵部尚書戴聯奎卒，以王宗誠代之。

三月丙午，撥江蘇上元等二十州縣賑銀五十四萬兩。丁未，上謁東陵，免經過地方額賦十分之三。庚戌，上謁昭西陵、孝東陵、景陵、裕陵，詣端慧皇太子園寢奠酒。調穆克登額爲禮部尚書，文孚爲工部尚書。癸丑，上還京師。甲寅，上奉皇太后謁西陵，免經過地方額賦十分之三。乙卯，以裕陵工程不慎，降莊親王緜課爲郡王，解戴均元太子太保及管刑部，褫蘇楞額職，令在工次聽差，仍分成賠繳有差。戊午，上謁泰陵、泰東陵、昌陵。己未，清明節，上詣昌陵行敷土禮。壬戌，上詣孝穆皇后殯宮前奠酒。奉皇太后還京師。

閏三月戊寅，穆克登布免理藩院尚書。乙酉，以禧恩爲理藩院尚書。庚子，賜戴蘭芬等二百二十二人進士及第出身有差。是月，蠲緩奉天寧遠等三州廳額賦。

夏四月辛未，上孝敬憲皇后、孝聖憲皇后、高宗純皇帝、孝賢純皇后、孝儀純皇后尊謚，藏册寶於太廟、盛京太廟，並藏仁宗睿皇帝、孝淑睿皇后册寶於盛京太廟。壬午，青海番賊平。以阿霖爲江西巡撫。乙酉，以倉場侍郎莫晉奏事妄言，硃批駁斥，降內閣學士。是月，蠲緩河南睢州等十六州廳縣沙壓、隄占、水占地賦，直隸滄州等五州縣並嚴鎭、海豐二場被水賦課。

六月癸丑，大學士伯麟原品休致。命戴均元仍管刑部。己未，命那彥成署陝西巡撫。調嵩孚爲貴州巡撫。以羅含章爲廣東巡撫。以那清安署刑部尚書。壬戌，褫松筠吏部尚書、軍機大臣，命以六部員外郎候補。戊辰，命長齡爲大學士兼管理藩院。以英和協辦大學士。調文孚爲吏部尚書，禧恩爲工部尚書。以那清安爲兵部尚書，玉麟爲左都御史。己巳，以富俊爲理藩院尚書，松箖爲吉林將軍，德英阿爲黑龍江將軍，英惠爲烏魯木齊都統。是月，賑山西興縣水災。

秋七月，以程祖洛爲河南巡撫，王鼎署之。以程國仁爲陝西巡撫。是月，賑直隸霸州等二十一州縣水災。

八月癸卯，召雲貴總督史致光來京，以明山代之。河南新蔡縣教匪朱麻子作亂，命程祖洛捕誅之。戊申，召慶保來京，以趙愼畛爲閩浙總督，盧坤爲廣西巡撫。庚戌，以盧坤署陝西巡撫。戊辰，賞廓爾喀國王寶石頂戴，噶箕畢穆興塔巴三品頂戴。辛未，召長齡、松廷來京，以那彥成署陝甘總督。是月，給河南安陽等三縣，直隸霸州等十二州縣，山西歸化城、薩拉齊二廳，山東恩縣等三縣水災口糧。貸土默特被水蒙古口糧。蠲緩山東高唐等四十一州縣衞，雲南鶴慶、劍川二州災歉賦課。

九月壬申朔，允暹羅進本年例貢。甲戌，撥通倉米十萬石賑直隸被水災民。乙酉，四川果洛克番賊平。授嚴烺河東河道總督。庚寅，以蔣攸銛署刑部尚書。調陳若霖爲四川總督，李鴻賓爲湖廣總督。以魏元煜爲漕運總督，韓文綺爲江蘇巡撫。庚子，調盧坤爲陝西巡撫。以成格爲廣西巡撫。是月，給江西瑞昌縣，河南武陟、原武二縣災民口糧。

冬十月丙午，謁陵，命莊親王緜課等留京辦事。授那彥成陝甘總督，蔣攸銛刑部尚書。乙卯，上以釋服奉皇太后謁西陵，免經過地方額賦十分之三。己未，上謁泰陵、泰東陵、昌陵。庚申，上謁昌陵行釋服禮。癸亥，上奉皇太后還京師。是月，賑甘肅河州、安徽宿州、直隸霸州等四十三州縣，江蘇海州、湖北天門二縣水災。貸給盛京廣寧縣，山東濮州等五州縣，黑龍江城庫木爾等二站水災口糧。蠲緩甘肅靜寧等六州縣、河南儀封等二十三廳縣、湖北沔陽等十三州縣、山東濮州等五十一州縣衞、直隸通州等十八州縣、江蘇海州等三十四廳州縣衞被水災新舊額賦，墨爾根、布特哈舊欠糧石，長蘆及江蘇松江府屬正溢鹽課。

十一月辛未朔，以玉麟署禮部尚書。癸未，撫恤廣東省城火災貧民蛋戶。乙酉，以玉麟爲禮部尚書，慶保爲左都御史。丙戌，立繼妃佟佳氏爲皇后。翌日，頒詔天下，覃恩有差。戊子，起松筠爲光祿寺少卿。壬辰，上詣大高殿祈雪。丁酉，以册立皇后禮成，上皇太后徽號曰恭慈康豫皇太后。翌日，頒詔天下，覃恩有差。是月，賑安徽宿州等七州縣及屯坐各衞、河南武陟縣水災旱災。給安徽泗州等八州縣、甘肅河州等十一州廳縣災民口糧。蠲緩安徽宿州等十七州縣及屯坐各衞，河南武陟、陽武二縣，甘肅狄道等六州廳縣，江西南昌等七縣並南昌、九江二衞，湖南澧州、浙江海寧等四州縣被災新舊額賦，長蘆被水引地、兩淮板浦等九場被水新舊額賦。

十二月丙午，上詣大高殿祈雪。癸丑，上以祈雪未應，命再禱七日。熱河都統成德卒，以慶保代之。賞松筠二品頂戴爲左都御史。調程含章爲山東巡撫。以陳中孚爲廣東巡撫。甲寅，河南虞城縣匪徒盧照常等作亂，捕誅之。庚申，免江蘇、安徽嘉慶二十三年以前民欠攤徵銀。調德英阿爲綏遠城將軍，祿成爲黑龍江將軍。乙丑，內閣漢票簽處火。是月，給直隸大城縣水災口糧。貸直隸駐紮災區兵丁餉銀。蠲緩直隸隆平等三縣、江蘇山陽等四縣水災旱災額賦。

是歲，朝鮮、暹羅、琉球來貢。

三年春正月壬申，御重華宮，宴羣臣及內廷翰林。調孫爾準爲福建巡撫。以陶澍爲安徽巡撫。以廓爾喀額爾德尼王遣噶箕達納彭咱邦禮等來賀登極進表貢，賜詔嘉勉，仍優賚之。壬午，幸圓明園。乙未，命大學士長齡在軍機大臣上行走。以史致光爲左都御史。是月，賑奉天小黑山白旗堡旗戶、直隸霸州等三十六州縣、江蘇海州水災。給江蘇邳州等八州縣衛水災、安徽宿州等十二州縣衛水災旱災、河南武陟縣水災、山東濮州等六州縣災民一月口糧。貸浙江海鹽、長興二縣旱災，陝西留壩等十一廳州縣雹災水災，甘肅靜寧等十七州縣地震災，兩淮板浦等九場水災，河南武陟等三縣，黑龍江齊齊哈爾、墨爾根城旗丁水災籽種糧石。

二月辛丑朔，命以原任大學士阿桂配饗太廟。調嵩孚爲湖南巡撫。以程國仁爲貴州巡撫。丁未，釋奠先師孔子。辛亥，以原任尙書湯斌從祀文廟。癸丑，上詣文廟釋奠，臨辟雍講學，加禮部尙書汪廷珍太子太保銜。是月，加給直隸大城縣口糧。

三月壬申，上御勤政殿聽政。乙亥，上親耕耤田，加一推。丙子，上奉皇太后幸南苑。上行圍。辛巳，上奉皇太后還宮。甲午，上奉皇太后閱健銳營兵。戊戌，調程含章爲江西巡撫，以琦善署山東巡撫。是月，加給直隸文安縣災民一月口糧。

夏四月甲辰，召顏檢來京，以蔣攸銛爲直隸總督。調那清安爲刑部尙書，玉麟爲兵部尙書。以戶部左侍郎穆克登額爲禮部尙書。癸亥，上禱雨於覺生寺。甲子，賜林召棠等二百四十六人進士及第出身有差。

五月辛未，賑直隸霸州等州縣災。是月，賑直隸霸州等三十六州縣災民。

六月，命署工部侍郎張文浩會同蔣攸銛查勘南北運河並永定、大淸、滹沱各河。戊午，以果勒豐額爲烏里雅蘇台將軍。永定河決。壬戌，北運河決。是月，加給直隸靜海、靑縣二縣災民兩月口糧。貸河南汝陽、正陽二縣倉穀。

秋七月戊辰，以陸以莊爲左都御史。己巳，以直隸霸州等十州縣被淹較重，飭撥銀米先行撫恤。飭琦善撲蝗。壬午，以江蘇水災，免各關商米稅銀。免河南應攤川楚及衞案軍需四百六十萬兩。是月，給江西德化縣、湖北黃梅縣、江蘇太倉等十七州廳縣水災一月口糧。加賑直隸通州等二十一州縣水災。

八月己亥，初舉經筵。乙卯，以浙江杭州等三府屬水災，免海運商米船稅，並留各關稅銀備賑。是月，賑安徽無爲等十六州縣水災。給河南濬縣等十三縣水災一月口糧。

九月壬申，以謁陵命托津、英和、盧蔭溥、汪廷珍留京辦事。丁丑，永定河決口合龍。壬午，上奉皇太后謁西陵。丙戌，謁泰陵、泰東陵、昌陵。丁亥，免直隸通州二十七州縣水災額賦。己丑，奉皇太后還京師。壬辰，以松筠爲吉林將軍，穆彰阿爲左都御史。是月，賑直隸通州等四十州縣、山東臨清等五州縣水災。加賑江西德化縣、湖北黃梅縣、河南武陟等五縣水災。給江蘇儀徵等四縣、湖北江陵等三縣水災口糧。蠲緩山東臨清等十六州縣衞、直隸薊州五十州縣水災新舊額賦，河南武陟縣、湖北黃梅縣水災額賦及屯坐各衞應徵新舊額賦，並給修屋費。

冬十月，賑湖北江陵等三縣衞水災，並免新舊額賦，給修屋費。貸奉天錦州旗民、山東武城縣水災一月口糧，直隸天津鎭三營及紫荆關各汛被水兵丁銀米。乙亥，以毓岱爲廣西巡撫。是月，貸甘肅靜寧等十六州縣災民口糧。蠲緩湖南澧州等五州縣等水災，甘肅宜禾縣旱災新舊額賦。癸丑，以緝盜功，加陝西陝安道嚴如熤按察使銜。是月，貸江蘇蘇州等五府駐紮災區兵丁銀米。

是歲，朝鮮、琉球、暹羅、緬甸來貢。

四年春正月壬申，命停今歲木蘭秋獮。癸酉，享太廟，命皇子奕緯代行禮。癸未，撥戶部銀八萬兩貸直隸貧民口糧。是月，賑直隸通州等三十八州縣上年雹災，河南武陟縣、濬縣旱災各一月。給江蘇太倉等三十州縣衞，安徽無爲等十七州縣衞，浙江海寧等十二州縣、橫浦等四場，兩淮安豐等九場水災，山東臨清等五州縣雹災一月口糧。貸河南武陟等十二縣上年水災籽種口糧倉穀，江西德化等十四縣、湖北黃梅等三縣及各屯衞、湖南澧州等四州縣、甘肅秦州等十州縣、齊齊哈爾等三城被災軍民籽種口糧，江蘇泰興營兵丁兩月錢糧。

二月丁酉，召松筠爲都察院左都御史。以富俊爲吉林將軍，穆彰阿爲理藩院尚書、軍機大臣。江南河道總督黎世序卒，以張文浩代之。己亥，御經筵。甲寅，上奉皇太后幸南苑。丁巳，上行圍。己未，上奉皇太后還宮。是月，給江蘇銅山縣災民一月口糧。調毓岱爲江西巡撫，以康紹鏞爲廣西巡撫。丁亥，上閱健銳營兵。初彭齡罷，以陳若霖爲工部尚書。

夏四月壬戌，貸湖北武昌府屬道士洑營、荊州城守等營兵丁倉穀，江南徐州鎭標中營等駐紮災區兩月錢糧。

五月己巳，上詣黑龍潭祈雨。甲戌，雨。增致祭堂子禮。戊寅，增皇太后萬壽告祭太廟後殿禮。

六月癸巳朔，日食。乙巳，以張師誠爲山西巡撫。甲寅，暹羅國王鄭佛卒。

秋七月丙子，韓崶免，以陳若霖爲刑部尚書，陸以莊爲工部尚書，姚文田爲左都御史。辛巳，大學士戴均元致仕。是月，貸湖北衞昌、德安二營兵丁倉穀。

閏七月辛丑，江蘇巡撫韓文綺降調，調張師誠爲江蘇巡撫，以朱桂楨爲山西巡撫。壬寅，以韓克均兼署雲貴總督。丁未，命孫玉庭爲大學士，以蔣攸銛爲協辦大學士，均仍留總督任。成都將軍呢瑪善卒。以奕顥爲綏遠城將軍。辛亥，以福緜爲山西巡撫。乙卯，免安徽無爲等三十一州縣上年水災旱災額賦。是月，貸江南二營銀米。

八月壬戌，命江蘇按察使林則徐濬浙江水道。己巳，御試翰林、詹事等官，擢朱方增五員一等，餘升黜有差。戊寅，御經筵。庚辰，以蘇明阿爲貴州巡撫。丙戌，予告大學士伯麟卒。丁亥，以成格爲江西巡撫。是月，蠲綏長蘆與國等七場、滄州等七州縣上年水災竈課，甘肅宜禾縣旱災額賦。

九月壬寅，以黃鳴傑爲浙江巡撫。癸卯，免安徽無爲等十一州縣被災學田租銀。是月，給陝西寧羌等四州縣災民口糧。貸江蘇瓜州營被災兵丁銀米，陝西安定等縣水災雹災倉穀。

冬十月乙丑，回酋張格爾入烏魯克卡倫，官軍失利，侍衞花山布等陣亡。丙子，巴彥巴圖等率兵勦張格爾，敗之。張格爾奔喀拉提錦。甲申，予告大學士章煦卒。以孫玉庭奏開王營減水壩，命相機速辦。

十一月己酉，以高堰十三堡決口，張文浩交部嚴議。辛亥，命文孚、汪廷珍往江南查看高堰決口。調嚴烺爲江南河道總督。以張井署河東河道總督。甲寅，孫玉庭坐徇隱張文浩，免兩江總督，以魏元煜署。命兵部尚書玉麟在軍機大臣上行走。是月，給安徽宿州、靈璧縣及屯坐各衞災民口糧。貸江寧八旗、兩江督標協標兵丁餉銀，甘肅靜寧等十三州縣及東樂縣丞所屬災民口糧。

十二月己未朔，上復詣大高殿祈雪。戊辰，授魏元煜兩江總督，以顏檢爲漕運總督。己卯，召明山來京，以長齡爲雲貴總督。高堰決口合龍。以慶保爲烏里雅蘇台將軍，那清安爲熱河都統，明山爲刑部尚書，穆彰阿署。是月，給雲南太和等三縣災民、景東廳屬鹽井竈戶一月口糧及修屋費，江蘇高郵等五州縣災民並淸河廳災民一月口糧。

是歲，朝鮮、琉球來貢。

五年春正月，授戴三錫四川總督。辛亥，以三載考績，予托津、長齡、曹振鏞、黃鉞、英和、汪廷珍、蔣攸銛、那彥成、嚴烺議敍，加琦善總督銜。是月，給江蘇高郵等四州縣，安徽天長縣、泗州衞上年水災旱災軍民口糧。貸直隸文安、大城二縣，河南汝陽、淮寧二縣，陝甘寧羌等七州縣，甘肅狄道等四十州廳縣及肅州州同、莊浪等縣丞所屬水災旱災雹災籽種口糧，兩淮中正場水災竈戶口糧，雲南景東廳被水鹽井修費，並免上年額課。

二月庚申，御經筵。甲子，以謁陵命莊親王、托津、盧蔭溥、汪廷珍留京辦事。戊寅，上奉皇太后謁陵，免經過地方額賦十分之三。上謁昭西陵、孝陵、孝東陵、景陵、裕陵，至寶華峪閱視萬年吉地，回鑾。甲申，幸南苑行圍。是月，給安徽天長縣災民一月口糧。

三月戊子朔，上還京師。以琦善爲山東巡撫。甲辰，以程含章爲浙江巡撫。壬子，王鼎以一品銜署戶部左侍郎。丙辰，免河南積年民欠並河工加價攤銀。是月，貸直隸寶坻、靜海二縣，甘肅洮州廳十七廳州縣及莊浪縣丞所屬災隸籽種口糧，齊齊哈爾被災旗人耕牛銀。

夏四月乙丑，免直隸積年逋賦。辛未，以伊里布爲陝西巡撫。是月，貸駐紮歙區山西寧武等二營，湖北安陸等三營，荊州水師營、提標後營兵丁倉穀。

五月甲午，太監馬進喜以在潛邸關僞稱奉旨進香，交刑部治罪。諭各督撫，凡遇通緝太監，當認眞緝捕。有僞稱奉差者，迅卽奏辦。丁酉，黃鉞以年老免軍機大臣，專辦部務，仍直南書房。命王鼎在軍機大臣上行走。調張師誠爲安徽巡撫，陶澍爲江蘇巡撫。戊申，孫玉庭、顏檢罷，調魏元煜爲漕運總督，以琦善爲兩江總督。調伊里布爲山東巡撫，以鄂山爲陝西巡撫。甲寅，以本年漕運遲誤，諭切責孫玉庭等。玉庭交部嚴議，魏元煜、顏檢議處。是月，賑貴州鎭遠府屬州縣水災，並免額賦，貸兵丁餉銀，給城衙修費。貸湖北荊州駐守等四營駐紮災區兵丁倉穀。

六月，命蔣攸銛爲大學士，仍留直隸總督任。以禮部尚書汪廷珍協辦大學士。丁卯，降魏元煜三品頂戴，仍留漕運總督任。孫玉庭、顏檢均交琦善督令挑濬運河，工費命玉庭、檢、元煜分償。甲戌，魏元煜卒，以理藩院尚書穆彰阿署漕運總督，前江寧將軍普恭署理藩院尚書。乙酉，以陶澍奏，停江南折漕，仍議河海並運。是月，貸福建提標五營、泉州城守營穀價。

秋七月丁未，以德英阿爲烏里雅蘇台將軍，和世泰爲察哈爾都統。是月，減免直隸等七州縣積水地額賦。

八月，以嵩孚爲刑部尚書，調康紹鏞爲湖南巡撫，以蘇成額爲廣西巡撫。己未，御經筵。以陳中孚爲漕運總督，調成格爲廣東巡撫，以武隆阿爲江西巡撫。

九月乙酉，召那彥成，以鄂山署陝甘總督。調長齡爲陝甘總督，趙愼畛爲雲貴總督，以孫爾準爲閩浙總督。調韓克均爲福建巡撫，以伊里布署雲南巡撫。調武隆阿爲山東巡撫，韓文綺爲江蘇巡撫，以嵩溥爲貴州巡撫。庚子，以張井爲河東河道總督。甲辰，以德英阿署伊犂將軍，松筠署烏里雅蘇台將軍，普恭署左都御史。喀什噶爾幫辦大臣巴彥巴圖等率兵勦張格爾，妄殺布魯特部人。其酋汰列克糾衆圍巴彥巴圖等於喀什噶爾，慶祥使穆克登布等援之。命慶祥綏來京。是月，賑陝西綏德等四州縣雹災。蠲直隸開州等十五州縣旱災雹災新舊額賦。

冬十月庚辰，以長齡署伊犁將軍，楊遇春署陝甘總督，鄂山回陝西巡撫。命德英阿赴烏里雅蘇台。召松筠來京。辛巳，召蔣攸銛，以那彥成爲直隸總督。是月，賑陝西榆林等三縣雹災。

十一月壬辰，以暹羅國貢船漂沒，詔免其補貢，封世子鄭福爲暹羅國王。庚子，免托津管刑部，以蔣攸銛代之，並命爲軍機大臣。乙巳，上詣大高殿祈雪。丙午，除直隸昌黎縣捍禦灤河地額賦。丁未，雪。命慶祥以將軍銜署喀什噶爾參贊大臣。壬子，以慶祥爲喀什噶爾參贊大臣兼鑲黃旗漢軍都統，未任前，以穆克登布署之。授長齡伊犁將軍。是月，賑甘肅岷州等六州縣水災雹災。

十二月己巳，免山東章丘、鄒平二縣被水逋賦。戊寅，命科爾沁郡王僧格林沁御前行走。是月，賑奉天錦州府旱災蟲災。

是歲，朝鮮、琉球、暹羅、越南入貢。

六年春正月甲申，以雙城堡屯田，加富俊太子太保。是月，賑奉天錦州、中前所等處旗戶水災。給江蘇沛縣災民口糧。貸奉天寧遠州旗民，河南鄢陵等七縣，甘肅岷州等十二州縣，山西襄垣縣，直隸寶坻等三縣水災旱災雹災籽種口糧倉穀。

二月戊午，以謁陵命托津、英和、汪廷珍、盧蔭溥留京辦事。甲戌，上謁西陵，免經過地方額賦十分之三。戊寅，謁泰陵、泰東陵、昌陵。辛巳，上還圓明園。

三月癸巳，調張井爲江南河道總督。庚戌，賞潘錫恩三品頂戴，爲南河副總河。是月，貸山西靈丘縣、湖北荊州等五營被災兵丁倉穀。

夏四月甲子，上詣黑龍潭神祠祈雨。甲戌，以鄧廷楨爲安徽巡撫。丙子，賜朱昌頤等二百六十五人進士及第出身有差。是月，給江蘇沛縣災民口糧。貸江蘇徐州鎮三營，湖北德安、宜都二營災區兵丁錢穀。

五月乙未，禮部尚書穆克登額免，以松筠代之。以那清安爲左都御史。以明山爲熱河都統。戊戌，雲貴總督趙慎畛卒，調阮元代之。以嵩孚爲湖廣總督，明山爲刑部尚書，慶惠爲熱河都統。壬寅，免直隸河間等五縣積水地畝逋賦。是月，給山東堂邑等十二縣旱災口糧。貸直隸廣平等五縣、山東堂邑等十二縣、河南臨漳等十二縣、山西隰州營口糧籽種倉穀。

六月，賑湖北江陵、當陽二縣水災。給河南臨漳等七縣旱災口糧。貸直隸大名鎮標等七營被旱兵餉。

秋七月癸巳，張格爾糾安集延、布魯特回衆入卡。喀什噶爾回衆響應之。命楊遇春爲欽差大臣勦之，鄂山署陝甘總督。命武隆阿爲欽差大臣赴臺灣。己亥，以德英阿爲伊犂參贊大臣，倫布多爾濟署烏里雅蘇台將軍。庚子，張格爾陷和闐城，領隊大臣奕湄、幫辦大臣桂斌等死之。甲辰，命長齡爲揚威將軍，以武隆阿爲欽差大臣，與楊遇春參贊軍務。乙巳，以德英阿署伊犂將軍。是月，賑江蘇高郵等六州縣水災。給湖南醴陵等三州縣、山西歸化城水災口糧。貸陝西西鄉、盩厔二縣水災籽種，奉天錦州府屬各驛馬乾銀。

八月，回酋巴布頂等陷英吉沙爾。甲戌，張格爾陷喀什噶爾城，參贊大臣慶祥、幫辦大臣舒爾哈善等死之。進陷葉爾羌，辦事大臣音登額、幫辦大臣多隆武等死之。是月，賑江蘇海州等五州縣水災。給薩拉齊廳水災口糧。貸山西綏遠城渾津黑河水災口糧。

九月己卯朔，黃鉞免，以王鼎爲戶部尚書。辛巳，幸南苑。命固原提督楊芳、甘肅提督齊愼赴阿克蘇軍營。丁亥，還圓明園。戊子，以博啓圖爲察哈爾都統。辛卯，召穆彰阿來京，以楊懋恬署漕運總督。乙未，以長淸爲阿克蘇辦事大臣。己亥，慶廉奏敗賊於阿察他克臺。辛丑，免阿克蘇附近回莊本年應交麥石。癸卯，調格布舍爲烏里雅蘇台將軍。是月，給貴州松桃廳，山西歸化廳，江蘇山陽、鹽城二縣，江西蓮花等七廳縣水災口糧銀穀。

冬十月庚申，贈喀什噶爾死事參贊大臣慶祥太子太保。壬戌，免兩淮富安等十四場水災竈課。甲子，撥江蘇藩關道庫銀一百四十五萬兩賑高郵等二十州縣水災。是月，給安徽宿州等八州縣衞被災口糧。蠲緩江蘇高郵等四十七州廳縣衞災民新舊額賦。

十一月戊子，長齡等奏敗賊于阿克蘇之柯爾坪。己丑，以臺灣平，加孫爾準太子少保。是月，賑湖南茶陵等三州縣災民。貸甘肅秦州等十三州縣災民口糧。蠲緩盛京牛莊等處水災糧租，湖南茶陵等五州縣水災新舊額賦。

十二月戊申朔，以楊健爲湖北巡撫。以訥爾經額爲漕運總督。丙辰，四子部扎薩克親王伊什楚克魯布以僭妄削爵。戊午，調英和爲理藩院尚書，禧恩爲戶部尚書，穆彰阿爲工部尚書。

是歲，琉球、朝鮮入貢。

七年春正月丁酉，和闐回衆降，命優賚之。尋復爲張格爾所陷。庚子，以惠顯爲駐藏辦事大臣。是月，展賑江蘇高郵等二十三州縣衞軍民、兩淮丁谿等九場竈戶水災。給安徽泗州、五河縣及屯坐各衞，奉天白旗堡、小黑山二處災歉口糧。貸直隸開州等十州縣、甘肅秦州等十七州廳縣、河南原武等四縣、兩淮富安等五場、江西蓮花等五廳縣災歉口糧籽種，河南修武、封丘二縣，山西薩拉齊廳災民倉穀，江蘇川沙廳等三營、青村等八營銀米。

二月甲戌，上詣黑龍潭祈雨。是月，貸江蘇狼山等三營毗連災區兵餉。

三月己丑，賑江蘇高郵等州縣水災。丙申，長齡等奏敗賊於洋阿爾巴特。晉長齡太子太保。丁酉，上詣黑龍潭祈雨。己亥，長齡等敗賊于沙布都爾，獲安集延回目色提巴爾第。命蔣攸銛、穆彰阿查勘南河。以那清安署工部尚書。癸卯，以惠顯爲駐藏大臣。甲辰，雨。是月，賑江蘇高郵等州縣災民。貸甘肅張掖等三縣、直隸開州等六州縣貧民口糧。

夏四月丙午朔，日食。戊申，長齡等奏敗賊于阿克瓦巴特。予長齡紫韁，加楊遇春太子太傅，武隆阿太子少保。壬子，長齡等克喀什噶爾，張格爾遁。辛酉，進克英吉沙爾。以張格爾未獲，褫長齡紫韁、楊遇春太子太傅、武隆阿太子少保。

五月庚辰，楊芳克和闐，獲回目噶爾勒等，誅之。壬午，陸以莊免，以王引之爲工部尚書。癸未，琦善、張井、潘錫恩嚴議。琦善免兩江總督，以蔣攸銛代之。以托津管刑部。丁亥，命穆彰阿在軍機大臣上學習行走。

閏五月乙巳朔，免回疆八城新舊額賦。丙午，命楊遇春回，以楊芳爲參贊大臣。戊申，調奕顥爲盛京將軍，晉昌爲綏遠城將軍。是月，貸湖北黃州協道士洑營兵丁穀石。

六月壬午，上詣黑龍潭祈雨。丙戌，雨。

秋七月壬子，協辦大學士、禮部尚書汪廷珍卒。晉昌免正黃旗領侍衞內大臣，以鄭親王烏爾恭阿代之。丙辰，以姚文田爲禮部尚書，湯金釗爲左都御史。丁巳，命盧蔭溥協辦大學士。己未，英和以失察家丁，褫協辦大學士、理藩院尚書、紫韁。召富俊爲理藩院尚書、協辦大學士。以博啓圖爲吉林將軍。以安福爲察哈爾都統。辛酉，熱河都統昇寅免，以那清安代之。癸亥，那清安仍爲左都御史。英和褫太子太保，降二品頂戴，爲熱河都統。乙丑，以武隆阿爲喀什噶爾參贊大臣。以盧坤爲山東巡撫。戊辰，免甘肅兵差過境之各州縣額賦，協濟軍需之甘肅、陝西各州縣額賦十分之六。庚午，論喀什噶爾等四城收復功，復楊遇春太子太保，加鄂山、盧坤太子少保。壬申，以再定回疆，晉曹振鏞太子太師，蔣攸銛、文孚太子太保，加王鼎、玉麟太子少保。是月，給奉天錦州等三府州縣水災旗民口糧。

八月癸未，萬壽節，停筵宴。丙申，調盧坤爲山西巡撫，以琦善爲山東巡撫。是月，賑陝西略陽縣，湖北江陵、監利二縣水災。給江淮等處被災幫丁月糧。蠲緩江蘇高郵等四十七州縣衞廳被水新舊額賦。

九月癸丑，以孝穆皇后梓宮移寶華峪，命皇長子奕緯祖奠。丙辰，上詣孝穆皇后梓宮前奠酒。授伊里布雲南巡撫。戊午，免兵差過境之陝西華州等二十二州廳縣額賦十分之六。庚申，上謁東陵，免經過地方本年額賦十分之五。癸亥，謁昭西陵、孝陵、孝東陵、景陵、裕陵。召長齡，以德英阿爲伊犂將軍。晉戴均元太子太師。是日，回鑾。庚午，以楊國楨爲河南巡撫。免兵差過境之盛京省城及所屬開原等十四處旗民額賦十分之四。是月，加賑陝西略陽縣水災。

冬十月庚辰，免嘉慶二十五年至道光五年各省民欠正雜錢糧。壬午，皇太后萬壽聖節，奉懿旨停筵宴。丙戌，禮部尚書姚文田卒，以湯金釗代之。以潘世恩爲都察院左都御史。庚寅，巴綳阿免，以額勒津爲科布多參贊大臣。丁酉，以綸布多爾濟爲庫倫蒙古辦事大臣。是月，賑湖北江陵、監利二縣及屯坐各衞水災。給奉天廣寧縣被水站丁口糧。貸山西定襄、潞城二縣旱災雹災倉穀，黑龍江墨爾根城歉收口糧。

十一月乙巳，命長齡督同楊芳辦理回疆善後事宜。丙午，召那彥成。庚戌，授那彥成欽差大臣，會同長齡籌辦回疆善後事宜。以屠之申署直隸總督。己巳，免奉天遼陽等七州廳縣地丁銀十分之四。是月，賑甘肅岷州等六州縣水災雹災。

十二月，以彥德爲烏里雅蘇臺將軍。

是歲，朝鮮、琉球、暹羅入貢。

八年春正月丙午，以松筠署熱河都統，那清安署禮部尚書。戊申，授劉彬士浙江巡撫壬戌，長齡奏獲張格爾。癸亥，封長齡威勇公，授御前大臣。封楊芳果勇侯。調果齊斯歡爲綏遠城將軍。乙丑，晉曹振鏞太傅，文孚太子太傅，玉麟太子太保。加穆彰阿太子少保，並充軍機大臣。授楊遇春陝甘總督。丙寅，晉蔣攸銛太子太傅。復英和太子太保。命那彥成仍以欽差大臣赴喀什噶爾，偕楊芳辦善後。丁卯，加禧恩太子少保。是月，給江蘇沛縣貧民口糧。貸直隸滄州等九州縣災歉口糧，湖北江陵、監利二縣及屯坐各衞籽種，山西定襄等四縣倉穀，江蘇江寧、京口駐防修屋費。

二月乙亥，羣臣以再定回疆，上尊號，卻之，命議上皇太后徽號。都察院左都御史致光卒。

三月庚子朔，日食。乙巳，上行圍，至丁巳皆如之。戊申，上還宮。是月，貸直隸開州等六州縣貧民口糧。

夏四月，調果齊斯歡爲黑龍江將軍，以特依順保爲綏遠城將軍。是月，貸山西代州等二十四州縣歉收、湖北駐兵災區、荆州水師各營倉穀。

五月己酉，以獲張格爾，遣官告祭太廟、社稷，行獻俘禮。庚戌，御午門受俘。晉長齡太保。加楊芳太子太保。壬子，上廷訊張格爾罪，磔於市。丁巳，命圖平定回疆四十功臣及軍機大臣曹振鏞、文孚、王鼎、玉麟像於紫光閣。是月，貸湖北駐紮歉區黄州協兵丁倉穀。

六月癸酉，揚威將軍、大學士長齡凱旋，命鄭親王烏爾恭阿等迎勞。丙子，命長齡管理藩院。

秋七月甲辰，朝鮮國王李玜以回疆平定，遣使表賀進方物。丙午，以昇寅爲熱河都統，以那淸安署禮部尙書。

八月丁丑，萬壽節，停止筵宴。己卯，以成格爲熱河都統。調盧坤爲廣東巡撫。以徐炘爲山西巡撫。甲申，命奕紹、托津、富俊、陳若霖留京辦事。是月，給浙江淳安等四縣水災口糧。貸長蘆被淹竈戶工本。蠲緩浙江淳安等四縣新舊額賦。

九月戊戌朔，日食。丙午，上謁東陵，免經過地方額賦十分之三。丁未，以寶華峪工程不愼，褫英和職，降戴均元三品頂戴。己酉，謁昭西陵、孝陵、孝東陵、景陵、裕陵，並祭孝穆皇后殯宮。褫戴均元職。庚戌，謁裕陵，行大饗禮。辛亥，下英和於獄，籍其家。癸丑，上還圓明園。甲寅，上謁西陵，免經過地方額賦十分之三。丁巳，謁泰陵、泰東陵、昌陵。戊午，謁昌陵，行大饗禮。庚申，逮戴均元下獄，籍其家。辛酉，上還圓明園。調特依順保爲黑龍江將軍。以那彥寶爲綏遠城將軍，達淩阿爲塔爾巴哈臺參贊大臣。是月，賑兩淮海州屬中正等三場竈戶水災。貸回疆西四城兵丁茶價銀。

冬十月庚午，英和遣戍黑龍江。甲午，復惇郡王綿愷爲惇親王。是月，賑江蘇海州等三州縣衞、浙江建德等五縣水災。給江蘇高郵等九州縣、安徽泗州等二十六縣水災旱災一月口糧。貸奉天廣寧等處水災旗民口糧，浙江富陽縣貧民穀石，齊齊哈爾等處旗營官莊銀糧。蠲緩江蘇海州等三十六州廳縣衞、安徽泗州等二十六州縣、浙江海寧等十三州縣旱災水災新舊額賦。

十一月甲辰，上皇太后徽號曰恭慈安豫康成皇太后。乙巳，以加上皇太后徽號禮成，頒詔天下，覃恩有差。己未，釋戴均元。是月，賑浙江富陽縣水災。給盛京寧古塔等處水災口糧。

十二月辛巳，那彥成奏招降附霍罕之額提格訥部落。諭嘉之，令妥爲撫馭。

是歲，琉球、朝鮮入貢。

九年春正月丁未，希皮察克愛曼布魯特阿仔和卓來降。壬子，楊芳加太子太傅。是月，給安徽泗州等五州縣並屯坐衞、江蘇海州等十五州縣衞災民口糧。賑兩淮板浦等三場被災貧丁。貸山西代州、解州水災籽種，河南上蔡縣水災倉穀。

二月己巳，御經筵。庚午，上奉皇太后幸圓明園。霍罕西南達爾瓦斯部落遣使內附，諭嘉獎卻之。甲午，命吉林將軍博啓圖爲御前大臣，以瑚松額代之。三月丙午，上幸南苑。丁未，上行圍，至辛亥皆如之。辛亥，西藏徼外拉達克部長呈進奏表。壬子，上還圓明園。甲寅，上御閱武樓閱京營兵。戊午，召琦善，以訥爾經額爲山東巡撫，朱桂楨爲漕運總督。夏四月癸酉，召戴三錫，以琦善爲四川總督。壬午，屠之申以讞獄錯誤降，松筠署直隸總督。丙戌，奉皇太后御含輝樓閱皇子及侍衞等騎射。戊子，賜李振鈞等二百二十一人進士及第出身有差。是月，貸湖南乾州等五廳州縣上年旱災口糧籽種、山西朔州等二十三州廳縣歉收倉穀。

五月丁酉，移孝穆皇后梓宮於寶華峪正殿，神牌於東配殿。是月，貸湖北荆州城守、水師二營及宜都營被水倉穀。

六月乙丑，以福縣爲科布多參贊大臣。己巳，免西藏喀喇烏蘇等處雪災番族貢馬銀，並撫恤達木八旗被災官兵戶口。甲戌，伊犂將軍德英阿卒，以玉麟代之。調松筠爲兵部尚書。以博啓圖爲禮部尚書。丁丑，召安福，以福克精額署察哈爾都統。是月，貸三姓地方上年被水倉穀。

七月己亥，申嚴粵海關官銀出洋、私貨入口禁。以扎隆阿爲喀什噶爾參贊大臣。丁巳，越南國王以母老乞葠芪，上嘉賚之。是月，賑廣西雒容、永福二縣水災。免安徽泗州五河縣，鳳陽、泗州二衞上年被水錢糧十分之一。

八月癸亥，以謁盛京祖陵，命奕紹、托津、湯金釗、明山留京辦事。庚辰，上奉皇太后謁盛京祖陵。

九月壬辰朔，日食。免蹕路經過之承德等五廳州縣本年額賦，及幫辦差務之岫巖等九廳州縣額賦十分之五。壬寅，朝鮮貢使李相璜等迎覲。乙巳，上親射，並閱盛京官兵等騎射。丁未，上謁永陵。戊申，行大饗禮。閱興京城。己酉，博啓圖降調，以耆英爲禮部尚書。上謁福陵，臨奠弘毅公額亦都墓，加恩後裔博克順等。癸丑，行大饗禮。上至盛京，詣太廟寶册前行禮。乙卯，上詣天壇、堂子。奉皇太后幸嘉蔭堂。臨奠克勤郡王岳託墓。朝鮮國王李玜遣使貢方物。戊午，詣地壇。臨奠直義公費英東墓。己未，上御大政殿，賜扈從王、公、大臣，蒙古王、貝勒、貝子、公及盛京文武官員宴賞有差。

十月，以潘世恩署禮部尚書。辛未，皇太后聖壽節，上率扈從王、公、大臣詣皇太后行宫行慶賀禮。上奉皇太后幸澄海樓。壬午，謁裕陵。甲申，以吳光悅爲江西巡撫。乙酉，上奉皇太后還宫。是月，給安徽泗州等五州縣衞一月口糧。

十一月丁巳，召英惠，調成格爲烏魯木齊都統。以裕恩爲熱河都統。是月，賑奉天遼陽等五處被災旗民口糧。

十二月甲子，緬甸國王孟旣遣使表賀。乙亥，撫恤西藏三十九族成災番民。是月，賑山東益都、臨朐二縣地震災。蠲直隸隆平、寧晉二縣窪地額賦之五。

十年春正月丁巳，暹羅國王鄭福遣使表賀，並貢方物。是月，賑江蘇沛縣、安徽盱眙等六州縣衞旱災水災。貸直隸滄州、鹽山二州縣，甘肅皋蘭等十四州縣旱災水災銀穀。

二月壬戌，上御經筵。丁卯，命緝捕河南梟匪、捻匪。丁丑，命緝捕江西上猶縣會匪。

三月庚寅，以謁西陵，命奕紹、托津、長齡、盧蔭溥留京辦事。己亥，免湖南澧州濱湖淤田額賦並前借籽種銀。壬寅，上奉皇太后謁西陵。以昇寅爲綏遠城將軍。甲辰，調瑚松額爲盛京將軍，以福克精阿爲吉林將軍，武忠額爲察哈爾都統。丙午，上謁泰陵、泰東陵、昌陵。己酉，上幸南苑。庚戌，上行圍，至壬子如之。壬子，以哈薩克汗阿勒坦沙喇等請遣其子入覲，命至熱河陛見。

四月辛未，申禁外省才不勝任之員改京職。

五月辛酉，河南、直隸毗連十四州縣地震，命加意撫恤。

六月辛卯，蔣攸銛有疾，以陶澍署兩江總督。乙未，以程祖洛爲湖南巡撫。

七月丙子，暹羅遣使賀萬壽貢方物。免江蘇海州四州縣舊欠額賦。

八月乙未，萬壽節，停筵宴。庚戌，召蔣攸銛來京，授陶澍兩江總督。調盧坤爲江蘇巡撫。以朱桂楨爲廣東巡撫。命吳邦慶以三品銜署漕運總督。是月，加賑湖北監利等四縣水災。

九月戊午，安集延回匪復入喀什噶爾，幫辦大臣塔斯哈戰敗，死之，遂圍喀什噶爾城。命玉麟等往勦。命楊遇春駐肅州，楊芳、胡超率陝甘兵協勦。以鄂山署陝甘總督。徐炘署陝西巡撫，阿勒精阿署山西巡撫。己未，以楊遇春爲欽差大臣，督辦軍務。以英惠署黑龍江將軍。丁卯，命長齡爲欽差大臣，率桂輪、阿勒罕保等赴新疆。辛未，以玉英署黑龍江將軍。乙亥，上閱火器營兵。丁丑，大學士蔣攸銛以讞獄誤，降侍郎。召徐炘來京，以顏伯燾署陝西巡撫。以盧蔭溥爲大學士，李鴻賓協辦大學士，仍留兩廣總督任。調湯金釗爲吏部尚書，王引之爲禮部尚書，潘世恩爲工部尚書，朱士彥爲左都御史。是月，賑直隸磁州等三州縣地震災、四川彭城等二縣水災。

十月，以盧蔭溥爲體仁閣大學士。戊子，以富呢揚阿爲浙江巡撫。乙未，仍授長齡爲揚威將軍，命哈哴阿、楊芳參贊軍務。庚子，以樂善爲烏里雅蘇台將軍。辛丑，以軍事遲誤，褫伊犁參贊大臣容安職並所襲子爵。壬寅，以恩銘爲烏里雅蘇台參贊大臣。癸卯，回匪犯葉爾羌，壁昌等擊敗之。丁未，逮容安。壬子，召富呢揚阿來京。是月，賑直隸大城、文安二縣災民。給安徽蕪湖等五州縣衞口糧。貸黑龍江等三處旗民倉穀、甘肅皐蘭等十一州縣貧民口糧。

十一月，以楊懌曾爲湖北巡撫。乙亥，申諭李鴻賓等查辦廣東會匪。丁丑，諭吳光悅查辦江西贛南會匪。壬午，嵩孚降調，以盧坤爲湖廣總督。調程祖洛江蘇巡撫，蘇成額湖南巡撫。以祁𡋾爲廣西巡撫。以阿勒精阿爲江西巡撫。是月，賑河南安陽等三縣地震災。給江西廬陵縣水災修屋費。

十二月癸巳，托津免管刑部，以盧蔭溥代之。丙申，喀什噶爾、英吉沙爾回匪平。予死事喀什噶爾幫辦大臣塔斯哈都統銜。是月，賑雲南嶍峩縣水災。貸江蘇蘇州等四府州屬駐近災區兵丁銀米。

清史稿卷十八

本紀十八

宣宗本紀二

十一年春正月辛酉，扎隆阿免，以哈哴阿、楊芳護理喀什噶爾參贊大臣。乙丑，容安論斬。丙子，以魏元烺爲福建巡撫。朝鮮國王李玜請封其孫奐爲世孫，貢方物。是月，給江蘇沛縣、安徽蕪湖等八州縣衞、浙江富陽縣被災口糧。貸三姓、雙城堡兵民，直隸磁州等九州縣，湖南安鄉、華容二縣，河南武安縣，甘肅會寧等五縣被災口糧、屋費、籽種。蠲緩吉林等四處兵民新舊額賦。

二月己丑，御經筵。辛卯，以謁西陵，命奕紹等留京辦事。那彥成以驅逐安集延回民啓釁，褫太子太保，並褫其子容照侍郎。乙未，褫那彥成職，調琦善爲直隸總督，王鼎署。以鄂山爲四川總督，那彥寶署，史譜爲陝西巡撫。戊戌，申禁各省種罌鴉片。辛丑，上謁西陵。乙巳，謁泰陵、泰東陵、昌陵。上閱視萬年吉地，賜名龍泉峪。丙午，上再謁昌陵，行敷土禮。御隆恩殿行大饗禮。是月，貸湖北荆門營上年被水兵丁倉穀。

三月癸丑朔，釋英和並其子奎照、奎耀回京。廣東黎匪作亂，命李鴻賓勦之。辛酉，以廣東貿易英吉利人違禁令，命李鴻賓等查覆。是月，貸湖北督標、撫標暨武昌、黄州各營兵丁倉穀。

夏四月戊子，上閱健鋭營兵。癸卯，上詣黑龍潭神祠祈雨。廣東黎匪平。

五月丙寅，湯金釗緣事降，並罷上書房總師傅。調潘世恩爲吏部尚書，朱士彦工部尚書，白鎔都察院左都御史。戊辰，命長齡赴喀什噶爾商辦勦撫及善後事宜。辛未，雨。

六月丙申，申定官民買食鴉片煙罪例。己亥，賑安徽泗州等二十五州縣水災。庚戌，以湖北沔陽等二十州縣水災，命平糶倉穀，免湖北關津米税。是月，給江蘇上元等九縣衞水災口糧。貸江蘇淮安衞災屯籽種。

秋七月戊午，命陶澍偕程祖洛辦江蘇災賑。以安徽水災，准鄧廷楨買鄰省米麥平糶，並備兵糈。癸酉，以誣陷回王伊薩克叛逆，扎隆阿論斬。辛未，移回疆參贊大臣及和闐領隊大臣駐葉爾羌，添設總兵駐巴爾楚克。己卯，命穆彰阿、朱士彦往江南查辦賑務。是月，給湖南武陵等五州縣，貴州桐梓縣、石峴衞水災口糧。貸江蘇江寧等六營災區兵餉。

八月己丑，萬壽節，上詣皇太后宮行禮。御正大光明殿，王以下文武各官，蒙古王公、外藩使臣等行慶賀禮，停筵宴。辛卯，晉長齡太傅。乙未，松筠病免，調穆彰阿兵部尚書，富俊工部尚書。以博啓圖爲理藩院尚書。辛丑，暹羅國王遣貢使載內地遭風官民回廣東，溫諭奬賚之。癸卯，以保昌爲熱河都統。以吳榮光爲湖南巡撫。是月，給江蘇甘泉等十一州縣、湖北江夏等十六州縣、江西德化等二十縣水災口糧籽種。貸江南江寧駐防及溧陽營兵米。

九月甲子，福克精阿緣事褫職，以寶興爲吉林將軍。丁丑，越南國王遣使送遭風難民回福建，溫諭奬賚之。

冬十月，嚴烺病免，以林則徐爲河東河道總督。己丑，改喀什噶爾幫辦大臣爲領隊大臣。乙未，命截留江西漕米八萬石賑南昌、九江飢民。是月，賑安徽無爲等二十三州縣衞、江蘇上元等二十六州縣、浙江仁和等七縣衞、兩淮丁谿等六場水災。給安徽桐城等十州縣，湖南武陵等五縣，江西德化縣口糧、修屋費。貸甘肅皐蘭等十八州廳縣口糧，湖南武陵、龍陽二縣民隄修費。

十一月丙辰，大學士托津病免。授吳邦慶漕運總督。己巳，松筠罷內大臣，降三品頂戴休致。是月，貸奉天鐵嶺等五州廳及巨流河四處口糧，江西南昌等六縣修隄費。蠲綏寧古塔、雙城堡雹災霜災新舊額賦。

十二月乙酉，以富俊爲大學士，管兵部，文孚協辦大學士。調穆彰阿爲工部尙書。以那清安爲兵部尙書，昇寅爲都察院左都御史，彥德爲綏遠城將軍。乙巳，以吳邦慶爲江西巡撫，蘇成額爲漕運總督。是月，展賑湖北江夏等十六州縣水災。給江蘇上元等二十五州縣衞及丁谿十五場水災口糧。貸江蘇鎭江等二十七營，湖南常德、澧州各營水災兵餉。

十二年春正月辛酉，免浙江杭州等三府商船米稅。丁卯，陳若霖免，以戴敦元署刑部尙書。癸酉，王引之丁憂，以汪守和爲禮部尙書。是月，賑安徽懷寧等二十一州縣水災旱災，並給懷寧等十七縣衞貧民口糧。貸直隸大名等四州縣、河南商丘等三縣災民米穀，陝西葭州等四州縣、江西南昌等十六縣、湖北江夏等二十州縣衞、湖南武陵等十州廳縣衞、甘肅渭源等七州縣、貴州桐梓縣災民口糧籽種。

二月戊寅，湖南江華縣瑤賊趙金龍作亂，命盧坤等勦之。己卯，御經筵。甲申，梁中靖奏查辦邪教株連冤抑，諭斥之。辛卯，鍾昌降調。授戴敦元刑部尙書。乙未，閩浙總督孫爾準卒，以程祖洛爲閩浙總督，林則徐爲江蘇巡撫，吳邦慶爲河東河道總督，周之琦爲江西巡撫。丙申，命李鴻賓勦瑤賊。壬寅，以謁東陵，命奕紹等留京辦事。

三月己酉，湖南提督海陵阿、副將馬韜等勦瑤賊于寧遠，失利，死之。壬子，上謁東陵，免經過地方額賦十分之三。乙卯，上謁昭西陵、孝陵、孝東陵、景陵、裕陵。丙辰，召瑚松額，以奕顥署盛京將軍。己未，上幸南苑行圍。庚申，召長齡。癸亥，上還京師。庚午，命戶部尚書禧恩赴湖南勦瑤賊，以文孚署戶部尚書。是月，展賑湖北江夏、漢川二縣水災。給安徽青陽縣災民口糧。貸甘肅皋蘭等七州縣災民、湖南乾州等五州縣屯丁口糧籽種，湖北督標、提標及武昌城守營被災兵丁倉穀。

夏四月癸巳，祈雨。戊戌，雨。辛丑，賜吳鍾駿等二百六人進士及第出身有差。乙巳，盧坤等敗瑤賊於羊泉，盡殲之，獲趙金龍子及賊首五十餘人。是月，再給江蘇揚州水災倉穀。

五月丁未，減福建水陸各營及浙江馬步兵有差。壬子，以趙金龍已斃，餘賊悉平，賞盧坤、羅思舉雙眼花翎，一等輕車都尉世職，加湖南提督余步雲太子少保。乙卯，敎匪尹老須等伏誅。庚申，上祈雨於黑龍潭。戊辰，上詣天神壇祈雨。己巳，詔刑部清釐庶獄。是月，貸山西大同等三縣被災兵民倉穀。

六月庚辰，上步詣社稷壇祈雨。壬午，求直言。丁亥，上詣黑龍潭祈雨。壬辰，以廣東提督劉榮慶勦連州瑤賊失利，褫職，李鴻賓褫職留任。癸巳，上步詣方澤祈雨。乙未，富俊以旱乞罷。不允。丙申，霍罕遣使進表，歸所擄喀什噶爾回民。丁酉，復松筠頭品頂戴。癸卯，上自齋宮步詣圜丘行大雩禮。是日，雨。甲辰，命禧恩、瑚松額自湖南赴廣東勦猺賊。是月，貸江蘇淮安衞水災屯田耔種。

秋七月丁未，宥容安，遣戍吉林。戊申，以鍾昌爲科布多參贊大臣。命程祖洛清理浙江鹽政。和闐回塔瓦克等糾衆作亂，捕誅之。乙丑，廣西賀縣猺盤均華等作亂，祁𡎴勦平之。是月，賑福建澎湖廳風災。給湖北天門縣水災口糧。

八月，陶澍奏英船再入內洋，或不遵約束，當嚴懲。諭以啓衅斥之。甲午，李鴻賓褫職，並提督劉榮慶逮問。調盧坤爲兩廣總督。命阮元協辦大學士，仍留雲貴總督任。以訥爾經額爲湖廣總督，鍾祥爲山東巡撫。是月，賑山西朔州水災。蠲緩安徽懷寧等二十九州縣衞上年水災旱災額賦。

九月甲辰朔，以尹濟源爲山西巡撫。丙午，南河龍窩汛隄盜決，命穆彰阿會同陶澍查辦，張井褫職留任。丁未，以英吉利船闌入內洋，命沿海整飭水師。甲寅，以特依順保爲伊犂將軍。戊午，廣東連州猺平。湖南猺趙幅金等伏誅。是月，給江蘇桃源縣、湖北天門縣等七縣衞水災口糧。貸山西山陰縣歉收倉穀。

閏九月丁亥，上簡閱健銳營兵。壬寅，以朝鮮國王李玜卻英吉利貿易，下詔褒奬之。

是月，賑直隸阜平等十州縣災民。貸河南祥符等七州縣、陝西興安府水災口糧。貸齊齊哈爾等處被旱兵丁銀穀。

冬十月乙巳，廣東曲江、乳源兩縣盜匪作亂，勦平之。丙午，命朱士彥、敬徵往江南查辦事件。乙丑，命穆彰阿至湖北會同訥爾經額查辦事件。是月，賑直隸吳橋、東光二縣，江蘇桃源等三州縣，湖北漢川等四縣衞，安徽五河縣，兩淮板浦等三場水災旱災。給江蘇海州等四州縣，安徽五河等十一縣衞，湖南安鄉、華容二縣，奉天錦州府屬旗民口糧。貸山西大同鎭災區駐防倉穀。蠲緩直隸吳橋等十七州縣，江蘇桃源等六十三州廳縣衞，安徽五河等三十九州縣衞，浙江海寧等二十二州縣衞、仁和場，兩淮富安等十四場，湖南安鄉等七州縣衞，山西隰州等六州縣，湖北漢川等二十六州縣衞水災旱災雹災新舊額賦。

十一月戊寅，命署福州將軍瑚松額爲欽差大臣，都統哈哴阿爲參贊大臣，赴臺灣勦匪。丙申，撥京倉米一萬石賑順天府武清等八州縣災民。丁酉，李鴻賓遣戍烏魯木齊，劉榮慶遣戍伊犂。是月，貸陝西漢中等五府州廳屬、甘肅宜禾縣被災口糧，吉林等七處籽種。蠲緩甘肅宜禾縣逋租。

十二月甲辰，撥浙江、江西倉穀二十萬石濟福建民食。丙午，盧蔭溥予假，命王鼎管刑部。己巳，以孝順岱爲科布多參贊大臣。是月，貸直隸災區各營兵餉，山西豐鎭等六州廳縣災民倉穀。

是歲，朝鮮、南掌、琉球、暹羅入貢。

十三年春正月丁丑，臺灣嘉義匪首陳辦伏誅。己卯，昇寅等查覆西安將軍徐錕贓款屬實，褫職。丁酉，以麟慶爲湖北巡撫。桃南廳決口合龍。

二月甲辰，上御經筵。己未，四川越嶲等處夷匪作亂，命那彥寶、桂涵剿之。庚申，賑被災多倫諾爾租種蒙古地貧民，並諭此後口外偏災不得援請。壬戌，以汪守和兼署吏部尚書。是月，賑直隸薊州等七州縣災民。貸陝西漢中等五府州廳貧民倉穀。

三月丙子，大學士盧蔭溥致仕。辛巳，上閱火器營兵。丙申，盧坤奏獲越南盜陳加海等，洋面肅淸。戊戌，以麟慶爲江南河道總督。以鄂順安爲湖北巡撫。庚子，雨。是月，貸直隸紫荆關營兵，奉天錦州府屬兵丁，湖南乾州等五廳縣屯丁、苗佃倉穀。

夏四月壬寅，調鄂順安爲山西巡撫，尹濟源爲湖北巡撫。樂善遷福州將軍。調慶山爲烏里雅蘇台將軍。丁未，雨。戊申，瑚松額遷成都將軍。調寶興爲盛京將軍，保昌爲吉林將軍。以蘇成額爲熱河都統，貴慶爲漕運總督。己酉，命潘世恩爲體仁閣大學士，管戶部。調朱士彥爲吏部尚書。以白鎔爲工部尚書，湯金釗爲左都御史。乙卯，免道光十一年十二年喀什噶爾、葉爾羌額貢。己巳，皇后佟佳氏崩。是月，貸盛京義州兵米、湖南新田縣民瑶籽種。

五月辛未朔，賜汪鳴相等二百二十人進士及第出身有差。丁丑，楊芳勦越嶲夷匪，大敗之，進勦峩邊夷匪。己丑，峩邊匪首桑樹格等伏誅。丁酉，禧恩免御前大臣、戶部尚書，改爲理藩院尚書。命大學士長齡管戶部，潘世恩管工部。調穆彰阿爲戶部尚書，博啓圖爲工部尚書。己亥，四川峩邊夷匪平。

六月庚子朔，日食。是月，貸直隸博野等三縣雹災籽種。

七月甲申，御試翰林、詹事官，擢田嵩年三員爲一等，餘升黜有差。壬辰，册謚大行皇后爲孝愼皇后。調祁𡊮廣東巡撫，以惠吉爲廣西巡撫。是月，賑貴州古州等四廳縣水災。

八月，是月，賑貴州都江等二廳水災。

九月庚午，移孝愼皇后梓宮于田村，上臨送。乙亥，晉楊芳一等侯。壬辰，以貴慶爲熱河都統。調嵩溥爲漕運總督。調史譜爲貴州巡撫。以楊名颺爲陝西巡撫。甲午，免雲南昆明等十州縣地震災本年額賦，並賑之。是月，賑江蘇上元等六縣水災。

十月戊午，調布彥泰爲伊犂參贊大臣，常德爲塔爾巴哈台參贊大臣。己未，以湯金釗爲工部尚書，史致儼爲左都御史。是月，賑江蘇上元等十二縣衞，湖南安鄉、華容二縣，直隸曲陽縣，黑龍江三處災民。賑湖北武昌等六縣水災。給安徽懷遠等六縣災民口糧。

十一月丙戌，上詣大高殿祈雪。以裕泰爲貴州巡撫。丁亥，以武忠額爲熱河都統。以凱音布署察哈爾都統。

十二月丁巳，減免直隸河間等五縣水淹地賦。是月，賑江蘇上元等十二縣衞水災。

是歲，朝鮮、越南、琉球、緬甸入貢。

十四年春正月丁卯朔，辛未，文孚免正黃旗領侍衞內大臣，以載銓代之。丁丑，緬甸貢使聶紐耶公那牙卒於京師。庚辰，廣東儋州黎匪作亂，飭盧坤勦之。甲申，以浙江杭州等府災，免外商及浙民運米關稅。福建永安等縣土匪擄人勒贖，捕治之。允浙江杭州、湖州兩府所屬漕糧紅白兼收，秈稉並納。丁亥，命潘世恩在軍機大臣上行走。戊子，以三載考績予長齡等議敍。命松筠以都統銜休致。祁𡎴奏越南諒山解圍，七泉夷州知州阮文泉等求入關，拒之。是月，賑直隸曲陽縣貧民。給江蘇上元等八縣、浙江海寧等四州縣、江西南昌等二十二縣上年災歉口糧籽種。貸山西朔州等十州縣、陝西葭州等十四州廳縣、江西南昌等六縣、湖北武昌等十八州縣衞、湖南澧州等四州縣、甘肅皋蘭等九州廳縣上年被災倉穀口糧籽種。

二月丙申朔，朱士彥給假省親，以湯金釗署吏部尚書。改巴爾楚克換防總兵爲副將。

己亥，上御經筵。癸卯，昇寅等查辦山東、河南事件，以敬徵署左都御史。乙巳，釋李鴻賓、劉榮慶回籍。丙午，以江蘇糧價增昂，免四川、湖廣商米各關船稅。戊申，以廣東學政李泰交自縊，命盧坤徹查。己酉，定山東運河查泉章程。庚戌，以謁西陵，命奕紹等留京辦事。壬子，命凱音布查辦烏里雅蘇台事件。以蘇勒通阿署察哈爾都統。辛酉，朱士彥憂免，調湯金釗爲吏部尚書，以汪守和爲工部尚書，史致儼爲禮部尚書，何淩漢爲左都御史。乙丑，大學士富俊卒。是月，給江蘇上元等八縣衞上年被災口糧。貸貴州古州廳上年被災籽種。

三月庚午，明山病免，以成格爲刑部尚書，那清安兼署。以長清爲烏魯木齊都統，興德爲葉爾羌參贊大臣。癸酉，上謁西陵，詣田村孝愼皇后梓宮前奠酒，免經過額賦十分之三。丁丑，上謁泰陵、泰東陵、昌陵。庚辰，上還京師。壬午，上臨故大學士富俊第賜奠。乙酉，以喀爾喀游牧被災，准凱音布請，緩勘地界。免四川夷匪滋擾之淸溪等三廳縣，並寧越、越嶲兩營上年額賦。

夏四月丁酉，以給事中黃爵滋奏，命各省督撫興復書院，選擇山長，查保甲，修水利，籌積貯，嚴禁扣餉派兵積弊，查究偷漏洋稅，幷禁紋銀出洋及私鑄洋銀。戊戌，除直隸樂亭縣水衝官地租賦。丁未，儀郡王綿志卒。甲寅，臨故儀順郡王綿志第賜奠。以其子奕細襲貝勒。丁巳，命侍郎趙盛奎、在籍前河督嚴烺會同富呢揚阿查勘浙江塘工。辛酉，以蘇淸阿爲伊犂參贊大臣。甲子，上詣田村孝愼皇后梓宮前行周年祭禮。是月，貸山西岳陽等十二州廳縣歉收民屯倉穀。

五月己巳，以恩銘署漕運總督。壬申，授凱音布察哈爾都統。癸酉，免雲南昆明等十州縣上年地震災賦。辛巳，上至田村孝愼皇后梓宮前奠酒。丙戌，命盧坤等驅逐英吉利販鴉片躉船，勿任停泊。庚寅，修山東闕里至聖孔子林、廟。甲午，申諭多爾濟喇布坦等與俄羅斯交涉事件務遵舊章。是月，貸淮安、大河二衞歉收屯田籽種。

六月戊申，以福建省城水災，准運古田、福清二縣倉穀及厦門商販米平糶。癸丑，以鄂爾多斯達拉特旗私租蒙地民人拒捕傷台吉，命鄂順安捕治之。壬戌，實授恩銘漕運總督。是月，蠲綏葉爾羌等三城回戶逋糧。

秋七月乙丑，飭查漕運虧短積弊，並申禁京城私販接濟回漕。丁卯，博啓圖給假，以奕顥署工部尚書。戊辰，霍罕伯克以准通商免稅，遣使表貢，並請年班入覲，允之。庚午，命蘇清阿查勘巴爾楚克、喀什噶爾墾田。免福建臺匪滋擾之四縣，暨淡水廳抄叛各產租穀。壬申，命特依順保等妥議沿邊會哨章程。程祖洛奏獲洋盜劉四等誅之。甲戌，四川峩邊廳支夷作亂，命瑚松額、楊芳等查辦。賑江西水災。丙子，工部尚書博啓圖卒，調耆英爲工部尚書，昇寅爲禮部尚書，敬徵爲左都御史。壬午，以桂良爲河南巡撫。戊子，東河朱家灣決口。是月，賑江西南昌等十三縣水災。給湖南武陵等七縣衞被水軍民口糧並修屋費。

八月己酉，改建浙江北海塘爲石塘。癸丑，以武忠額爲烏里雅蘇台將軍，倫布多爾濟署。以嵩溥爲熱河都統。庚申，四川峩邊支夷平。盧坤奏英商律勞卑來粤，致書稱大英國，請暫停貿易。諭是之。辛酉，上詣孝愼皇后梓宮前奠茶酒。是月，賑盛京蓋州等三處，浙江建德、淳安二縣，江西南昌等二十五縣水災。貸甘肅皐蘭等六縣旱災倉穀。蠲緩江西南昌等二十五州縣新舊額賦。

九月乙丑，英吉利兵船入廣東內河，褫盧坤職留任。庚午，上閱健鋭營兵。癸酉，英吉利兵船出口，復盧坤太子少保，仍革職留任。是月，賑直隸宛平等七州縣水災，奉天新民等四州縣廳水災。貸廣東廣州、肇慶二府水災籽種，打牲烏拉被水旗民倉穀。蠲緩直隸大城等五十一州縣、山西太原縣水災新舊額賦。

十月己酉，立皇貴妃鈕祜祿氏爲皇后，頒詔加恩有差。壬子，上皇太后徽號曰恭慈安豫康成莊惠皇太后，頒詔覃恩有差。辛酉，那清安病免，以敬徵爲兵部尚書，奕顥爲左都御史。是月，賑湖北黄梅等三縣衞、湖南安鄉等四縣衞水災。貸甘肅皐蘭等八州縣旱災雹災口糧。

十一月乙丑，調汪守和爲禮部尚書，史致儼爲工部尚書。壬申，禮部尚書昇寅卒，以奕顒爲禮部尙書，恩銘爲左都御史。調朱爲弼爲漕運總督。丙子，以棍楚克策楞爲塔爾巴哈台參贊大臣。己卯，刑部尙書戴敦元卒，調史致儼代之。以王引之爲工部尙書。庚辰，以烏爾恭額爲浙江巡撫。丙戌，以文孚爲大學士管吏部。調穆彰阿爲吏部尙書、協辦大學士，耆英爲戶部尙書，敬徵爲工部尙書，奕顥爲兵部尙書。以載銓爲禮部尙書。工部尙書王引之卒。丁亥，以何淩漢爲工部尙書，吳椿爲左都御史。是月，賑浙江麗水縣水災。蠲緩浙江建德等十六州縣衞水災新舊額賦。

十二月癸巳，霍罕復侵色埒庫勒，命興德等諭之。命文孚爲東閣大學士。丙申，四川峩邊夷匪復叛，降楊芳二等侯，褫御前侍衞，以總兵候補。甲辰，黑龍江將軍富僧德調西安將軍，以奕經代之。癸丑，上詣大高殿祈雪。是月，貸直隸災區各營兵餉，江寧八旗官兵銀米，廣東南海等九縣耔種並圍基修費。

是歲，朝鮮、琉球、緬甸、暹羅入貢。

十五年春正月甲子，大學士曹振鏞卒。壬午，長齡以受霍罕餽送，罷御前大臣管戶部事。丙戌，陝甘總督楊遇春致仕，仍溫諭來京。以瑚松額爲陝甘總督。調寶興成都將軍。以奕經爲盛京將軍，保昌爲黑龍江將軍，蘇淸阿爲吉林將軍。是月，賑奉天牛莊等三處被災旗戶。給江西南昌等九縣，甘肅靖遠等六州縣口糧。貸山西太原等三州縣，江西南昌等二十六州縣，湖南安鄉等四州縣，甘肅秦州、靖遠縣被災倉穀籽種。

二月丙申，以阮元爲大學士管刑部，王鼎協辦大學士，伊里布爲雲貴總督，何煊爲雲南巡撫。庚子，以奇明保署黑龍江將軍。丁未，命長齡管理藩院，文孚管戶部，潘世恩管工部，阮元改管兵部，王鼎管刑部。以朝鮮世孫李奐襲封朝鮮國王。戊午，吉林將軍蘇清阿卒，調保昌代之。以祥康爲黑龍江將軍。

三月，山西趙城縣匪曹順作亂，知事楊延亮死之，遂圍霍州。命鄂順安勦辦。乙亥，上親耕耤田。幸南苑行圍。庚辰，上還京師。是月，給甘肅皋蘭等五州縣廳災歉口糧。

夏四月，四川峩邊支夷平，晉鄂山太子太保，賞雙眼花翎。甲寅，賜劉繹等二百七十六人進士及第出身有差。丁巳，上詣黑龍潭神祠祈雨。

五月丁卯，致仕陝甘總督楊遇春晉封一等侯，予食全俸。辛未，趙城縣匪首曹順等伏誅。丁丑，上復詣黑龍潭神祠祈雨。以栗毓美爲河東河道總督。庚辰，雨。是月，貸山西鳳台、沁水二縣被旱倉穀。

六月丙午，減江蘇丹徒被水蘆田額賦。

閏六月丁卯，敬徵降調，以載銓爲工部尚書，恩銘爲禮部尚書，武忠額爲左都御史。調保昌爲烏里雅蘇台將軍，祥康爲吉林將軍，哈豐阿爲黑龍江將軍。己巳，停本年秋決。

秋七月甲辰，文孚免軍機大臣，仍命以大學士管吏部。改潘世恩管戶部，穆彰阿管工部。命刑部右侍郎趙盛奎、工部右侍郎賽尚阿在軍機大臣上學習行走。是月，給陝西汧縣、洛川縣被水，湖南華容等三縣衞被旱口糧。

八月甲子，以皇太后六旬萬壽，普免各省逋賦。庚辰，諭：「科道中馮贊勳、金應麟、黃爵滋、曾望顏擢任京卿，所以廣開忠諫，務當不避嫌怨，於民生國計用人行政闕失，仍隨時據實直陳，以資採納。」兩廣總督盧坤卒，以鄧廷楨爲兩廣總督，祁墳署，色卜星額爲安徽巡撫。甲申，上謁西陵。是日，移孝愼皇后梓宮由田村啓行，免經過地方額賦十之五。是月，給陝西府谷縣雹災口糧。

九月己丑，孝穆皇后、孝愼皇后梓宮至龍泉峪，上臨奠。庚寅，上回鑾。戊戌，授麟慶江南河道總督。丙午，朱爲弼病免，以恩特亨額爲漕運總督。是月，給兩淮板浦、中正二場被水竈丁口糧。緩徵陝西榆林縣、葭州雹災，江西金谿等九縣旱災額賦。

冬十月戊午，以毓書爲科布多參贊大臣。甲子，以皇太后六旬聖壽，上徽號曰恭慈康豫安成莊惠壽禧皇太后。乙丑，皇太后六旬聖壽節，上率王、公、大臣詣壽康宮行慶賀禮。上御太和殿，羣臣進表行慶賀禮。詔天下覃恩有差。以富呢揚阿爲烏魯木齊都統。癸未，御史湯鵬以刻載銓忤旨罷。予告大學士托津卒。是月，給山西陽曲等五州縣、湖南岳州衞、浙江海寧等十三州縣被災口糧。貸奉天金州水師營兵穀。蠲緩湖南華容等十四州縣衞、浙江海寧等三十一州縣衞被災新舊額賦雜款。

十一月戊戌，臨大學士托津第賜奠。是月，給吉林等三處歉區口糧。

十二月己未，上再詣大高殿祈雪。乙丑，孝穆皇后、孝愼皇后梓宮奉安地宮。乙亥，以樂善爲吉林將軍。是月，貸江蘇撫標及城守、劉河二營災區兵餉。蠲緩貴州松桃廳被水額賦。

是歲，朝鮮、琉球入貢。

十六年春正月乙未，以車倫多爾濟爲庫倫蒙古辦事大臣。壬寅，撥山東司庫銀五萬兩賑登、萊、青三府飢。乙巳，調裕泰爲湖南巡撫。以賀長齡爲貴州巡撫。是月，賑浙江義烏等三縣水旱災。給奉天廣寧等處水災旗民口糧。貸甘肅金州等十四州縣、江西蓮花等五十一廳縣、陝西葭州等九州廳縣、湖南澧州等四州縣、山西保德等十五州縣水旱雹災口糧籽種倉穀。

二月丙辰，調周之琦爲湖北巡撫。以陳鑾爲江西巡撫。己未，以謁東陵，命肅親王等留京辦事。己巳，上閱火器營兵。癸酉，上謁東陵，免經過地方額賦十分之三。丙子，上謁昭西陵、孝陵、孝東陵、景陵、裕陵。湖南武岡州匪藍正樽等作亂，命吳榮光會同訥爾經額勦之。戊寅，免四川峩邊廳逋賦。己卯，上還京師。

夏四月癸亥，以梁章鉅爲廣西巡撫。丁丑，賜林鴻年等一百七十二人進士及第出身有差。是月，貸甘肅秦州等八州縣被災口糧。

五月丙申，上詣黑龍潭祈雨。戊戌，禮部尚書汪守和卒，以吳椿爲禮部尚書，李宗昉爲左都御史。丁未，上詣靜明園龍王廟祈雨。是月，貸直隸寶坻縣歉收口糧。

秋七月癸未，以鍾祥爲閩浙總督，經額布爲山東巡撫。乙酉，以哈豐阿舉發都統高喀鼐干預公事書信，加太子太保。己丑，高喀鼐褫職，遣戍熱河。丙申，大學士文孚致仕。庚子，命穆彰阿爲大學士管工部，琦善協辦大學士，仍留直隸總督任。調耆英爲吏部尚書，奕顥爲戶部尚書，禧恩爲兵部尚書，武忠額爲理藩院尚書，凱音布爲左都御史，樂善爲察哈爾都統。壬寅，恩銘免尚書、都統，趙盛奎免軍機大臣及侍郎。以貴慶爲禮部尚書。

九月壬辰，以富呢揚阿爲陝西巡撫，廉敬爲烏魯木齊都統。庚子，上閱健銳營兵。戊申，圓明園三殿災。己酉，以耆英受太監屬託，褫尚書、都統、內務府大臣。以奕經爲吏部尚書，寶興爲盛京將軍。左都御史凱音布遷成都將軍，以敬徵代之。是月，賑盛京白旗堡等處、山西朔州等十一州廳縣、貴州松桃廳災民。展賑陝西神木縣災民。蠲免山西朔州等十一州廳縣、陝西榆林府屬被災新舊額賦。

冬十月丙辰，加長清太子太保。貸甘肅涇州等八州縣、山西山陰縣災歉口糧倉穀籽種。蠲緩直隸景州等十二州縣水旱災新舊額賦。

十一月壬午，以敬徵爲工部尚書，調武忠額爲左都御史，以奕紀爲理藩院尚書。癸卯，上詣大高殿祈雪。是月，給陝西府谷等四縣霜雹災口糧。蠲緩直隸安州等三州縣水災額賦。

十二月丁巳，上再詣大高殿祈雪。癸亥，雪。

是歲，朝鮮、暹羅來貢。

十七年春正月己卯朔，命奕紀爲御前大臣。賞長齡四開褉袍。加潘世恩太子太保。壬辰，兵部尚書王宗誠卒，以朱士彥代之。丁酉，山東濰縣教匪馬剛等作亂，捕獲之。庚子，降訥爾經額湖南巡撫，以林則徐爲湖廣總督，調陳鑾爲江蘇巡撫，裕泰爲江西巡撫。是月，貸山西朔州等十一州廳縣、陝西葭州等九州縣、甘肅金州等十三州縣水災旱災蝗災雹災霜災倉穀口糧籽種。

二月乙卯，福建嘉義縣教匪沈知等作亂，捕誅之。是月，貸山西吉州等七州縣倉穀。

三月戊寅朔，以詣髴髻山，命惇親王綿愷等留京辦事。庚寅，上奉皇太后幸髴髻山，免經過地方本年額賦十分之三。甲午，上奉皇太后還圓明園。以耆英爲熱河都統。乙未，上詣明陵。丙申，上詣明長陵、獻陵、泰陵、景陵、永陵奠酒。以明裔延恩侯書桂爲散秩大臣。丁酉，上還圓明園。

夏四月庚申，命彥德鞫治茂明安署札薩克貝勒丹丕勒等訐控盟長之獄。甲子，以顏伯燾爲雲南巡撫。是月，貸山東濮州等二十四州縣衞、山西寧武縣倉穀。

五月戊寅，貴慶病免，調奕紀爲禮部尚書，以武忠額爲理藩院尚書，奎照爲左都御史。以周天爵署漕運總督。

六月庚戌，以御史朱成烈奏廣東海口每歲出銀三千餘萬，福建、浙江、江蘇各海口出銀不下千萬，天津海口出銀亦二千餘萬，命沿海各督撫及各監督嚴飭稽查。戊午，命左都御史奎照、戶部侍郎文慶在軍機大臣上學習行走。己未，命琦善署直隸總督。壬申，四川馬邊廳夷匪作亂，命鄂山勦之。甲戌，奕山等奏獲霍罕賊目阿達那等誅之。是月，貸江蘇淮安、大河二衞被災籽種。

秋七月丙子朔，命侍郎倭什納等册封朝鮮王妃。壬午，樂善遷荆州將軍，以賽尚阿爲察哈爾都統。辛卯，諭栗毓美，東河甎工改辦碎石。丁巳，西寧辦事大臣德楞額遷荊州將軍，以蘇勒芳阿代之。

九月庚寅，授周天爵漕運總督。甲戌，廓爾喀年貢逾例，溫諭卻之。癸巳，召訥爾經額來京。甲午，以錢寶琛爲湖南巡撫。甲辰，免直隸邢臺、阜城二縣被旱額賦十分之五。

冬十月丙午，上臨大學士長齡第視疾。辛未，停吉林珠貢。是月，給陝西保安縣被災籽種口糧，並貸綏德等四州縣倉穀。蠲綏山西應州等十州縣、齊齊哈爾等三城被災新舊額賦。

十一月辛卯，晉封長齡一等威勇公。是月，貸甘肅金州等九州縣貧民、江西南昌等十三縣、陝西葭州等五州縣被災籽種口糧倉穀。

十二月丁未，涼山夷匪平。己巳，李宗昉憂免，以卓秉恬爲左都御史。庚午，彥德以年老留京，以棍楚克策楞爲綏遠城將軍。是月，貸陝西定邊、安定二縣來春口糧籽種。

是歲，朝鮮、琉球、暹羅、越南來貢。

十八年春正月甲戌朔，命奎照、文慶爲軍機大臣。乙亥，太傅、大學士、一等公長齡卒。丙子，上臨長齡第賜奠。乙酉，四川夷匪平。是月，貸甘肅固原等十四州廳縣、山西平定等五州縣災民口糧籽種倉穀。

二月癸卯朔，命琦善爲大學士，仍署直隸總督。以雲貴總督伊里布協辦大學士，仍留任。乙巳，史致儼病免，以祁墳爲刑部尚書，怡良爲廣東巡撫。壬戌，修喀喇沙爾城。戊辰，修浙江海塘。是月，貸陝西懷遠、府谷二縣歉收籽種。

三月乙亥，以謁陵命肅親王等留京辦事。戊子，上奉皇太后謁西陵，免經過地方額賦十分之三。壬辰，上謁泰陵、泰東陵、昌陵，詣孝穆皇后、孝愼皇后陵寢奠酒。乙未，上奉皇太后還京師。丙申，上幸南苑行圍，至戊戌皆如之。庚子，上還京師。辛丑，噶勒丹錫埒圖薩瑪第巴克什入貢。是月，貸山西遼州等十三州廳縣上年歉收倉穀。

夏四月庚申，以富呢揚阿等建烏魯木齊書院，議處有差。申命新疆將軍、都統、大臣認眞教練，使人人習於戰陣，毋舍實政務虛名。甲子，以伍長華爲湖北巡撫。丙寅，賜鈕福保等一百九十四人進士及第出身有差。辛未，以奕山爲伊犂將軍，湍多布爲伊犂參贊大臣。

閏四月丙子，上詣黑龍潭祈雨。辛巳，雨。鴻臚寺卿黃爵滋奏請將內地吸食鴉片者俱罪死。命盛京、吉林、黑龍江將軍，直省督撫各抒所見議奏。己丑，褫禧恩太子太保銜兵部尚書，調成格爲兵部尚書，以鄂山爲刑部尚書，寶興爲四川總督，耆英爲盛京將軍，惠吉爲熱河都統。庚寅，調奕紀爲戶部尚書，成格爲禮部尚書，奕顥爲兵部尚書。

五月丙午，上詣黑龍潭祈雨。己酉，雨。癸丑，大學士阮元致仕。命王鼎爲大學士，仍管刑部，湯金釗爲戶部尚書、協辦大學士，朱士彥爲吏部尚書，卓秉恬爲兵部尚書，姚元之爲左都御史。戊辰，惇親王綿愷免內廷行走、宗令，罰親王俸三年。

六月辛未，免四川馬邊、雷波二廳逋賦及各廠應解銅鉛。丁丑，降惇親王綿愷爲郡王。己卯，命端多布爲塔爾巴哈台參贊大臣，關福爲伊犁參贊大臣。是月，給貴州鎭遠府屬被水兵民口糧。

秋七月戊申，刑部尚書鄂山卒，以寶興爲刑部尚書，蘇廷玉署四川總督。

八月丙戌，以林則徐等奏查獲烟販收繳烟具情形，諭嘉之。己丑，成格免，以奎照爲禮部尚書，恩銘爲左都御史。命奕紀管理藩院。以賽尙阿署理藩院尙書，布彥泰爲察哈爾都統。是月，給陝西安定、府谷二縣災民口糧。

九月丙午，莊親王奕賨等坐食鴉片革爵。丁未，上閱健銳營兵。己酉，太常寺少卿許乃濟請弛鴉片禁。命休致。召林則徐來京，以伍長華署湖廣總督。辛酉，調錢寶琛爲江西巡撫，裕泰爲湖南巡撫。吏部尚書朱士彥卒，調湯金釗爲吏部尚書，吳椿爲戶部尚書，以龔守正署禮部尚書。是月，給山東濰縣災民口糧。

冬十月庚寅，以盛貴爲烏里雅蘇台參贊大臣。是月，蠲緩直隸深州等十三州縣、江西南昌等二十二縣、安徽壽州等三十四州縣衞、河南內黄等十一縣、湖南澧州等八州縣衞、奉天寧遠州被災新舊額賦。

十一月壬寅，命伊里布等查禁雲南種罌粟。壬子，以寶興爲四川總督，恩銘爲刑部尚書，裕誠爲左都御史。癸丑，命林則徐爲欽差大臣，查辦廣東海口事件，節制該省水師。以周天爵署湖廣總督，鐵麟署漕運總督。丁巳，上詣大高殿祈雪。以固慶爲科布多參贊大臣。乙丑，兵部尚書奕顥褫職，調裕誠爲兵部尚書，以隆文爲左都御史。丙寅，召哈豐阿來京，以舒倫保署黑龍江將軍。是月，賑陝西懷遠、安定二縣，寧古塔三姓地方兵民口糧。

十二月戊辰朔，貴州仁懷縣匪謝法眞等作亂，命伊里布勦之。辛未，惇郡王綿愷卒，追復親王爵。上親臨其喪三次賜奠。乙亥，上再詣大高殿祈雪。丙戌，上復詣大高殿祈雪。庚寅，移庫倫幫辦大臣駐科布多，爲科布多幫辦大臣。辛卯，授賽尙阿理藩院尙書。乙未，左都御史姚元之免，以龔守正代之。以匪亂平，賞伊里布雙眼花翎，晉余步雲太子太保。

是歲，朝鮮、琉球、暹羅來貢。

十九年春正月戊戌朔，晉封惠郡王緜愉爲親王。戊午，召奕山來京，以關福署伊犁將軍。是月，貸湖南武陵縣、陝西葭州等九州縣、甘肅固原等五州縣水旱災雹災口糧籽種。

二月壬午，御試翰林、詹事等官，擢李國杞四員爲一等，餘升黜有差。丙戌，以謁東陵，命肅親王敬敏等留京辦事。命林則徐赴虎門、澳門，防外海洋船進口及內匪出洋。

三月庚子，上謁東陵，免經過地方額賦十分之三。辛丑，吳椿病免，調何淩漢爲戶部尙書，以陳官俊爲工部尙書，龔守正爲禮部尙書，廖鴻荃爲左都御史。癸卯，上謁昭西陵、孝陵、孝東陵、景陵、裕陵，詣端慧太子園寢奠酒。乙巳，陶澍病免，調林則徐爲兩江總督，以陳鑾署之，裕謙署江蘇巡撫，以桂良爲湖廣總督，朱樹爲河南巡撫。丙午，上幸南苑行圍。辛亥，上還京師。乙卯，林則徐等奏蠆船呈繳煙土，諭嘉之，予奬敍。准林則徐等奏，暫緩議斷互市。烏魯木齊都統廉敬遷成都將軍，以惠吉代之，以恩銘爲熱河都統，隆文爲刑部尙書。丙辰，以鐵麟爲左都御史。

夏四月辛未，以吳文鎔爲福建巡撫。丁丑，調周天爵爲河南巡撫，朱樹爲漕運總督。戊子，上詣萬壽山殿祈雨。丁酉，以直隸旱，免奉天、山東、河南來直米稅。

五月辛丑，雨。予告大學士盧蔭溥卒。是月，賑雲南浪穹、鄧川二州縣地震災額賦。

六月丙寅，閩浙總督鍾祥以闗防被竊褫職，以周天爵代之，以牛鑑爲河南巡撫。丁亥，太子少保前兩江總督陶澍卒。辛卯，調周天爵爲湖廣總督。

秋七月壬子，命林則徐以禁販鴉片檄諭英吉利國及各國在粵洋商。是月，給湖南華容縣水災口糧。

八月庚午，經額布遷成都將軍，以托渾布爲山東巡撫。召烏里雅蘇台將軍保昌來京，以廉敬代之。是月，給陝西葭州等三州縣被災口糧。

九月庚子，命托渾布查辦山東登州海賊，整頓水師。辛丑，上閱健銳營兵。己酉，哈豐阿遷廣州將軍，調棍楚克策楞爲黑龍江將軍，德克金布爲綏遠城將軍。

冬十月，山西巡撫申啓賢卒，賜卹如尙書例。以楊國楨爲山西巡撫。是月，賑安徽無爲等十一州縣及屯坐各衞水災。賑湖北黄梅等三縣災民。給湖北沔陽等九州縣，山東蒙陰縣，陝西府谷、神木二縣，湖南華容縣九州衞水災旱災口糧。蠲緩安徽無爲等三十二州縣，湖北沔陽等二十六州縣，河南睢州等二十一州縣，湖南澧州等九州縣衞水災新舊額賦。

十一月庚子，英船入廣東海港，林則徐督官軍擊走之，停其貿易。以程楙來爲安徽巡撫。戊申，德克金布遷廣州將軍，以松溥爲綏遠城將軍，舒倫保爲黑龍江將軍。庚戌，命濟克默特赴庫倫，迎哲布尊丹巴呼圖克圖來覲。是月，給江西德化等七縣、山西應州等四州縣災民口糧。蠲免江西南昌等二十三縣，山西應州等八州縣，直隸安州等五州縣被災新舊額賦。

十二月癸亥，署兩江總督陳鑾卒，調鄧廷楨爲兩江總督，林則徐爲兩廣總督，裕謙爲江蘇巡撫。癸酉，哲布尊丹巴呼圖克圖等覲見。調伊里布爲兩江總督，鄧廷楨爲雲貴總督。癸未，命刑部尙書隆文在軍機大臣上行走。調鄧廷楨爲閩浙總督，桂良爲雲貴總督。戊子，陳官俊免，以廖鴻荃爲工部尙書。軍機大臣文慶免。

是歲，朝鮮、琉球入貢。

二十年春正月壬辰朔，加王鼎太子太保。戊戌，以阿勒精阿爲熱河都統。己亥，理藩院禁哲布尊丹巴呼圖克圖用旗纖，並未奏明，奕紀褫御前大臣、戶部尙書、總管內務府大臣並紫韁，免管理藩院。賽尙阿降二品頂戴。調隆文爲戶部尙書。壬寅，皇后鈕祜祿氏崩。戊申，謚大行皇后爲孝全皇后。庚戌，奕紀逮問。庚申，以奕紀收沙布朗餽送銀，遣戍黑龍江，賽尙阿等均下部嚴議。

二月癸亥，以阿勒精阿爲刑部尙書，訥爾經額爲熱河都統，哈豐阿爲西寧辦事大臣。丁卯，戶部尙書何淩漢卒，以卓秉恬代之。以祁寯藻爲兵部尙書，沈岐爲左都御史。丁丑，河東河道總督栗毓美卒，以文沖爲河東河道總督。是月，給安徽桐城縣貧民口糧。貸山西河保等營兵丁穀石。

三月，命何汝霖在軍機大臣上學習行走。召奕山來京，以布彥泰爲伊犂將軍。辛亥，以璧昌爲察哈爾都統。是月，貸山西吉州等九州廳縣倉穀。

夏四月辛酉朔，冊謚孝全皇后，翼日頒詔。己巳，調經額布爲吉林將軍。丙子，以祥康爲庫倫辦事大臣。戊寅，上詣黑龍潭祈雨。乙酉，賜李承霖等一百八十人進士及第出身有差。戊子，上詣廣潤祠祈雨。是月，貸直隸紫金關及所屬浮圖峪等三營弁兵倉穀。

六月丁卯，以色克津阿爲綏遠城將軍。丁丑，林則徐等奏擊燬載煙洋艇。庚辰，英船入浙洋，圍定海縣城。命余步雲會烏爾恭額等援之。甲申，英人陷定海縣，知縣姚懷祥等死之。褫烏爾恭額及浙江提督祝廷彪職，仍留任。調瑚松額爲熱河都統，訥爾經額爲陝甘總督。

秋七月癸巳，英船犯浙江乍浦海口。命奇明保率兵禦之。英師犯福建厦門砲台，參將陳勝元等擊卻之。丙申，褫浙江巡撫烏爾恭額職，以劉韻珂代之。丁酉，命伊里布爲欽差大臣，赴浙江勦辦。以裕謙兼署兩江總督。以湍多布爲伊犂參贊大臣，花山太爲塔爾巴哈台參贊大臣。甲辰，英船泊天津口外，遞信與琦善訴屈。命琦善接收，仍飭勿進口。丙午，花山太遷喀什噶爾辦事領隊大臣，調湍多布爲塔爾巴哈台參贊大臣，以福興阿爲伊犂參贊大臣。庚戌，林則徐等奏續獲販煙人犯。諭以空言搪塞，切責之。乙卯，英船至山海關等處。丙辰，命伊里布等，英人如有投遞書信，卽接受馳奏。是月，賑湖北沔陽等三州縣水災。

八月甲子，以邵甲名署浙江巡撫。丙子，英人復侵福建廈門，提督陳階平等擊走之。己卯，命琦善爲欽差大臣，赴廣東查辦，並諭伊里布及沿海督撫防守要隘，洋船停泊外洋勿問。調訥爾經額署直隸總督，以瑚松額署陝甘總督。庚辰，廉敬遷成都將軍，以德楞額爲烏里雅蘇台將軍。辛巳，裕謙奏英人呈遞原書，不敢上聞。諭切責之。是月，給江蘇上元等十四縣水災口糧並修屋費。

九月庚寅，林則徐、鄧廷楨命交部嚴加議處。以琦善署兩廣總督。辛卯，以托渾布奏英船南去，命耆英、托渾布酌撤防兵。召鄧廷楨來京，以顏伯燾爲閩浙總督，張澧中爲雲南巡撫。甲午，諭周天爵等卹湖北各州縣水災。乙未，褫林則徐、鄧廷楨職，命赴廣東候查問。己亥，英船入浙江慈谿、餘姚二縣內洋，伊里布等擊走之。以烏爾恭額不代奏英人書信，逮問。是月，給江蘇泰興縣水災口糧。

十月壬申，以謁陵命莊親王等留京辦事。壬午，以孝全皇后梓宮奉安龍泉峪，上詣觀德殿行祖奠禮。乙酉，調祿普爲烏里雅蘇台將軍。是月，賑直隸滄州等三州縣災民。給安徽東流、含山二縣軍民口糧。貸奉天白旗堡、小黑山水災口糧。蠲緩直隸滄州等三十三州縣、湖北沔陽等八州縣衛水災新舊正雜額賦。

十一月庚寅，上謁西陵，免經過地方額賦十分之五。甲午，上謁泰陵、泰東陵、昌陵，並詣孝穆皇后、孝愼皇后陵寢奠酒，孝全皇后梓宮前行遷奠禮。乙未，孝全皇后梓宮奉安地宮，上臨視，命皇子行禮。己亥，上還京師。癸卯，祿普改荊州將軍，調奕湘爲烏里雅蘇台將軍。英人陷定海。戊申，烏爾恭額論絞。壬子，伊里布奏英人要求澳門、定海貿易。諭琦善令英人退還定海。癸丑，以周天爵擅用非刑，褫職，遣戍伊犁。以裕泰爲湖廣總督，以吳其濬爲湖南巡撫。是月，賑江蘇上元等十六縣、直隸天津縣水旱災。貸江蘇江寧駐防及督協各營駐紮災區兵餉、黑龍江墨爾根城水災屯丁口糧屋費。蠲緩江蘇泰州等七十二州縣衞、直隸天津縣、山西河曲縣新舊額賦。

十二月，以孝全皇后升祔奉先殿，上親詣告祭。翼日，命皇四子行禮。戊辰，調余步雲爲浙江提督。以鐵麟爲察哈爾都統，恩桂爲左都御史。以璧昌爲伊犁參贊大臣。己卯，調吳文鎔爲湖北巡撫，以劉鴻翺爲福建巡撫。癸未，召瑚松額來京，以恩特亨額署陝甘總督。是月，給福建龍谿、南靖二縣水災口糧屋費。貸江蘇江陰等三營兵餉。蠲緩浙江長興等四縣水旱災新舊正雜額賦。

是歲，朝鮮入貢。

清史稿卷十九

本紀十九

宣宗本紀三

二十一年春正月己丑，英人寇廣東虎門，副將陳連陞及其子舉鵬死之。庚寅，以奕山爲御前大臣。辛卯，琦善以虎門陷，下部嚴議，褫提督關天培頂戴。命奕山爲靖逆將軍，隆文、楊芳爲參贊大臣，督辦廣東海防。命賽尙阿在軍機大臣上行走。庚子，命訥爾經額駐天津，督辦海防。命哈哴阿赴山海關，督辦海防。命耆英等勤哨探。己巳，命伊里布回兩江總督任，以裕謙爲欽差大臣，辦浙江軍務。辛亥，琦善褫大學士，仍下部嚴議。是月，賑奉天白旗堡水災旗戶。給江蘇江都、丹徒二縣水災倉穀，奉天小黑山站丁，江蘇廟灣場竈丁，安徽東流、繁昌二縣水旱災口糧。貸湖北沔陽等八州縣衞、湖南武陵縣、甘肅金州等五州廳縣水災籽種，江蘇上元等十一縣、甘肅皐蘭縣水災口糧，山西河曲縣雹災倉穀。

二月庚申，以伊里布遷延不進，下部嚴議。辛酉，琦善逮問，仍籍其家。以祁𡎴爲兩廣總督，怡良兼署，李振祜署刑部尚書，授訥爾經額直隸總督，恩特亨額陝甘總督。丙寅，越南國王阮福晈卒，詔停貢方物。戊辰，英人去定海，以伊里布庸懦，褫協辦大學士，留兩江總督任。命寶興爲大學士，仍留四川總督。以奕經協辦大學士。戊寅，命齊慎爲參贊大臣，赴廣東會勦。壬午，英人陷廣東虎門砲台及烏涌卡座，廣東水師提督關天培、署湖南提督祥福等死之。是月，展賑江蘇江寧、通州二府州災民。

三月丙戌朔，釋周天爵赴廣東軍營。甲午，上謁西陵，免經過地方額賦十分之三。乙未，致仕大學士文孚卒。丙申，英人兵船入廣東內港，楊芳等擊走之。戊戌，上謁泰陵、泰東陵、昌陵，至龍泉峪孝穆皇后、孝愼皇后、孝全皇后陵寢奠酒。己亥，上再謁昌陵，行敷土禮。詣隆恩殿行大饗禮。壬寅，上還京師。丙午，上臨故大學士文孚第賜奠。戊申，准米里堅等國通商。庚戌，以裕謙奏，命沿海通商口岸照舊准商民貿易。壬子，楊芳等請仍准英國商船在廣東貿易。不許，命將楊芳、怡良嚴議。

閏三月乙卯朔，褫楊芳、怡良職，仍留任。丙寅，湯金釗降調，調卓秉恬爲吏部尚書、協辦大學士，祁寯藻爲戶部尚書，以許乃普爲兵部尚書。丁卯，召伊里布來京，以裕謙爲兩江總督，命定海防務交劉韻珂辦理。調梁章鉅爲江蘇巡撫，以周之琦爲廣西巡撫。乙亥，諭奕山等撫恤各國洋商。是月，貸山西吉州等十州縣暨和林格爾廳上年歉收倉穀。蠲綏江蘇宿遷縣被水灘租。

夏四月己丑，命裕謙仍爲欽差大臣，督辦浙江海防。英人陷廣東城外砲台。甲辰，禮部尚書奎照病免，以色克精額爲禮部尚書。賜龍啓瑞等二百二人進士及第出身有差。辛亥，命睿親王等、大學士、軍機大臣、各部尚書會同刑部訊伊里布。癸丑，以廣東省城圍急，准奕山等奏，令英人通商。是月，緩徵山西朔州等六州廳縣逋賦。

五月丙辰，英船入浙洋，命裕謙申嚴各海口兵備。癸亥，鄧廷楨、林則徐遣戍伊犁。癸酉，英船去廣東虎門。穆彰阿免管理藩院，命賽尚阿代之。參贊大臣、戶部尚書隆文卒于軍。庚辰，調敬徵爲戶部尚書，賽尚阿爲工部尚書，恩桂爲理藩院尚書。壬午，調吳文鎔爲江西巡撫，錢寶琛爲湖南巡撫。以奕興爲綏遠城將軍。

六月，准祁墳等奏定商船赴天津等處章程。庚寅，褫伊里布職，發軍台效力贖罪。准奕山等奏，分期撤兵。戊戌，琦善論斬。癸卯，河南下南廳河決。辛卯，褫文沖職，仍留河東河道總督任，牛鑑下部嚴議。

七月丙辰，命王鼎等赴東河督工。壬戌，以李振祜爲刑部尚書。丁卯，以達賴喇嘛于四月坐床，頒敕書。戊辰，命前寧夏將軍特依順爲參贊大臣，赴廣東。辛未，以河水汎濫，命牛鑑移民賑恤。己卯，南掌入貢。庚辰，英人陷福建廈門，總兵江繼芸等死之。以故越南國王阮福晈子阮福暶爲越南國王，命廣西按察使寶清往册封。

八月癸未，以桂輪爲熱河都統。丁亥，英人寇浙江。庚寅，以朱襄爲河東河道總督。辛卯，萬壽節，上詣皇太后宮行禮。御正大光明殿，皇子及王以下文武大臣，蒙古使臣、外藩王公行慶賀禮。褫文沖職，枷號河干。以王鼎署河東河道總督。英人去廈門。丁酉，英人寇浙江雙澳、石浦等處，裕謙督兵擊走之。命怡良赴福建查辦軍務。以梁寶常署廣東巡撫。庚子，以趙炳言爲湖北巡撫。辛丑，英人復大舉寇浙江。戊申，英人再陷定海，總兵王錫朋、鄭國鴻、葛雲飛等死之。裕謙、余步雲下部嚴議。是月，免陝西華州、大荔二州縣，河南睢州等八州廳縣水災額賦。

九月乙卯，英人陷鎭海，欽差大臣裕謙死之，提督余步雲遁。命奕經爲揚威將軍，哈哴阿、胡超爲參贊大臣，督辦浙江海防。命怡良爲欽差大臣，會同顏伯燾、劉鴻翺督辦浙江海防。以牛鑑署兩江總督，鄂順安署河南巡撫。丁巳，命文蔚爲參贊大臣，赴浙江，胡超仍駐天津。命特依順爲參贊大臣，赴浙江，哈哴阿仍駐山海關。命祁寯藻在軍機大臣上行走。授牛鑑兩江總督。辛酉，英人陷浙江寧波府。己巳，上閱火器營兵。是月，賑奉天遼陽等六州縣水災。

冬十月戊子，命僧格林沁等巡視天津海口。辛卯，英船入臺灣海口，達洪阿等擊退之。命王得祿赴臺灣協勦。是月，賑湖南華容縣、岳州衞，江西德化等十縣水災。加賑湖北沔陽等九州縣、山西薩拉齊廳災民、江蘇上元等十五縣衞災民，並免額賦。給安徽無爲等十二州縣水災口糧屋費，幷免額賦。

十一月庚午，以程矞采署江蘇巡撫。以青海玉樹番族雪災，免應徵銀二年。戊寅，英人陷浙江餘姚縣，復入慈谿。是月，賑江蘇上元、江寧二縣災民。

十二月戊子，褫顏伯燾職，以楊國楨爲閩浙總督。己丑，以梁萼涵爲山西巡撫。癸巳，英人陷浙江奉化縣。壬寅，湖北崇陽縣匪鍾人杰作亂，攻陷縣城，命裕泰等督兵討之。以程矞采爲江蘇巡撫。丙午，英船寇浙江乍浦。戊申，英船寇臺灣淡水、雞籠，達洪阿等擊退之。是月，賑江蘇新陽縣災民。展賑河南祥符等六縣、江蘇上元等十縣災民。貸河南睢州、柘城縣貧民籽種口糧，並平糶淮寧縣倉穀。緩徵江西南昌等二十二縣逋賦，浙江橫浦、浦東二場竈課。

是歲，朝鮮、琉球、南掌入貢。

二十二年春正月丙辰，楊國楨病免，以怡良爲閩浙總督，梁寶常爲廣東巡撫。甲子，盛京將軍者英改廣州將軍，以禧恩署之。己巳，湖北崇陽賊匪陷通山，裕泰遣兵擊敗之。丁丑，克復湖北崇陽縣，獲匪首鍾人杰。是月，賑安徽無爲等十二州縣衞，奉天遼陽等六處、新民等四廳縣災民。給安徽泗州等二十二州縣衞、浙江海寧等七州縣水災口糧。貸江西德化等七縣、湖南武陵縣、湖北嘉魚等九縣衞、陝西葭州等五州縣水災籽種口糧，山西薩拉齊廳歉收倉穀，江蘇災區京右等營兵餉。蠲緩浙江海寧等九州縣衞水災新舊額賦。

二月丙戌，命林則徐仍戍伊犁。丙申，奕經等進攻寧波失利。釋伊里布赴浙江軍營。命者英署杭州將軍。王鼎乞假。命齊愼仍爲參贊大臣，辦理浙江軍務。丙午，命者英爲欽差大臣，會同特依順守浙江省城，并命劉韻珂會辦防務，責成奕經等守沿海各口岸。是月，賑盛京遼陽等處、江蘇上元等八縣災民。

三月壬子，上幸南苑。癸丑，上行圍，翼日如之。丁巳，上還圓明園。恩特亨額卒，以富呢揚阿爲陝甘總督，璧昌爲陝西巡撫。以慶昌爲伊犁參贊大臣。是月，蠲緩河南鄭州積澇地畝逋賦。

夏四月癸未，英人復寇臺灣，達洪阿等擊走之。加達洪阿太子太保。己丑，英人去寧波府。甲午，上詣黑龍潭神祠祈雨。乙未，英人陷浙江乍浦，同知韋逢甲死之。庚子，褫余步雲職逮問。丙午，鍾人杰伏誅。是月，貸湖南鳳凰等五廳縣屯丁苗佃籽種口糧，山西吉州等十四州縣倉穀。緩徵山西陽曲縣、薩拉齊廳逋穀。

五月己酉，大學士王鼎暴卒。丙辰，降湯金釗爲光祿寺卿。丁巳，湯金釗乞休，允之。戊午，奕山以查奏不實，褫左都御史，並祁墳、梁寶常褫職留任。己未，禮部尚書色克精額卒，以恩桂代之。以吉倫泰爲理藩院尚書。以奎照爲左都御史。壬戌，英人陷江蘇寶山縣，提督陳化成死之。命耆英、伊里布赴江蘇，會同牛鑑防勦。丁卯，英人陷上海縣，典史楊慶恩死之。命賽尚阿爲欽差大臣，會同訥爾經額防勦。是月，貸江蘇山陽縣及淮安等二縣衞歉收籽種。

六月戊寅朔，日食。蠲緩湖北被匪滋擾之崇陽等五縣衞新舊額賦。辛卯，以文慶爲庫倫辦事大臣。壬辰，蠲緩浙江被擾之定海等十二縣新舊額賦。癸巳，英船寇京口。丙申，英船寇鎭江，齊愼等遁。丁酉，英人陷鎭江，副都統海齡死之。

秋七月甲寅，英船寇江寧省城。命伊里布等議款。命奕經進駐常州。己未，耆英奏與英兵官瑪禮遜等議罷兵。諭「朕以民命爲重」，令妥行定議。癸亥，耆英等請與英兵官定約，鈐御寶。諭「朕因億萬生靈所繫」，允所請。庚午，江南桃北廳河決。是月，賑巴里坤地震災。

八月戊寅，耆英奏廣州、福州、厦門、寧波、上海各海口，與英國定議通商。戊子，麟慶以貽誤河防，褫職留任。命敬徵、廖鴻荃赴江南查勘河工。是月，貸巴里坤地震災修屋費。

九月丁未，沈岐乞終養，允之。以李宗昉爲左都御史。己酉，授禧恩盛京將軍。戊午，朱樹乞終養，允之。命周天爵以二品頂戴署漕運總督。己未，兩江總督牛鑑褫職逮問，命耆英代之。召奕山來京。以伊里布爲欽差大臣、廣州將軍，辦理善後事宜。辛酉，河東河道總督朱襄卒，以慧成署之。癸亥，召奕經、文蔚來京。命齊愼回四川提督。甲戌，命伊里布議通商稅課事宜。乙亥，璧昌遷福州將軍，以李星沅爲陝西巡撫。

冬十月庚辰，上閱圓明園八旗槍兵。丙戌，奕山、奕經、文蔚交刑部治罪，特依順、齊愼下部嚴議。庚寅，減免江蘇濱海被兵太倉等四十廳州縣衛新舊額賦有差。甲午，奕山、奕經、文蔚均奪職論斬，特依順、齊愼褫職留任。乙未，命戶部尙書敬徵協辦大學士，調恩桂爲吏部尙書，以麟魁署禮部尙書。戊戌，慶郡王奕綵緣事奪爵，不入八分輔國公緜性奪爵發盛京。是月，賑江蘇桃源、沭陽二縣水災。給湖北江陵等四縣、山西保德等三州廳縣災民口糧。貸奉天牛莊等處災民口糧。蠲緩江蘇海州等五州縣、湖南澧州等八州縣衛新舊額賦。

十一月丁未，召科布多參贊大臣固慶來京，以果勒明阿代之。召烏里雅蘇台參贊大臣盛貴來京，以樂斌代之。召駐藏大臣孟保來京，以海樸代之。以潘錫恩爲江南河道總督。

授慧成河東河道總督。丙辰，允周天爵回籍守制，以廖鴻荃署漕運總督。甲子，命怡良查辦達洪阿等妄殺被難洋人。丁卯，牛鑑論斬。甲戌，給江蘇濱江被兵等丹徒六縣貧民口糧屋費，並免通州等十三州縣廳額賦有差。是月，給江蘇蕭縣、徐州衞水災口糧。蠲緩浙江淳安等三縣新舊額賦。

十二月辛巳，召廖鴻荃來京，以李湘棻署漕運總督。己丑，設通永鎭總兵，駐蘆台，以向榮爲通永鎭總兵。庚寅，召程矞采來京，以孫善寶爲江蘇巡撫。乙未，托渾布病免，以程矞采爲山東巡撫。戊戌，申命大學士、九卿、科道議余步雲罪，處斬。己亥，調梁寶常爲山東巡撫，程矞采爲廣東巡撫。是月，給福建峯市等三縣廳水災口糧屋費。

是歲，廓爾喀、朝鮮、琉球來貢。

二十三年春正月辛亥，命李僡、成剛赴南河，會同潘錫恩督工。壬子，英兵官樸鼎查回香港，留馬禮遜等候議約。命伊里布等籌辦通商事宜。命李湘棻會同耆英籌辦江北善後事宜。是月，賑江蘇蕭縣、桃源縣災，並給沭陽等六縣衞口糧。貸湖北江陵等三縣衞，湖南澧州、洞庭二營水災籽種口糧。

二月乙未，欽差大臣、廣州將軍伊里布卒，命祁𡎴接辦通商稅則。丁酉，烏里雅蘇台將軍奕湘改廣州將軍，以祿普代之。辛丑，調奕興爲烏里雅蘇台將軍，祿普爲綏遠城將軍。是月，貸湖北荆州被水駐防倉穀。

三月庚戌，命耆英爲欽差大臣，辦理江浙通商事宜。璧昌署兩江總督。丁巳，御試翰林、詹事等官，擢萬青藜五員爲一等，餘升黜有差。乙丑，祿普遷鑲紅旗蒙古都統，調奕興爲綏遠城將軍，以桂輪爲烏里雅蘇台將軍，起琦善爲熱河都統。丙寅，起文蔚爲古城領隊大臣。起奕經爲葉爾羌幫辦大臣。丁卯，怡良奏達洪阿、姚瑩並無戰功，命褫職逮問。尋免達洪阿、姚瑩治罪。是月，貸山西絳州等六州縣、湖北荆州駐防被災倉穀，江寧駐防暨督協各營災歉兵丁銀，湖南鳳凰等五廳縣苗佃屯丁籽種口糧。

夏四月甲戌朔，以惟勤爲烏魯木齊都統。丙子，授麟魁禮部尚書。丁丑，以御史陳慶鏞劾，仍奪琦善、文蔚、奕經職。奎照病免，以特登額爲左都御史，薩迎阿爲熱河都統。庚子，命耆英與英人會議通商。戊辰，怡良病免，以劉韻珂爲閩浙總督，調吳其濬爲浙江巡撫，以陸費瑔爲湖南巡撫。

六月乙亥，湖南武岡州賊匪曾如炷作亂，戕知州徐光弼，命吳其濬討捕之。甲午，曾如炷伏誅。

秋七月乙巳，河決東河中牟九堡，慧成下部嚴議。允耆英奏，定通商稅則，先在廣州市易。改命敬徵、何汝霖赴東河查勘。丙午，命鄂順安賑沿河被水災民。

閏七月戊寅，直隸永定河決。乙酉，中牟決口未塞，命枷慧成河干。以鍾祥爲河東河道總督。丙戌，召法豐阿來京，以德興爲西寧辦事大臣。丁亥，命廖鴻荃往河南，會同督辦河工。己丑，起麟慶赴東河督辦河工。庚寅，命敬徵等議製紙鈔。甲午，調吳其濬爲雲南巡撫，以管遹羣爲浙江巡撫。

八月乙巳，申諭程楙采撫恤安徽被水各州縣災民。是月，賑陝西沔縣等三縣水災雹災。

九月甲午，命李湘棻以三品頂戴署漕運總督。是月，賑山東福山縣水災。蠲緩直隸景州等二十七州縣、山東福山縣水災雹災正雜額賦。

冬十月己酉，耆英奏通商事竣，命回兩江總督任，辦善後及上海通商事宜，祁𡎴等辦粵省未盡事宜。庚戌，起琦善爲駐藏辦事大臣。甲子，起達洪阿爲哈密辦事大臣。是月，賑安徽太和等三縣、山西岢嵐州水災雹災。貸安徽太和等四縣、齊齊哈爾等四處歉收口糧。蠲緩奉天遼陽等六州廳縣、瀋陽等三處，齊齊哈爾等四處，山東臨淸等二十七州縣衞，安徽泗州等三十七州縣衞，山西岢嵐等七州縣，湖南澧州等六州縣衞被災新舊正雜額賦。

十一月己巳朔，日食。己卯，以王植爲浙江巡撫。壬午，調程楙采爲浙江巡撫，以王植爲安徽巡撫。丁酉，上詣大高殿祈雪。是月，賑江蘇沭陽縣、大河衞災民。貸江西南昌等十五縣、陝西綏德等九州縣籽種口糧倉穀。蠲緩直隸新河等四縣、江蘇高郵等六十八州廳縣衞水旱災新舊額賦。

十二月辛丑，議定意大利亞國通商章程。甲辰，調梁寶常爲浙江巡撫，以崇恩爲山東巡撫。丙午，雪。丁巳，命劉韻珂辦寧波通商事宜。禮部尚書龔守正病免，以陳官俊代之。是月，蠲緩河南睢州等十六州縣被水新舊正雜額賦。

是歲，朝鮮、緬甸、暹羅入貢。

二十四年春正月辛卯，貸陝西葭州等四州縣、山西大同等三縣水災雹災籽種。

二月戊戌朔，祁墳病免，調耆英爲兩廣總督，以壁昌署兩江總督。庚子，以謁東陵命肅親王敬敏等留京辦事。庚戌，以中牟壩工復蟄，褫麟魁、廖鴻荃職，給七品頂戴，仍留河工，鍾祥褫職，留東河總督任，鄂順安降三品頂戴。以特登額爲禮部尚書，文慶爲左都御史，調陳官俊爲工部尚書，以李宗昉爲禮部尚書，杜受田爲左都御史。甲寅，命穆彰阿留京辦事。以程矞采奏米利堅使欲來天津朝覲，並議通商章程，命耆英赴廣東，會同程矞采妥辦米利堅等國通商事宜。丁卯，免經過地方田賦十分之三。是月，給江蘇海州等三州縣衞民屯口糧。

三月壬申，命耆英爲欽差大臣，辦理通商善後事宜，仍令程矞采諭止米里堅使來京。丙戌，鍾祥等奏河工善後事宜，諭：「一夫失所，罪在朕躬。卿等善爲之。」是月，貸山西平定等十一州廳縣歉收倉穀。

夏四月己酉，修廣東虎門各內洋砲台。壬子，臺灣匪平。辛酉，賜孫毓溎等二百有九人進士及第出身有差。是月，加給河南睢州等十五州縣水災三月口糧。

六月丁酉，直隸永定河決。壬寅，湖南耒陽縣匪楊大鵬等作亂，命陸費瑔等討捕之。己酉，定米利堅通商條約。是月，緩徵山東臨淸等二十二州縣並德州東昌二衞被災新舊額賦有差。

秋七月辛巳，富呢揚阿及提督周悅勝下部嚴議。甲申，湖南耒陽縣匪平，匪首楊大鵬伏誅。戊子，湖北荆州萬成隄決。辛卯，召奕興來京，以鐵麟署綏遠城將軍，阿彥泰署察哈爾都統。是月，加給河南中牟等九縣水災三月口糧。貸陝西葭州雹災籽種。

八月，賑山西汾陽縣水災雹災，並蠲緩汾陽等三縣額賦。

九月，給河南淮寧等三縣三月水災口糧。

冬十月甲午朔，准布魯特阿希木襲四品翎頂。己酉，葉爾羌參贊大臣奕經改伊犁領隊大臣，以麟魁代之。壬戌，伊犂參贊大臣達洪阿病免。命林則徐赴阿克蘇、烏什、庫車、和闐等處勘議開墾事宜。癸亥，以舒興阿爲伊犂參贊大臣。是月，賑直隸霸州、永清二州縣旗民。給奉天錦州等八州廳縣水災口糧。蠲緩直隸霸州等三十七州縣、奉天金州等八州縣廳、湖北沔陽等二十九州縣衞水旱災雹災新舊額賦。

十一月乙丑，允桂良來覲，以吳其濬兼署雲貴總督。前刑部侍郎黃爵滋以員外郎等官用。甲申，上詣大高殿祈雪。是月，貸盛京金州水師營歉收口糧。

十二月癸巳朔，上再詣大高殿祈雪。庚子，申命林則徐赴喀什噶爾查勘開荒。辛丑，上詣大高殿祈雪。命卓秉恬爲大學士，以陳官俊爲禮部尚書、協辦大學士，杜受田爲工部尚書，祝慶蕃爲左都御史。是月，加給河南睢州等十五州縣被災口糧，並貸籽種倉穀。貸江寧駐防兵丁、江蘇各營兵匠銀米。

是歲，朝鮮、暹羅入貢。

二十五年春正月乙丑，河南中牟河工合龍。庚午，調李星沅爲江蘇巡撫，惠吉爲陝西巡撫，以程矞采爲漕運總督，黃恩彤爲廣東巡撫。戊子，召容照來京，以麟慶爲庫倫辦事大臣。是月，給直隸霸州、永清二州縣災民口糧。貸江西德化等五縣，湖北江陵等六縣衞，湖南沅江、安鄉二縣軍民籽種。庚戌，以福濟爲總管内務府大臣。癸丑，睿親王仁壽坐濫保海樸，褫宗人府左宗正、領侍衛内大臣、内廷行走。敬徵坐濫保孟保，褫協辦大學士、戶部尙書。命兩廣總督耆英協辦大學士。調賽尙阿爲戶部尙書，裕誠爲工部尙書。以文慶爲兵部尙書，成剛爲左都御史。調僧格林沁爲鑲黃旗領侍衛内大臣。以車登巴咱爾爲正黃旗領侍衛内大臣。甲寅，調惠吉爲福建巡撫，以鄧廷楨爲陝西巡撫。乙丑，頒發五口通商章程。己巳，上閱圓明園八旗槍兵。癸未，麟慶病免，以成凱爲庫倫辦事大臣。是月，貸山西忻州等十七州縣廳歉收倉穀。

夏四月癸卯，桂良留京，以賀長齡爲雲貴總督。甲辰，調吳其濬爲福建巡撫，惠吉爲雲南巡撫，以喬用遷爲貴州巡撫。丙午，上詣黑龍潭祈雨。壬子，富呢揚阿卒，以惠吉爲陝西巡撫，鄧廷楨署之，以鄭祖琛爲雲南巡撫。乙卯，賜蕭錦忠等二百十七人進士及第出身有差。丙辰，裕誠、許乃普降調，以敬徵爲工部尙書，何汝霖爲兵部尙書。

五月丙戌，雨。丁亥，上再詣黑龍潭祈雨。是月，給山東樂安等六縣水災口糧。

六月甲午，允比利時國通商。詔停本年秋決。丙申，命崇恩勦捕濮州、鄆城等處捻匪。辛丑，賑臺灣彰化縣地震災民。癸丑，阿克蘇辦事大臣輯瑞以墾荒未奏率卽興工，褫職。己未，江蘇中河廳桃源汛河決。甘肅西寧鎭總兵慶和遇番賊於金羊嶺，死之。命惠吉勦捕番賊。是月，緩徵山東濱州等四十二州縣衞被災逋賦。

秋七月辛未，允丹廝爾國通商。命大學士卓秉恬管兵部。丙戌，命達洪阿赴甘肅查辦番賊。

八月壬辰，詔皇太后七旬萬壽，免道光二十年以前實欠正雜田賦。辛丑，調鄭祖琛爲福建巡撫，梁萼涵爲雲南巡撫，吳其濬爲山西巡撫。敬徵病免，調特登額爲工部尚書，以保昌爲禮部尚書。丙戌，召林則徐回京，以四五品京堂候補。禧恩病免，調奕湘爲盛京將軍。

冬十月甲午，加上皇太后徽號曰恭慈康裕安成莊惠壽禧崇祺皇太后。上進册寶，率皇子及王、公、大臣等行慶賀禮。戊戌，皇太后七旬聖壽，上率皇子、王、公、大臣行慶賀禮。辛丑，李宗昉病免，以祝慶蕃爲禮部尚書，魏元烺爲左都御史。癸卯，以上皇太后徽號禮成，頒詔覃恩有差。丙午，免直隸道光二十年以前民欠各項旗租。是月，賑直隸寶坻等四縣災民。

十一月辛酉，陝甘總督惠吉卒，以布彥泰爲陝甘總督，林則徐署之，薩迎阿爲伊犁將軍，桂良爲熱河都統。癸亥，御史陳慶鏞降調。是月，貸熱河圍場歉收兵丁銀。

十二月辛卯，上詣大高殿祈雪。戊戌，免臺灣道光二十年以前民欠租穀糧米。癸卯，上再詣大高殿祈雪。癸丑，上復詣大高殿祈雪。

是歲，朝鮮、越南入貢。

二十六年春正月庚辰，命賽尚阿、周祖培查勘江防。辛巳，弛天主教禁。以陸建瀛爲雲南巡撫。是月，給奉天鳳凰城、岫巖廳旗民，直隸寶坻等四縣口糧。貸甘肅靜寧等十三縣災民籽種。

二月己丑，雲南永昌回匪作亂，命提督張必祿勦之。乙卯，以謁陵命定郡王載銓等留京辦事。

三月癸亥，上謁西陵，免經過地方額賦十分之三。丁卯，上謁泰陵、泰東陵、昌陵，至孝穆皇后、孝愼皇后、孝全皇后陵奠酒。庚午，上幸南苑行圍。辛未，上行圍，翌日如之。乙亥，上還京師。興平倉火。乙酉，上詣黑龍潭祈雨。以林則徐爲陝西巡撫。是月，貸山西平定等九州縣歉收倉穀。

夏四月辛丑，以雲南永昌回民藉端尋衅，命賀長齡查辦。丙午，上詣黑龍潭祈雨。庚戌，以瑞元爲科布多參贊大臣。

五月壬戌，上詣黑龍潭祈雨。乙丑，張必祿敗回匪於永昌。以上年殺永昌內應回民過多，賀長齡下部議處。丁卯，上復詣黑龍潭祈雨。英人退出舟山。

閏五月乙酉朔，青海黑錯四溝番作亂，命布彥泰勦之。癸巳，永昌回匪遁入猛庭，賀長齡督兵勦之。戊申，以麟魁爲烏里雅蘇台參贊大臣。

六月戊午，命祁寯藻、文慶查辦天津鹽務。壬午，以予告大學士阮元重逢鄉舉，晉太傅，食全俸。癸未，達洪阿勦竄匿果岔番賊，敗之。

秋七月辛卯，禧恩以失察奸民，褫公爵，降鎭國將軍。壬寅，上閱吉林、黑龍江官兵馬步射。癸卯，以雲南漢、回積嫌未釋，命賀長齡持平辦理，勿分畛域。辛亥，申嚴門禁。是月，賑三姓及寧古塔等處水災。

八月壬申，命盛京、直隸、江南、浙江、福建、山東、廣東七省將軍、督、撫籌辦練兵儲餉。癸酉，上閱火器營兵。乙亥，賀長齡以防勦無功，降河南布政使。命李星沅爲雲貴總督，調陸建瀛爲江蘇巡撫，以張日晸爲雲南巡撫。丙子，布魯特匪入喀什噶爾卡倫，命賽什雅勒泰勦之。

九月己亥，湖南新田縣匪王棕獻等作亂，捕誅之。戊申，以楊殿邦署漕運總督。辛亥，江蘇昭文縣匪金得順等作亂，捕誅之。是月，賑山東東平、萊蕪二州縣災民。賑三姓、琿春水災旗民。給山東汶上等四縣災民口糧。蠲緩奉天遼陽等十三州廳縣、直隸霸州等三十五州縣、山東東平等四州縣災歉新舊額賦。

十月丁巳，免黑錯四溝番民額賦。丙寅，以徐繼畬爲廣西巡撫。是月，給河南汲縣等八縣，陝西府谷、神木二縣災民口糧。蠲緩湖南澧州等五州縣暨岳州衞被災額賦。

十一月乙酉，桂輪改荆州將軍，以特依順爲烏里雅蘇台將軍。乙未，上詣大高殿祈雪。丙午，命璧昌等籌議江蘇漕糧酌分海運。己酉，黄恩彤以奏請賜應試年老武生職銜，下部嚴議。辛亥，命山東嚴緝虜人勒贖匪。是月，賑山西垣曲縣災民。蠲緩山西保德等六州縣暨歸化城等三處，浙江餘杭等四十四縣衞，直隸安州等六州縣被災新舊額賦。

十二月癸丑，黄恩彤褫職，調徐廣縉爲廣東巡撫，以程矞采爲雲南巡撫，楊殿邦爲漕運總督。癸亥，雲南猛統回匪竄入緬寧，命陸建瀛查辦。甲子，西寧辦事大臣達洪阿病免，以哈勒吉那代之。戊辰，以王兆琛爲山西巡撫。庚午，命清釐刑部及直隸、山東、山西、河南、陝西、甘肅各省庶獄。命寶興留京管刑部。賞琦善二品頂戴，爲四川總督。丙子，調鄭祖琛爲廣西巡撫，徐繼畬爲福建巡撫。是月，給浙江縉雲、宣平二縣水災口糧。

是歲，朝鮮、琉球入貢。

二十七年春正月癸未，調成凱爲塔爾巴哈台參贊大臣。乙酉，鐵麟遷荆州將軍，以裕誠爲察哈爾都統。是月，給浙江富陽等六縣衞、安徽五河等三縣、江蘇桃源等五縣衞上年災歉口糧，河南河內等十三縣水旱災口糧籽種，並貸輝縣等八縣倉穀。貸陝西葭州等三州縣、直隸霸州等三十九州縣災歉籽種口糧倉穀。

二月己未，雲南雲州回匪作亂，命李星沅勦之。癸亥，以謁陵，命載銓等留京辦事。丙子，以福建海盜劫殺洋商，命劉韻珂等搜捕。戊寅，上謁東陵，免經過地方額賦十分之三。是月，給河南汲縣等五縣被災口糧。乙未，璧昌還內大臣，調李星沅爲兩江總督，以林則徐爲雲貴總督，楊以增爲陝西巡撫。戊戌，英船退出虎門。乙巳，以魏元烺爲禮部尚書，賈楨爲左都御史。

夏四月戊午，布魯特匪復攻色埒庫勒，伯克巴什等擊走之。賽什雅勒泰等奏英人據音底、努普爾，各部咸附之。丙寅，免熱河豐寧縣逋賦及旗租銀。癸酉，賜張之萬等二百三十一人進士及第出身有差。是月，貸江西上高、新昌二縣，湖南鳳凰等五廳縣屯丁苗佃籽種口糧。

五月丙戌，御試翰林、詹事等官，擢王慶雲四員爲一等，餘升黜有差。何汝霖憂免，調魏元烺爲兵部尚書，以賈楨爲禮部尚書，孫瑞珍爲左都御史。丁亥，命文慶、陳孚恩在軍機大臣上行走。辛卯，以廣東民情與洋人易啓釁端，命擇紳士襄辦交涉事宜。丁未，擢曾國藩爲內閣學士。

六月，理藩院奏俄羅斯達喇嘛請在塔爾巴哈台、伊犂、喀什噶爾通商，不許。

秋七月己卯，命林則徐讞雲南回民控訴香匪殺無辜一萬餘人之獄。乙未，命林則徐讞雲南回民杜文秀控訴被誣從逆之獄。癸卯，以河南旱災，發庫銀十萬兩，並撥鄰省銀二十萬兩賑之。

八月己酉，安集延匪犯喀什噶爾，吉明等擊走之。賽什雅勒泰自殺，調奕山爲葉爾羌參贊大臣。癸亥，以布彥泰赴肅州調度，命楊以增署陝甘總督，恆春署陝西巡撫。甲子，以喀什噶爾卡外布魯特、安集延匪作亂，命布彥泰爲定西將軍，奕山爲參贊大臣，討之。以善燾爲烏里雅蘇台參贊大臣。以吉明署葉爾羌參贊大臣。戊辰，奕湘改杭州將軍，調奕興爲盛京將軍，以英隆爲綏遠城將軍。以河南災廣，再撥內帑銀三十萬兩，並命戶部撥銀三十萬兩賑之。丙子，安集延匪圍英吉沙爾城，命布彥泰駐肅州，遣兵討之。是月，賑甘肅西寧縣水災。緩徵山東樂安等六縣被水額賦，並永利等四場竈課。

九月丁丑朔，日食。戊寅，命文慶、張澧中赴河南查賑。辛巳，吉明等遣兵援喀什噶爾，擊安集延匪，大敗之。乙巳，以法蘭西兵船入朝鮮，命耆英言於法使，令其退兵。是月，給河南禹州等四十一州縣旱災口糧。蠲緩直隸安州等三十六州縣水旱災雹災新舊額賦。

冬十月辛酉，湖南新寧縣瑤人雷再浩等作亂，陸費瑔等捕討之。乙丑，上閱健銳營兵。

戊辰，奕山等勦安集延匪于葉爾羌之科科熱依瓦特，大敗之。庚午，又敗之於英吉沙爾。壬申，安集延匪遁走。喀什噶爾辦事領隊大臣開明阿等褫職逮問。是月，蠲緩安徽泗州等三十九州縣水旱災新舊額賦。

十一月甲申，調英隆爲黑龍江將軍，成玉爲綏遠城將軍。壬辰，以張澧中爲山東巡撫。乙未，湖南新寧賊平。庚子，湖南道州匪竄廣西灌陽縣，命鄭祖琛勦捕之。是月，給山西絳州等十一州廳縣口糧。蠲緩直隸安州等三州縣、山西絳州等十一州廳縣、河南禹州等六十四州縣被災新舊正雜額賦。

十二月戊午，湖南乾州廳苗匪作亂，命裕泰等勦捕之。甲戌，召耆英還，以徐廣縉署兩廣總督及欽差大臣，辦理通商。是月，給河南祥符等十七縣水災口糧，並貸鄭州等倉穀。

是歲，朝鮮、琉球來貢。

二十八年春正月丁丑，加潘世恩太傅，寶興太保，保昌、阿勒清阿、李振祜、成剛太子太保。甲申，湖南乾州廳苗匪降，命裕泰分別懲辦，仍搜餘匪。辛卯，命廓爾喀使附朝鮮、暹羅使筵宴。戊戌，越南國王阮福暶卒，停本年例貢。免喀什噶爾民、回各戶正雜逋賦。是月，展賑直隸鹽山等五縣災民。給安徽鳳陽等三縣水旱災口糧。貸湖南安鄉縣、山西寧遠等四廳縣、甘肅皋蘭等七縣災民口糧籽種。

二月壬子，吏部尚書恩桂卒，文慶罷軍機大臣，調爲吏部尚書。以麟魁爲禮部尚書，桂良改正白旗漢軍都統。以惠豐代爲熱河都統，以保昌爲兵部尚書。壬戌，江西長寧、崇義兩縣匪作亂，命吳文鎔勦捕之。甲子，以謁陵命睿親王仁壽等留京辦事。

三月戊寅，雲南趙州匪作亂，命林則徐勦捕之。以奕山爲伊犁參贊大臣，吉明爲葉爾羌參贊大臣。壬午，上謁西陵，免經過地方額賦十分之三。丙戌，上謁泰陵、泰東陵、昌陵，詣孝穆皇后、孝愼皇后、孝全皇后陵寢奠酒。庚寅，上還京師。癸卯，裕誠遷荊州將軍，以雙德爲察哈爾都統。是月，貸山西吉州等七州縣歉收倉穀。

夏四月戊辰，雲南保山匪平。辛未，廣西灌陽、平樂、陽朔等縣匪平。

六月癸卯朔，以徐澤醇爲山東巡撫。丙午，命耆英留京管禮部，授徐廣縉兩廣總督、欽差大臣，辦理通商。以葉名琛爲廣東巡撫。癸丑，調耆英管兵部。甲寅，上詣黑龍潭祈雨。戊辰，以傅繩勛爲江西巡撫。庚午，調吳文鎔爲浙江巡撫。

秋七月庚寅，加林則徐太子太保，賞花翎。

八月丁巳，河南巡撫鄂順安褫職，以潘鐸代之。辛酉，俄羅斯商船請在上海貿易，卻之。

九月甲戌，潘錫恩免，以楊以增爲江南河道總督，陳士枚爲陝西巡撫。召成玉來京，以盛壎署綏遠城將軍。賑江寧等三府水災。乙酉，賑湖北水災。癸巳，召喬用遷來京，以羅繞典署貴州巡撫。是月，給湖南武陵等四縣水災口糧屋費。

冬十月甲寅，文華殿大學士寶興卒。丁卯，修巴爾楚克城。是月，賑直隸通州等七州縣，安徽無爲等十六州縣水災。給安徽和州等十四州縣，湖南華容縣、岳州衞災民口糧。貸湖南安鄉縣、澧州災民籽種。蠲緩直隸通州等五十二州縣，湖北沔陽等三十九州縣衞、湖南澧州等九州縣、安徽泗州等二十四州縣被災新舊額賦。

十一月乙亥，封故越南國王阮福暶子福時爲越南國王。己卯，命耆英爲大學士，管兵部。以琦善爲協辦大學士，仍留四川總督任。召瑞元來京，以慧成爲科布多參贊大臣。御史張鴻升請鑄大錢，下部議。辛巳，命定郡王載銓、侍郎季芝昌查辦直隸鹽務，大學士耆英、侍郎朱鳳標查辦山東鹽務。丁亥，授耆英文淵閣大學士。丁酉，以托明阿爲綏遠城將軍。是月，給江西德化等二十縣水災口糧。貸湖南提標及常德等協營災區兵餉。蠲緩江蘇泰州等七十七州廳縣衞、兩淮呂泗等二十場、江西德化等二十二縣、直隸安州等六州縣水災新舊額賦。

十二月丙午，上詣大高殿祈雪。甲寅，上詣大高殿祈雪。辛酉，上詣天壇祈雪。壬戌，以侍郎陳孚恩前署山東巡撫不收公費，賞一品頂戴，並御書扁額。乙丑，以倭什訥爲吉林將軍，成剛爲禮部尙書，柏葰爲左都御史。丙寅，以張祥河爲陝西巡撫。是月，賑直隸通州等十四州縣災民。

是歲，朝鮮、琉球、暹羅、越南入貢。

二十九年春正月癸未，以奕格爲烏里雅蘇台將軍。辛卯，命耆英、季芝昌查閱浙江營伍及倉庫。是月，加賑安徽無爲等十四州縣衞水災。給湖南澧州等六州縣、安徽和州等十三州縣水災口糧。貸江西南昌等十二縣、湖南澧州等六州縣水災籽種。

二月庚子朔，日食。辛丑，命劉韻珂撫恤臺灣北路水災震災。丙午，諭李星沅辦江蘇賑務。辛亥，穆彰阿、潘世恩、陳官俊免上書房總師傅。命祁寯藻、杜受田爲上書房總師傅，受田仍授皇四子讀。丙辰，四川中瞻對番工布朗結作亂，命琦善勦之。以裕誠兼署四川總督。是月，貸江蘇災區京左等八營一季兵餉。

三月庚寅，徐廣縉等奏，兵民互相保衞，內河外海，現飭嚴防，英人進省城一事，萬不可行。諭嘉納之。

夏四月壬寅，李星沅病免，以陸建瀛爲兩江總督，調傅繩勳爲江蘇巡撫，以費開綬爲江西巡撫。丙午，陸建瀛等奏南漕毋庸改折，從之。丁未，徐廣縉奏英人罷議進城。封徐廣縉子爵、葉名琛男爵，均一等世襲。諭嘉獎粵人深明大義。

閏四月辛未，以顏以燠署河東河道總督。癸酉，調趙炳言爲湖南巡撫，以羅繞典爲湖北巡撫。辛巳，琦善勦中瞻對番，敗之。壬午，以德齡爲葉爾羌參贊大臣。

五月乙巳，移廣東澳門稅口於黃埔。己酉，雲南騰越廳野夷作亂，林則徐討平之。己未，山西巡撫王兆琛以受賕褫職逮問，以季芝昌爲山西巡撫。是月，貸山東滕縣雹災倉穀。

六月丙子，廣東陽山、英德等縣匪平。己丑，禮部尚書成剛卒。庚寅，調毓書爲烏魯木齊都統，以惟勤爲熱河都統。

秋七月丙申朔，福建閩縣匪林仕等作亂，捕誅之。戊戌，協辦大學士、吏部尚書陳官俊卒，調賈楨爲吏部尚書。以孫瑞珍爲禮部尚書，王廣蔭爲左都御史。以馮德馨爲湖南巡撫。己亥，命祁寯藻協辦大學士。辛亥，命湖南布政使萬貢珍賑武陵等縣被水災民。丙辰，王兆琛遣戍新疆。己未，林則徐病免，以程矞采爲雲貴總督，張日晸爲雲南巡撫。降侍郎戴熙三品頂戴休致。是月，給江西德化等五縣、湖南澧州等九州縣衞水災口糧。蠲緩江蘇川沙等二十二廳縣新舊額賦。

八月丁丑，陸建瀛奏辦賑及水退情形。諭：「臣民之福，即朕之福。」丙戌，召季芝昌來京，以龔裕署山西巡撫。是月，給奉天錦州旗民、江西鄱陽等九縣、湖南澧州等十州縣衞水災口糧。

九月甲辰，布彥泰病免，以琦善署陝甘總督，裕誠署四川總督。丙午，授顏以燠河東河道總督。戊申，命署吏部右侍郎季芝昌在軍機大臣上行走。己酉，授琦善陝甘總督。以徐澤醇爲四川總督，陳慶偕爲山東巡撫。癸丑，雲南保山界外小宇江等處野夷作亂，程矞采勦平之。戊午，命服闋尚書何汝霖仍在軍機大臣上行走。是月，給貴州桐梓縣水災口糧，並蠲緩額賦。

冬十月庚午，以故朝鮮國王李烉子昪襲爵，命瑞常、和色本往册封。甲申，大學士潘世恩請開缺，命免軍機大臣。庚寅，以賡福署熱河都統。是月，給湖南澧州等七州縣、山西徐溝縣被災口糧。蠲緩直隸薊州等三十七州縣、浙江富陽等二十一縣、山西薩拉齊等三廳縣被災新舊額賦。

十一月甲午朔，湖南新寧縣匪李沅發作亂，命馮德馨勦之。丙申，太傅、予告大學士阮元卒。甲辰，調龔裕爲湖北巡撫，以兆那蘇圖爲山西巡撫。乙巳，阿哥所火。庚戌，臺灣嘉義縣匪徒吳吮等作亂，捕誅之。是月，賑江西德化等十四縣水災。給齊齊哈爾等六城旗民、浙江仁和等八場竈丁口糧。蠲緩江蘇泰州等七十三州廳縣衞、江西德化等二十一縣被災新舊額賦，浙江海沙等十四場竈課。

十二月庚午，湖南道州匪黃三等作亂，命裕泰勦之。以扎拉芬泰爲塔爾巴哈台參贊大臣。辛未，皇太后不豫，上詣慈寧宮問安，自是每日如之。甲戌，皇太后崩。乙亥，奉安大行皇太后梓宮於慈寧宮。上居倚廬，席地寢苫。諸王大臣請還宮，不允。甲申，移皇太后梓宮於綺春園迎暉殿。自是上居愼德堂苫次。乙酉，李振祜病免，以陳孚恩爲刑部尚書。丁亥，湖南新寧賊分竄廣西，鄭祖琛遣兵防勦。

是歲，朝鮮、琉球、越南入貢。

三十年春正月甲午朔，日食。丙申，以祁寯藻等查覆陝甘總督布彥泰清查關防不密，下部嚴議。丁酉，以王大臣再請停止親送大行皇太后梓宮，諭從之。戊戌，上大行皇太后尊諡曰孝和恭慈康豫安成熙聖睿皇后。庚子，上詣迎暉殿孝和睿皇后梓宮前行大祭禮。甲辰，上詣梓宮前行周月祭禮。乙巳，尊孝和睿皇后陵曰昌西陵。

丙午，上不豫。丁未，上疾大漸。召宗人府宗令載銓，御前大臣載垣、端華、僧格林沁，軍機大臣穆彰阿、賽尚阿、何汝霖、陳孚恩、季芝昌，總管內務府大臣文慶公啓鐍匣，宣示御書「皇四子立爲皇太子」。是日，上崩於圓明園愼德堂苫次。硃諭「封皇六子奕訢爲親王」。

四月甲戌，上尊謚曰效天符運立中體正至文聖武智勇仁慈儉勤孝敏成皇帝，廟號宣宗。咸豐二年二月壬子，葬慕陵。

論曰：宣宗恭儉之德，寬仁之量，守成之令辟也。遠人貿易，搆釁興戎。其視前代戎狄之患，蓋不侔矣。當事大臣先之以操切，繼之以畏葸，遂遺宵旰之憂。所謂有君而無臣，能將順而不能匡救。國步之瀕，肇端於此。嗚呼，悕矣！

清史稿卷二十

本紀二十

文宗本紀

文宗協天翊運執中垂謨懋德振武聖孝淵恭端仁寬敏顯皇帝，諱奕詝，宣宗第四子也，母孝全成皇后鈕祜祿氏，道光十一年六月初九日生。二十六年，用立儲家法，書名緘藏。

三十年正月丁未，宣宗不豫，宣召大臣示硃筆，立爲皇太子。宣宗崩，己未，上卽位，頒詔覃恩，以明年爲咸豐元年。尊皇貴妃爲孝慈皇貴妃。追封兄貝勒奕緯、奕綱、奕繼爲郡王。封弟奕訢恭親王，奕譞醇郡王，奕詥鍾郡王，奕譓孚郡王。定縞素百日，素服二十七月。

二月戊辰，命左都御史柏葰、內務府大臣基溥營建昌西陵，爲孝和皇后山陵。初宣宗遺詔，毋庸升配、升祔。交廷臣議。議上。詔曰：「先帝謙讓，所不敢從。曲體先懷，宜定限制。即以三祖五宗爲斷，嗣後不復舉行。」湖南土匪李沅發作亂。詔：「惠親王係朕之叔，免叩拜禮，示敬長親親。」庚辰，敕沿海整頓水師，認眞巡緝。壬辰，大理寺卿倭仁應詔陳言，上嘉其直諫。

三月癸巳朔，保昌卒，以柏葰爲兵部尙書，花沙納爲左都御史。壬寅，通政使羅惇衍應詔陳言，上優詔答之。癸卯，左副都御史文瑞疏陳四事，並錄進乾隆元年故大學士孫嘉淦三習一弊疏，禮部侍郎曾國藩疏陳用人三事，均嘉納之。辛亥，濬江蘇白茅河，移建海口石牐於老牐橋。壬戌，禮親王全齡薨，子世鐸襲。

夏四月乙丑，俄羅斯請於塔爾巴哈台通商，允之。己巳，內閣學士車克愼疏陳敬天繼志、用人行政凡十條，優詔答之。癸酉，戶部疏陳整頓財政，臚陳各弊，得旨：實力革除。庚辰，英吉利國船至江蘇海口遞公文，卻之。乙酉，船至天津。

五月丙申，起碇南旋。丁酉，詔曰：「州縣親民之官，責任綦重。近年登進冒濫，流品猥雜，多倚胥吏而朘閭閻，民生何賴焉。督撫大吏其加意考察，荐進廉平，鋤斥貪茸，庶民困漸蘇，以副朕望。」獲湖南逆首李沅發，解京誅之。詔鄭祖琛「廣西會匪四起，應時捕勦，疏報勿得諱飾。」辛亥，改山東登州鎭爲水師總兵，兼轄陸路。癸丑，詔東南兩河勘籌民堰。甲寅，以固慶爲吉林將軍。

六月癸亥，永定河溢。大學士潘世恩致仕，食全俸。以祁寯藻爲大學士，杜受田協辦大學士，孫瑞珍爲戶部尙書，王廣蔭爲兵部尙書，季芝昌爲左都御史。甲戌，除甘肅民、番升科畸零地銀。甲申，敕督撫擧劾屬員，臚列事實，勿以空言。是月，廣東花縣人洪秀全在廣西桂平縣金田起事。

秋七月辛卯，敕沿海督撫籌防海口。丙辰，尙書文慶坐延請妖人薛執中治病，免。

八月丁卯，洪秀全竄修仁、荔浦，敕鄭祖琛勦之。調向榮爲廣西提督勦賊。甲申，詔曰：「各省糾衆滋事，重案層見疊出，該地方官所司何事？即如河南捻匪結黨成羣，甚至擾及鄰省，橫行刦掠，自應合力捕治，淨絕根株。若封疆大吏玩縱於前，復諱飾於後，以致釀成鉅患，朕必將該督撫從重治罪。凜之！」

九月丙申，以廣西賊勢蔓延，調湖南、雲南、貴州兵各二千赴勦，並勸諭紳民擧辦團練。辛丑，命林則徐爲欽差大臣，勦賊廣西。甲辰，以廣東游匪滋事，命徐廣縉勦之。丙午，大行梓宮發引。辛亥，暫安宣宗成皇帝於隆恩殿。

冬十月壬午，以彌縫釀患，奪鄭祖琛職，林則徐署廣西巡撫。甲子，永定河漫口合龍。丙戌，詔曰：「大學士穆彰阿柔佞竊位，傾排異己，沮格戎機，罔恤國是，即行褫職。協辦大學士耆英無恥無能，降員外郎。頒示中外。」以賽尙阿協辦大學士。

十一月戊戌，以奕山爲伊犁將軍。庚子，欽差大臣林則徐道卒，以周天爵署廣西巡撫，命前兩江總督李星沅爲欽差大臣，赴廣西勦賊。乙巳，敕各省藩庫積存雜款，撥充軍需，暫緩開捐。劉韻珂免，以裕泰爲閩浙總督，程矞采爲湖廣總督，吳文鎔爲雲貴總督。獲廣西匪首鍾亞春，誅之。

十二月己巳，孝德皇后册謚禮成，追封后父富泰爲三等公。敕奕山酌定俄羅斯通商條例以聞。庚午，敕江蘇四府漕糧暫行海運。甲戌，向榮勦賊橫州，敗之。己卯，卹廣西陣亡副將伊克坦布等世職。丙戌，祫祭太廟。

是歲，免直隸、浙江、湖南等省六十七州縣災賦有差。朝鮮、琉球入貢。

咸豐元年辛亥春正月戊子朔，御太和殿受朝賀。詔直省查明道光三十年以前正耗錢糧實欠在民者，開單請旨。命賽尚阿爲大學士。壬寅，上謁慕陵，行周年大祭禮。庚戌，還京。辛亥，詔翰、詹諸臣分撰講義進呈。給事中蘇廷魁疏請推誠任賢，愼始圖終。上嘉納之。

二月乙丑，詔免直省民欠錢糧已入奏銷者，及於江蘇民欠漕糧，悉予蠲免。杜受田疏陳整軍威、募精勇、勸鄉團、察地形四事，發軍前大臣。庚午，李星沅奏勦賊金田獲勝。己卯，詔曰：「今年節過春分，寒威未解。朕返躬內省，未能上感天和。因思去冬禮部彙題烈婦一本，內閣票擬雙籤，遂用不必旌表之籤發下。該烈婦等舍生取義，足激薄俗而重綱常，所有烈婦彭氏等三十七口，准其一體旌表，以慰貞魂。」命廣州副都統烏蘭泰帶所製軍械赴廣西勦賊。

三月丙申，命大學士賽尚阿佩欽差大臣關防，馳往湖南辦理防堵，都統巴清德、副都統達洪阿隨往。庚子，上御紫光閣閱射。辛丑，御拱辰殿步射，閱大臣、侍衞射。己酉，河南巡撫潘鐸奏拿獲捻匪姚經年二百餘名。庚戌，調廣東、湖南、四川兵赴廣西助勦。壬子，發內帑銀一百萬兩備廣西軍儲，發四川倉穀碾運湖南。

夏四月戊午，命賽尚阿馳赴廣西接辦軍務。己未，命戶部左侍郎舒興阿爲軍機大臣。庚申，上御乾清門聽政。卹廣西中伏陣亡副將齊清阿等世職。詔以李星沅等毫無成算，中賊奸計，切責之。以鄭祖琛養癰貽患，遣戍伊犂。丙寅，周天爵奏洪秀全等衆皆散處，山險路熟，伺間衝突，即敗不足以大創。此時兵力不足，專飭防守。須兵有餘力，乃可連營偪勦。得旨：「務當嚴防，勿令竄逸。」賽尚阿師行，賜遏必隆刀，命天津鎮總兵長瑞、涼州鎮總兵長壽從征。庚午，免直隸道光三十年民欠錢糧。周天爵奏劾右江鎮總兵惠慶、右江道慶吉勦賊不力，均奪職。丙子，李星沅奏勦滅上林墟會匪。癸未，李星沅卒。烏蘭泰奏，四月初三日，抵武宣軍營。查詢賊勢，類皆烏合。惟武宣東鄉會匪有衆萬餘，蓄髮易服，有僞王、僞官名目，實廣西腹心之患。得旨：「賊情狡獪，務當持重。」

五月戊子，周天爵奏，武宣東鄉逸賊竄入象州。詔切責之，各予薄譴。詔湖南提督余萬清協同堵勦。庚寅，卓秉恬奏請行堅壁清野之法，下賽尙阿及督撫知之。甲午，周天爵奏勦平泗城股匪，陳亞等投誠，追賊入合浦。丁酉，烏蘭泰奏，四月十七日，馳至象州，堵截逸賊。甲辰，陝甘總督琦善以勦辦番族，率意妄殺，奪職逮問。乙巳，以季芝昌爲閩浙總督，以戶部尙書裕誠協辦大學士。己酉，詔停中外一切工程。命工部右侍郎彭蘊章爲軍機大臣。乙卯，上詣大高殿祈雨。

六月丁巳，賽尙阿報抵長沙。詔曰：「象州之賊，宜重兵合圍。分竄南寧、太平之賊，應分兵追勦。其尙審度地勢人材，聯絡布置。糧台尤關緊要，並宜分置，以利轉輸。」丙寅，烏蘭泰奏，五月初十日，賊陷貴州兵營，當日奪回。其南山屯集之賊，亦經迎擊南竄。陣亡官十五員，兵二百餘名，附單請卹。首先敗退之貴州參將佟攀梅等褫職。辛未，撥江海關稅銀十五萬兩，解備湖北過境兵差。乙亥，賽尙阿奏，六月初四日，馳抵桂林，通籌全局。上嘉其均合機宜。丁丑，河南南陽捻匪四出滋擾，詔所司捕之。辛巳，西寧番匪搶掠，敕薩迎阿遣將勦捕。

秋七月丙戌，賽尙阿奏，賊由象州回竄東鄉，派兵堵勦。庚寅，御史焦友瀛疏言吏治因循，宜綜覈名實。得旨：「如果牧令得人，何至奸宄潛聚，釀成巨患？嗣後有似此者，惟督撫是問。」庚子，賽尙阿奏，進勦新墟賊匪，七戰皆捷。賞還烏蘭泰、秦定三花翎。命湖廣、四川督撫嚴查會匪、教匪。丁未，敕南河歲修工程，以三百萬爲率。己酉，賽尙阿奏：「查明軍將功過，烏蘭泰先勝後敗，由於猛追中伏，賊人壅流設伏，後軍死流湍者百餘。向榮初到桂時，連獲勝仗，每勝賞兵銀人各一兩。李星沅旣至，減爲三錢。衆兵譁然，誓不出戰。現已分別汰除，務知持重。」安徽巡撫蔣文慶奏，壽州匪犯程六麻與合肥捻匪高四八作亂。庚戌，調鮑起豹爲湖南提督，榮玉材爲雲南提督，重綸爲貴州提督。

八月乙卯，賽尙阿奏，進勦新墟賊巢，奪占猪犴峽、雙髻山。得旨嘉獎。乙丑，山東巡撫陳慶偕奏，登州水師船被賊擄，副將落水。得旨：「速往追勦。」並敕奕興、訥爾經額嚴防海口。禮部尙書惠豐卒。

閏八月甲申朔，新墟衆首洪秀全陷永安州，踞之，僭號太平天國。陸建瀛奏請禁天主教。得旨：「與外夷交涉，當愼之於始。原約所有者，仍應循守舊章。」戊子，程矞采奏，陽山賊匪竄擾宜章、乳源，飭總兵孫應照往勦。予廣西殉難巡檢馮元吉世職，建祠，其子澍溥附祀。甲午，南河豐北三堡河決。庚子，定考試軍機章京例。壬寅，賽尙阿奏新墟賊翻山竄出，陷永安州。詔切責之，下部議處。己酉，命河北鎭總兵董光甲、鄖陽鎭總兵邵鶴齡馳赴廣西勦賊。庚戌，常大淳奏盜船在石浦肆劫，知府羅鏞擊走之。辛亥，以舒興阿爲陝甘總督。

九月庚午，賽尙阿奏巴清德、向榮託病諉卸，進兵遲延。得旨，均奪職自効。丙子，詔議河海並運漕米章程。

冬十月戊戌，敕建定海陣亡總兵葛雲飛、鄭國鴻專祠。

十一月己卯，葉名琛奏，勦辦英德賊匪淨盡。加太子少保。

十二月丁酉，賽尙阿奏，向榮進紮龍眼塘。己酉，陸建瀛奏，海盜布興有繳械投誠，撥營安插。庚戌，祫祭太廟。

是歲，普免道光三十年以前民欠錢糧。又免直隸六十一州縣民欠旗租，浙江五十一州縣帶徵銀米。又免奉天十五廳州縣，吉林四城，黑龍江一城，湖南七廳州縣災賦。又免浙江、福建鹽場欠課。又免廣西被賊八十六州縣額賦。朝鮮、琉球入貢。

二年壬子春正月壬子朔，封奕劻貝子，奉慶親王永璘祀。乙卯，以裕誠爲大學士，訥爾經額協辦大學士，禧恩爲戶部尙書。壬戌，賽尙阿奏，距永安州城三里安營督戰。辛未，命侍郎全慶、副都統隆慶冊封朝鮮國王妃。

二月丁亥，陳慶偕病免，以李僡爲山東巡撫。辛丑，上詣西陵。

三月壬子，大葬宣宗成皇帝於慕陵。丁巳，上還京，恭奉宣宗成皇帝，孝穆、孝愼、孝全三皇后神牌升祔太廟，頒詔覃恩。庚申，鄒鳴鶴奏永安踞匪全數東竄，烏蘭泰追賊不利，總兵長瑞、長壽、董光甲、邵鶴齡均死之。得旨，賽尚阿等下部議處，勑程矞采派兵在湖南防堵，卹長瑞等四總兵世職，建祠。廣州副都統烏蘭泰卒於軍，贈都統，照陣亡例賜卹。丙子，卹廣西死事副將阿爾精阿等世職。庚辰，內閣學士勝保疏言：「遊觀之所，煥然一新。小民竊議，有累主德。」上優容之。

夏四月壬午，常雩，祀天於圜丘，恭奉宣宗成皇帝配享。甲申，府尹王慶雲疏陳河東鹽務，永禁簽商，可募鉅款。下部議行。丙戌，上謁慕陵，行釋服禮。命徐廣縉爲欽差大臣，接辦廣西軍務。辛卯，程矞采奏郴州匪徒劉代偉作亂，參將積拉明捕誅之。癸巳，常大淳奏，鹽梟拒捕，戕斃副將張蕙、知縣德成，經提督善祿、知府畢承昭派兵攻擊，斬擒百餘，餘匪逃散。予張蕙、德成世職。太僕寺少卿徐繼畬疏陳釋服之後，宜防三漸：一、土木之漸，一、宴安之漸，一、壅蔽之漸。得旨：「置諸座右，時時省覽。」己亥，減乾隆朝所增名糧兵六萬六千餘名。庚子，程矞采奏，洪秀全撲全州，進撲永州，分股竄永福、義寧，檄提督鮑起豹、劉長清分禦之，並咨照賽尚阿一同堵禦。辛丑，特登額免，以桂良爲兵部尚書。乙巳，賜章鋆等二百三十九人進士及第出身有差。琦善遣戍吉林。丙午，鄒鳴鶴以留兵守城，不令追賊，奪職。以勞崇光爲廣西巡撫。己酉，命截留漕米六十萬石，分運江蘇、山東備賑。

五月辛亥，布彥泰奏，庫存回布四十萬匹，請變通折征，允之。甲寅，夏至，祭地於方澤，恭奉宣宗成皇帝配享。庚申，賊陷湖南道州。賽尚阿留守桂林，檄江忠源、張國樑移兵湖南。

六月甲申，查辦山東賑務。杜受田、怡良疏言漕船入東，先行起卸，以資散放。丙戌，命賽尚阿赴湖南督辦軍務，徐廣縉接辦廣西軍務。丁亥，策立皇后鈕祜祿氏。癸巳，僧格林沁奏劾御前大臣鄭親王端華修改大考侍講學士保清試卷，阻止不聽，驕矜亢愎，難與共事。詔端華退出御前大臣，保清褫職。戊戌，以慧成爲河東河道總督。

秋七月己未，廣東羅鏡凌十八股匪勦平，上嘉獎之。烏什辦事大臣春熙奏，回匪鐵完庫里霍卓竄擾烏什，官兵擊退。詔參贊詳查以聞。甲子，詔軍務未竣，需材孔亟，其有知兵之人，所在保舉錄用。詔直省修整城垣。丙寅，協辦大學士杜受田卒。丁卯，羅繞典奏，行抵長沙，聞知賊由道州竄出江華、永明、桂陽、嘉禾，誠恐衡郡有失，省垣亦應預防。得旨，卽妥籌辦理。戊辰，給事中袁甲三劾定郡王載銓、尚書恆春、侍郎書元，迭查有迹，各予譴責，其題詠載銓息肩圖各員，並下部議處。庚午，奕山、布彥泰奏，回匪倭里罕糾約布魯特突入卡倫，官兵擊卻之。壬申，洪秀全攻陷郴州。甲戌，常大淳奏岳州宜籌防堵，詔徐廣縉撥兵前往。以麟魁爲刑部尚書。

八月己卯朔，向榮以稱病規避奪職，遣戍新疆，尋留軍自効。以福興爲廣西提督。癸未，初舉經筵。甲申，詔湖廣督撫：「湖南之洞庭湖、湖北之大江，均有捕魚小船及經商大船數千百隻，亟宜收集，免爲賊用。其各船水手習於風濤，堪充水勇，其卽留心招集。」己丑，羅繞典、駱秉章奏，賊匪陷安仁、攸縣，進圖省城。敕賽尙阿速解省圍。庚寅，命廷臣會籌軍儲。調常大淳爲山西巡撫，以羅繞典爲湖北巡撫，張芾署江西巡撫。甲辰，命暫免四川、江西商販運往湖北米稅。調福建、浙江兵一千名赴江西防堵。

九月己酉，詔賽尙阿視師無功，貽誤封疆，褫職逮問，籍其家。辛亥，以載銓爲步軍統領，以訥爾經額爲大學士，禧恩協辦大學士。甲寅，獲西寧番賊阿里克公住，斬之。命駱秉章暫留湖南會辦。戊午，上謁東陵。卹湖南陣亡總兵福誠等世職。己未，常大淳奏賊將北竄，防禦兵單。命徐廣縉撥兵赴岳州助防。丁卯，上還京。

冬十月辛巳，上臨贈大學士杜受田第賜奠，加其父杜堮禮部尙書銜。甲申，黃宗漢奏請浙江新漕改由海運，從之。壬辰，季芝昌免，以吳文鎔爲閩浙總督。

十一月丁未朔，日有食之。丁巳，賊陷岳州。戊午，起琦善署河南巡撫。辛酉，詔徐廣縉分兵防守武昌、漢陽、荆州，陸建瀛、蔣文慶各就地勢扼要嚴防。癸亥，以賊近湖北，敕琦善嚴防河南邊境，詔張芾嚴防沿江要隘。甲子，以文慶爲戶部尚書。癸酉，賊陷漢陽，命陸建瀛馳赴上游防堵。乙亥，復向榮提督銜。詔在籍侍郎曾國藩督辦團練。調福珠洪阿爲江南提督。

十二月丁丑，敕各省紳士在籍辦理團練。命四品京堂勝保從軍河南。癸巳，賊陷武昌，巡撫常大淳死之。上切責督軍大臣不籌全局，擁兵自衞，逮徐廣縉治罪。以向榮爲欽差大臣，督辦軍務，張亮基署湖廣總督。以葉名琛爲兩廣總督，柏貴爲廣東巡撫。癸卯，向榮奏賊連陷武、漢，搭有浮橋，必須多備砲船，將橋焚毀，方可進勦。得旨：「刑部郎中盧應翔所帶砲船，曾在長沙擊賊，卽迅赴軍前。」甲辰，吉林、黑龍江徵兵到京。得旨：「每起間二日起行，帶兵官嚴守紀律，不得多索車輛，騷擾驛站。」袷祭太廟。

是歲，免直隸四十二州縣、山西一府災賦，浙江四十八州縣緩徵銀米各有差。朝鮮、暹羅入貢。

三年癸丑春正月丁未，調青州副都統常青兵移防豫、楚。戊申，張亮基奏，賊目蕭朝貴實在長沙城外轟斃，起獲尸身，驗明梟𣃁。己酉，蔣文慶奏城薄兵單，移調東西梁山兵勇來城防禦。癸丑，向榮奏，武昌踞賊擡砲上船，意欲逃竄。陸應穀奏，偵得賊匪開年有東竄安慶、江寧之信。敕向榮多方偵備，迎擊兜勦。甲寅，敕步軍統領、前鋒統領整備軍實，盤詰奸宄。甲子，賊陷九江，陸建瀛退守江寧。賽尙阿論斬，革其子崇綺等官職。丁卯，命工部左侍郎呂賢基回安徽辦防，加周天爵侍郎銜，會辦防務。壬申，陸建瀛褫職逮問，以祥厚爲欽差大臣。癸酉，以山西、陝西、四川三省紳民捐輸軍餉，加鄉試中額、生員學額。甲戌，賊陷安慶，蔣文慶死之，命周天爵署安徽巡撫。予江西陣亡總兵恩長世職。

二月丙子朔，詔：「京師八旗營兵十五萬之多，該管大臣勤加訓練。」贈卹湖北殉難學政馮培元加侍郎，謚文介，布政使梁星源謚敏肅，按察使瑞元謚端節，及知府以下官各予世職、建專祠，提督雙福、總兵官王錦繡附常大淳祠。丁丑，釋奠先師孔子。遣少卿雷以諴、侍講學士晉康往南河，少詹事王履謙赴東河，會辦防務。癸未，上臨雍講學，加衍聖公孔繁灝太子太保。丁亥，敕文臣三品以上養廉以四成、武臣二品以上以二成充軍餉。戶部請辦商捐、戶輸，上不許。壬辰，賊陷江寧，將軍祥厚、提督福珠洪阿等死之。以怡良爲兩江總督，命慧成馳赴江南防勦。調托明阿爲江寧將軍，文斌爲綏遠城將軍，瑞昌爲杭州將軍，鄧紹良爲江南提督。丙申，命琦善會防淮揚。敕湖北行鹽暫用川鹽二千引。敕李僡查拿山東兗、沂、曹三府捻匪。命內閣學士勝保幫辦江北防務。

三月乙巳，賊陷鎭江、揚州。丙午，孝和睿皇后升祔太廟。辛亥，上耕耤田。壬子，命湖北按察使江忠源幫辦江南軍務。丙辰，敕侍郎奕經統密雲兵赴山東會防。丁巳，敕各省團練格殺土匪勿論。以駱秉章復爲湖南巡撫。敕江寧布政使陳啓邁在徐州設立糧台。庚申，向榮擊賊於江寧，敗之。以施得高爲福建水師提督。壬戌，以廬州爲安徽省會。周天爵勦賊妥速，琦善進攻連獲勝仗，均嘉賚之。敕直隸、奉天備防海口。丙寅，向榮奏迭勝城賊，進據鍾山。上優奬之。命奕經、托明阿赴淸江防勦。命瑞昌統盛京兵赴淮、徐會防，恩華統吉林兵駐防直隸。辛未，敕廣東招募紅單船，遴將帶赴江南勦賊。以福濟爲漕運總督。

夏四月庚辰，日見黑暈。己丑，賊陷浦口、滁州。甲午，命琦善統制江北諸軍。逮治楊文定。庫倫喀爾喀蒙古哲布尊丹巴喇嘛進馬三千匹，及西林盟長進馬，均溫諭止之。己亥，賜孫如僅等二百二十二人進士及第出身有差。癸卯，賊陷鳳陽。安徽捻匪竄擾蒙城。

五月戊申，始製銀鈔。壬子，王懿德奏海澄會匪陷同安、安谿、厦門，嚴飭之。周天爵奏收復鳳陽。癸丑，李嘉端奏金陵賊船上竄。得旨，此與向榮疏報不同，令確切查探。駱秉章奏，江西上猶縣匪首劉洪義聚衆在桂東滋擾，毘連廣東、湖南。得旨，三省會勦。丙辰，陸應穀奏亳州失守，賊撲汴梁。敕江忠源馳赴河南勦賊。王懿德奏漳州鎭、道被賊戕害，永安、沙縣先後失守。丁巳，命勝保統兵馳赴河南。戊午，釋賽尙阿、徐廣縉於獄，從軍自効，楊殿邦、但明倫均留淸江浦辦防。周天爵奏鳳陽逸匪竄擾而西，卽日赴援。得旨：「周天爵素稱勇敢，所保臧紆青練勇可當一面，獨不能與賊決一死戰耶？」陸應穀、恩華奏竄賊由曹河搶渡，犯及山東。得旨，調陝西兵應援，仍令固守潼關門戶。賊陷歸德。己未，賊復陷安慶。詔江忠源防守九江。徵蒙古兵及其所進馬五千匹集於熱河。壬戌，詔以賊匪北竄，勸諭北地紳民練團自衞，如能殺賊出力，並與論功。命僧格林沁、花紗納、達洪阿、穆蔭督辦京城巡防。癸亥，以許乃普爲刑部尙書，翁心存爲工部尙書。甲子，以河南兵民固守省城，優詔嘉勉。丁卯，命訥爾經額防守河北。桂良赴保定辦理防守。己巳，開封解嚴，賊南竄中牟、朱仙鎭，敕托明阿等追之。辛未，始鑄當十大錢。

六月乙亥，福建紳商克復漳州，優詔嘉之，查明給奬。戊寅，河南賊犯汜水，分股渡河陷溫縣。托明阿擊之，復汜水。己卯，金陵賊船上陷南康，進圍南昌。辛巳，溫縣紳勇敗賊，復其城，復會官軍敗賊於武陟。命訥爾經額爲欽差大臣，督辦河南、河北軍務，恩華、托明阿副之。黃河再決豐北。甲申，雲南東川回匪作亂。福建臺灣土匪作亂。戊子，美國使人求入覲，詔止之。河南賊圍懷慶。官軍解許州圍，賊走羅山。福建官軍收復永安、沙縣。托明阿等敗賊於懷慶。乙未，鎭江官軍失利，奪提督鄧紹良職，以和春署江南提督。戊戌，優卹揚州攻城傷亡總兵雙來世職銀兩。廣西全州土匪作亂。

秋七月甲辰朔，廣西土匪陷興安、靈川，分撲桂林，官軍敗之，復靈川、興安。丙午，敕慧成回淸江浦防勦。丁未，命勝保幫辦河南軍務。丙辰，敕東南河臣收撤渡船，防賊偷渡。卹江西陣亡總兵馬濟美世職。丁巳，詔江西、湖廣新漕折價解京。辛酉，賊竄湖北、安徽。敕怡良於上海設關收稅。癸亥，卹提督福珠洪阿世職。甲子，詔紳士辦團禦賊捐軀者，一體恩卹。乙丑，福建官軍復尤谿。

八月丙子，官軍解懷慶圍，賊竄山西。戊寅，調吳文鎔爲湖廣總督，裕瑞爲四川總督，樂斌爲成都將軍。庚辰，賊陷垣曲。癸未，李僡卒，以張亮基爲山東巡撫，駱秉章授湖南巡撫。甲申，江西賊陷饒州郡城，吉安土匪遙應之。丙戌，賊陷絳縣、曲沃，進圍平陽。哈芬免，以恆春爲山西巡撫。庚寅，賊陷平陽，勝保兵至，敗之，復平陽。賊由洪洞東竄。癸巳，命勝保爲欽差大臣，賜神雀刀，恩華、托明阿副之。丁酉，托明阿敗賊於陳留。

九月癸卯朔，再敗之潞城、黎城，賊竄直隸，入臨洺關。奪訥爾經額職逮問，以桂良爲直隸總督。丙午，賊陷柏鄉。江西南昌圍解，賊復竄踞安慶。丁未，調魁麟爲禮部尙書，花沙納爲工部尙書，以勝保爲漢軍都統。江蘇土匪陷靑浦、寶山，官軍復之。戊申，命截留漕糧備山東災賑。以軍務方急，緩修豐北河工。辛亥，命惠親王爲奉命大將軍，賜銳捷刀，科爾沁郡王僧格林沁爲參贊大臣，賜訥庫尼素刀，恭親王奕訢、定郡王載銓、內大臣壁昌會辦巡防。乙卯，賊由趙州、稾城陷深州。命於河間、涿州、通州設防。辛酉，李嘉端罷，以江忠源爲安徽巡撫。甲子，僧格林沁復深州。丙寅，陸應穀罷，以英桂爲河南巡撫。己巳，周天爵卒於軍。辛未，賊陷獻縣、交河、滄州，進撲天津，知縣謝子澄督帶練勇迎擊，死之，所部敗賊三十里。特贈謝子澄布政使，並建祠，優獎練勇。警聞，京師戒嚴，僧格林沁駐軍於武清。

冬十月甲戌，命曾國藩督帶練勇赴湖北勦賊。丙子，賊陷黃州，漢黃德道徐豐玉死之，連陷漢陽，進圍武昌。丁丑，賊踞獨流鎭，勝保督軍至，連擊敗之。戊寅，命恭親王奕訢在軍機處行走，解麟魁軍機大臣，以瑞麟、穆蔭爲軍機大臣。乙卯，加給事中袁甲三三品卿銜，勦辦安徽捻匪。壬辰，武昌解嚴，江忠源赴皖。命署臬司唐樹義江面勦賊。癸巳，賊陷桐城。戊戌，豫征山西、陝西、四川三省糧賦，尋止之。

十一月壬寅朔，以王慶雲爲陝西巡撫。丙午，福建官軍克復廈門。安徽賊陷舒城，辦團大臣侍郎呂賢基死之。庚戌，賊陷儀徵。癸丑，命侍郎曾國藩督帶水師勦賊安徽。丁卯，勝保勦賊獨流，不利，陣歿副都統佟鑑，贈將軍賜卹。

十二月甲戌，揚州賊潰圍出，官軍復其城，琦善、慧成等均褫職從軍。乙亥，詔以黃州賊綜麕集，飭吳文鎔出省勦賊。戊子，琦善復儀徵。己丑，賊陷廬州，江忠源死之。以福濟爲安徽巡撫，邵燦爲漕運總督。丙申，以侍郎杜翰爲軍機大臣。翁心存罷，以趙光爲工部尚書。己亥，祫祭太廟。

是歲，免奉天、直隸、山東、山西、浙江、湖北、湖南、廣西、雲南、甘肅等省三百四十四廳州縣衞災賦。又免甘肅中衞地震銀糧、草束各有差。朝鮮、琉球、暹羅、越南、緬甸、南掌入貢。

四年甲寅春正月辛丑朔，蒙古各盟長親王、郡王迭次報効軍需銀兩，溫旨嘉奬，均卻還之。乙巳，撥內庫銀三十萬兩解赴勝保軍營。庚戌，官軍克獨流鎭，踞匪回竄。壬子，張芾罷，以陳啓邁爲江西巡撫。王履謙疏陳河南吏治廢弛，軍需浮冒，河工糜費。下英桂查覆。丙辰，浙江海運漕米改由劉河口放洋，命江蘇派員設局。己未，命福濟經理淮北鹽務。以王懿德爲閩浙總督，呂佺孫爲福建巡撫。辛酉，袁甲三疏請事關籌饟，由軍機處徑交所司，勿發內閣，從之。乙丑，命廣東購辦夷砲運赴武昌。丙寅，賊踞束城村，嚴詔僧格林沁、勝保迅速勦擒。丁卯，湖北進攻黃州兵潰，總督吳文鎔，署按察使、前布政使唐樹義死之。戶部議覆四川學政何紹基捐廉疏上達式用駢文，上責祁寯藻曰：「當閱何紹基疏時，卿亦議其迂拘，何爲尤而效之？大學士管部，乃不能動司官稿一字乎！」賊竄獻縣東城莊，僧格林沁、勝保合軍擊之。賊竄陷阜城，分股竄山東。己巳，江蘇六合縣紳團力保危城，詔嘉之，免一年錢糧。

二月丁丑，上御經筵。己卯，許乃普罷直南書房，降內閣學士。以朱鳳標爲刑部尚書，周祖培爲左都御史。起翁心存爲吏部左侍郎。辛巳，以台湧爲湖廣總督。壬午，曾國藩奏統帶水陸師萬七千人，自衡州起程馳赴湖北。癸巳，奕興罷，以英隆爲盛京將軍。曾國藩疏請前巡撫楊健之孫楊江捐銀二萬兩，准楊健入祀鄉賢祠。得旨：「楊健係休致之員，鄉賢鉅典，非可以捐納得之。曾國藩不應遽爲陳請，下部議處。」軍興以來，饟空事棘，而帝於名器猶慎之如此。予殉難安徽布政使劉裕鉁世職，謚勤壯。癸未，前協辦大學士湯金釗、兵部尚書特登額重宴鹿鳴，加宮銜，賜御書匾額。丙戌，張亮基奏獲戕害大員之賊目王小湧，摘心遙祭。得旨，即傳知佟鑑、謝子澄家屬告祭。命托明阿幫辦僧格林沁軍務。癸巳，以青麐爲湖北巡撫，崇綸丁憂，仍同守城。戊戌，張亮基奏捻賊渡河由豐縣竄入單縣，官兵迎擊獲勝，復陷金鄉。

三月庚子朔，張亮基奏賊陷鉅野、鄆城。辛丑，命載齡帶兵一千駐防河間，桂齡、台祿帶馬步兵千五百駐防德州。駱秉章奏賊陷岳州，曾國藩回省防堵，留候補道胡林翼楚南勦賊。壬寅，賊陷陽穀，知縣文穎涖任五日，死之，優卹建祠。甲辰，賊由陽穀、冠縣竄至清河之小灘，又分竄至臨清之李官莊。乙巳，命勝保迎擊山東竄賊，布政使崇恩奏帶兵扼守臨清州。辛亥，上耕耤田。丁巳，賊陷臨清。越十日，官軍復之，潰匪南竄，勝保追擊。曾國藩奏勦賊岳州失利，回守長沙。下部議處。

夏四月庚辰，順承郡王春山薨。阜城賊竄連鎮，僧格林沁追擊圍之。壬午，勝保奏馬隊追勦臨清潰匪，全數殄滅。得旨嘉奬，加太子少保，德勒克色楞、善祿黃馬褂。己丑，予告大學士潘世恩卒。內大臣璧昌卒。辛卯，鮑起豹罷，以塔齊布署湖南提督，曾國藩奪職勦賊。曾國藩克復湘潭，塔齊布、彭玉麟、楊載福勦賊大勝，靖港賊退。

五月己亥朔，葛雲飛祠成，賜御書匾額。廓爾喀國王表請出兵勦賊。溫詔止之。辛丑，孫瑞珍免，以朱鳳標爲戶部尚書，趙光爲刑部尚書，彭蘊章爲工部尚書。副都統綿洵追賊於豐縣，敗之，賜巴圖魯勇號。乙巳，連鎮賊首李開方竄陷高唐州，勝保督兵追之。壬申，上祈雨大高殿。丁巳，祈雨天神壇。庚申，荊州將軍官文奏官軍收復監利縣、宜昌府城。敕塔齊布統軍赴湖北勦賊。前湖北巡撫崇綸以託病奪職。壬戌，雨。癸亥，和春、福濟奏收復安徽六安州城。

六月戊辰朔，賜臨清、冠縣被賊難民一月口糧。江西賊竄湖北德安。庚辰，許乃釗免，以吉爾杭阿爲江蘇巡撫。詔曰：「中國海口，除通商五口外，夷船向不駛入。近日乃有闌入金陵、鎮江之事，意欲何爲？葉名琛卽向各國夷酋正言阻止。」辛巳，詔直省團練殺賊者，建立總坊，入祀忠義祠，婦女遇難捐軀者，入祀節孝祠。癸未，賊陷武昌。台湧罷，以楊霈爲湖北巡撫，署總督。命曾國藩由岳州進勦，英桂赴信陽防堵。副都統達洪阿卒於軍，贈都統。辛卯，敕葉名琛勦捕廣東會匪盜船。鑄鐵錢、鉛錢。

秋七月辛丑，湖北賊陷岳州，連陷常德。壬子，詔：「青麐棄城逃走，遠赴長沙，飭官文傳旨正法。」副都統特爾清額卒於軍。庚申，湖南水師克復岳州，予革職侍郎曾國藩三品銜。命道員胡林翼攻勦常德。壬戌，楊霈奏克復沔陽，賊陷安陸。

閏七月戊辰，湖北官軍克復安陸。丁丑，欽差大臣琦善卒於軍，以托明阿爲欽差大臣，督辦揚州軍務。庚辰，楊霈奏克復京山、孝感、天門、黃陂、麻城等城。向榮奏官軍收復高淳。丙申，和春奏克復太平。

八月庚子，官文奏連復嘉魚、蒲圻。癸卯，廣東土匪陷肇慶，調湖南、福建兵勦之。甲寅，湖南官軍由城陵磯進攻通城。癸亥，英、美二國兵船抵天津海口，命桂良蒞事。

九月辛未，湖北、湖南官軍攻克武昌、漢陽。授楊霈湖廣總督，曾國藩以二品銜署湖北巡撫，塔齊布賜黃馬褂，李孟羣、羅澤南、李續賓並陞敍有差。殉難布政使岳興、署按察使李卿穀均予謚建祠。壬午，湖北官軍克復黃州。命曾國藩以兵部侍郎銜會塔齊布督軍東下。甲申，裕瑞罷，以黃宗漢爲四川總督，何桂淸爲浙江巡撫。戊子，安徽官軍收復廬江。乙未，魏元烺卒，以翁心存爲兵部尙書。

冬十月丙辰，以花沙納爲吏部尙書，全慶爲工部尙書，領國子監。調文慶爲滿洲都統，奕興爲漢軍都統，奕山爲內大臣。丁巳，曾國藩奏水陸軍攻半壁山賊，斃賊萬餘。戊午，以扎拉芬泰爲伊犂將軍。甲子，曾國藩等奏攻克田家鎭，予楊載福、彭玉麟升敍。湖北軍收復蘄州。

十一月丁丑，上詣大高殿祈雪。庚辰，楊霈奏克復廣濟、黃梅。戊子，羅繞典卒，以恆春爲雲貴總督，王慶雲爲山西巡撫，吳振棫爲陝西巡撫。綏遠城將軍善祿卒於軍。庚寅，大學士、軍機大臣祁寯藻致仕。以賈楨爲大學士，翁心存爲吏部尙書，周祖培爲兵部尙書，許乃普爲左都御史。癸巳，湖北賊陷安徽英山。安慶賊竄九江、湖口，及於吳城。

十二月乙未，曾國藩奏攻克小池口，上嘉獎之，賜狐腿黃馬褂。戊戌，和春奏克復英山。以克復英、霍兩縣均資民力，免三年漕糧。辛丑，袁甲三奏舉人臧紆靑進攻桐城，力竭陣亡，贈三品銜，予世職。乙卯，封奕紀之子載中貝勒，嗣隱志郡王，改名載治。貴州官兵擊賊，敗之，解興義城圍。辛酉，安徽官軍克復含山。僧格林沁奏攻毀西連鎮賊巢。癸亥，祫祭太廟。

是歲，免河南、山東、山西、福建、湖南、廣西等省一百二十九州縣，又廣西土州縣十二災賦有差。朝鮮、琉球入貢。

五年乙卯春正月己巳，四川官軍克復貴州桐梓。壬申，貴州官軍勦匪雷台山，擒匪首陳良模。甲戌，以江、浙漕米不敷京倉支放，命怡良開辦米捐解京。戊寅，吉爾杭阿奏克復上海縣城。詔嘉奬之。辛巳，湖北賊由黃梅回竄漢口，楊霈退守德安，奪職，仍留任。癸未，江西官軍克復武寧。乙酉，僧格林沁奏攻克連鎮，首逆林鳳祥就擒。封僧格林沁親王，移軍山東，攻勦高唐踞匪。欽差大臣勝保師久無功，褫職逮問。丙戌，浙江樂清土匪滋事，勦平之。敍連鎮功，西凌阿、瑞麟、慶祺、綿洵、拉木棍布扎布、棍楚克林沁各予優賚。

二月甲午朔，王懿德奏夷商來閩販茶，租賃民房久居，藉收茶稅，從之。以法將剌尼樂助攻上海，賚綢四端、銀一萬兩，從吉爾杭阿請也。己亥，上御經筵。僧格林沁奏克復高唐州，餘匪竄入馮官屯。辛丑，福建匪徒作亂，勦平之。戊午，鄂賊北竄，敕僧格林沁調撥馬步兵三四千赴河南助防。

三月甲子，廣東官軍復海豐。皖賊陷徽州。乙丑，上謁西陵。賊陷武昌，巡撫陶恩培死之，以胡林翼署湖北巡撫。辛未，上還京。辛卯，貴州匪首楊鳳捕誅，餘匪平。

夏四月乙未，安徽官軍收復婺源。以額駙景壽爲御前大臣。丁未，江西賊陷廣信。庚戌，僧格林沁等奏攻克馮官屯賊巢，擒獲首逆李開芳，餘匪盡殲。得旨：欣慰，僧格林沁卽以親王世襲，許乘肩輿，德勒克色楞加貝勒銜，餘各陞敍。江西官軍復弋陽。浙江賊陷開化。己未，西安將軍扎拉芬在湖北剿賊陣亡，優卹之。褫楊霈職，以官文爲湖廣總督，綿洵爲荆州將軍，瑞麟爲西安將軍。以西凌阿爲欽差大臣，赴湖北剿賊。庚申，江西官軍復饒州、廣信及興安。辛酉，廣東官軍剿匪獲勝，水陸股匪悉平。

五月丙寅，卹福建陣亡知縣高鴻飛，入祀京師昭忠祠，並於臺灣建祠。丁卯，向榮奏剿賊三山，勝之。戊辰，廣東官軍復河源等縣，殲賊於三水。辛未，上御乾清門，奉命大將軍惠親王綿愉、參贊大臣親王僧格林沁恭繳大將軍印、參贊關防。壬申，詔曰：「興辦團練，原以保衞鄉閭。而河南迭有抗糧、抗官之事。似此相率效尤，流弊甚大。各督撫其尙加意整頓，勿令日久釀患。」是時，山東已有黑團之害，尙未上聞。其後卒以兵力平之。乙亥，以柏葰爲熱河都統。戊寅，楊霈軍復隨州。癸未，河南軍收復光山。丁亥，胡林翼奏分督水陸各軍力攻武、漢，四戰四勝。得旨，迅圖克復。詔曰：「朕聞雲南回民易滋事端，屢有聚衆抗糧之事。恆春、舒興阿務將首要各犯懲處，勿令日久蔓延。」以李鈞爲東河河道總督。

六月乙未，江西賊陷義寧。丁酉，提督鄧紹良克復休寧。乙巳，廣東官軍收復封川，殲賊於虎門洋面。丙辰，河南蘭陽河溢。己未，敕安徽徽寧池廣道照臺灣道專摺奏事。辛酉，官文奏官軍克復雲夢、應城。

秋七月壬戌朔，尊皇貴太妃爲康慈皇太后。廣東賊陷湖南郴州、宜章。癸亥，陳啓邁奪職，以文俊爲江西巡撫。己巳，向榮奏克復蕪湖。庚午，皇太后崩。丁丑，西凌阿進勦德安賊匪不利，退守隨州。命都興阿自馮官屯移軍勦之。辛巳，恭親王奕訢罷直軍機，回上書房讀書。以文慶爲軍機大臣。癸未，廣東官軍收復肇慶府、德慶州。甲申，山西陽城土匪滋事，勦平之。丁亥，官文奏克復漢川。

八月辛卯朔，胡林翼督軍攻克漢鎭，進圍漢陽。甲午，英桂奏邱聯恩擒獲捻首易添富、王黨等誅之。己亥，湖南提督塔齊布卒於軍，贈將軍。庚子，上大行皇太后尊謚曰孝靜康慈皇后。喀什噶爾回匪入卡，倭什琿布派兵逐出之。戊申，廣東官軍連復連州、三江、連山，解永安城圍。

九月甲子，大學士卓秉恬卒。乙丑，以劉鉦爲漢軍都統。庚午，命文慶、葉名琛協辦大學士。癸酉，發內帑十萬兩續賑直隸、山東災民。壬午，四川馬邊廳夷匪滋事，官軍勦平之。癸未，捻首張洛行由歸德南竄，命提督武隆額勦之。乙酉，命官文爲欽差大臣，督辦湖北軍務。浙軍克復安徽休寧、石埭。戊子，調鄧紹良爲固原提督。

冬十月丁酉，和春、福濟奏克復廬州府城。得旨嘉獎，賜和春黃馬褂，福濟太子少保，免合肥三年額賦。辛丑，貴州苗匪陷都江。壬寅，官文奏克復德安。戊申，石達開回竄湖北，胡林翼堵勦之。壬子，永免河南攤徵河工加價銀四十萬兩。

十一月甲子，胡林翼奏，羅澤南、李續賓迎擊石達開、韋俊於羊樓峝，敗之；請購洋砲擊賊。敕葉名琛採購洋砲六百尊，由湖南水運湖北應用。辛未，廓爾喀夷人占踞後藏濟嚨。德興卒，調麟魁爲刑部尚書，以瑞麟爲禮部尚書。戊子，官文奏攻克咸寧、金口，幷報江西賊陷義寧，檄飭羅澤南回勦。得旨：「羅澤南正在攻勦，武漢喫緊，不可回勦。」詔令曾國藩等遣周汝筠前赴崇、通，爲羅澤南後路援應。和春等奏捻匪李兆受竄踞英山，道員何桂珍密謀會捕，不克，死之。

十二月辛卯，上詣大高殿祈雪。丙申，江西賊陷臨江、瑞州，敕曾國藩撥兵勦之。戊戌，留江蘇漕米二十萬石濟江南軍。癸卯，廣西官軍收復興安。貴州賊徐廷杰陷鎭筸，分陷思南。乙巳，命文慶、葉名琛爲大學士，桂良、彭蘊章協辦大學士，柏葰爲戶部尚書，奕湘爲盛京將軍，英隆爲熱河都統。丙午，以鄭親王端華爲滿洲都統，奕山爲黑龍江將軍。命西淩阿赴河南防勦。庚戌，捻匪張洛行回竄歸德。癸丑，命英桂督勦豫、東、皖三省捻匪。景淳奏陳防夷情形，上嘉獎之。駐藏大臣赫特賀奏馳抵後藏籌禦大略。得旨：「江孜、定日汛、馬布加各地，均屬中道要害，卽宜扼守。噶布倫中擇其爲夷情信仰者，令協同辦事，以輔兵力之不及。生擒夷人，暫留營中，令來往通信，以示羈縻。樂斌等所擬六條，下該大臣知之。」丁巳，祫祭太廟。

是歲，免直隸、山東、湖北、廣西、貴州等省二府一百五十八州縣，又廣西三十八土州縣災賦，江蘇鹽場場課各有差。朝鮮、琉球入貢。

六年丙辰春正月己未朔，惇郡王奕誴復親王。以奕山爲御前大臣，貝勒載治御前行走。壬戌，楊以增卒，以庚長爲江南河道總督。壬申，賊擾湖南晃州、麻陽，官軍擊走之，斬賊首何祿。乙亥，詔駱秉章檄知府劉長佑赴江西勦賊。戊寅，廣東提督崑壽勦歸善賊，平之。辛巳，提督秦定三攻克舒城。

二月壬辰，詔湖南苗弁勦匪出力，准其留營序補。戊戌，上御經筵。辛丑，順天府尹蔣琦淳疏進克己、復禮二箴，上嘉納之。丙午，英、美二國求改條約，下葉名琛知之。丁未，調吉林、黑龍江、察哈爾、綏遠城兵赴山東、河南勦賊。己酉，酌增直省文員減成養廉。壬子，命福興幫辦江南軍務。丙辰，廓爾喀請罷兵。丁巳，貴州官軍攻克銅仁。

三月己未，瓜州賊出竄運河，托明阿追勦之。奕湘免，以慶祺爲盛京將軍。壬戌，湖南官軍克復永明、江華。劉長佑軍入江西，復萍鄉。江西賊陷吉安。癸亥，上耕耤田。甲子，江南賊再陷揚州，奪托明阿、雷以諴職，授德興阿欽差大臣，少詹事翁同書副之。乙丑，石達開陷瑞州，詔廣東堵勦。丁卯，釋賽尚阿、訥爾經額於戍所。乙亥，提督鄧紹良力攻揚州，克之，命幫辦德興阿軍務。賊竄江浦。丁丑，羅澤南力攻武昌，陣亡，贈巡撫，賜卹予謚。戊寅，賊陷江西建昌。命浙江學政萬青藜、布政使晏端書督辦三衢防務。庚辰，穆宗生母懿嬪那拉氏晉封懿妃。曾國藩攻賊樟樹失利，下部議處。癸未，恆春奏軍務省分督撫，請許單銜奏事，從之。丙戌，張國樑軍攻克浦口。

夏四月戊子，粵賊復陷儀徵，官軍尋復之。甲午，貴州軍復郎岱。丙申，雲南楚雄漢、回搆衅。己亥，江西軍復進賢。辛丑，奉天金州地震。癸卯，安徽賊陷寧國。丙午，前協辦大學士、致仕光祿寺卿湯金釗卒，贈尚書。辛亥，賜翁同龢等二百一十六人進士及第出身有差。丙辰，德興阿奏官軍攻賊三汊河，毀其巢。

五月辛酉，以穆克德訥爲廣州將軍，都興阿爲江寧將軍。壬戌，湖北通城官軍失利，道員江忠濟死之。江蘇巡撫吉爾杭阿擊賊鎭江之黃泥州，不勝，死之，贈總督。以趙德轍署江蘇巡撫。甲子，江南賊撲九華山營盤，陷之。河南軍復光州。復西淩阿都統。袁甲三復三品卿。丁丑，賊陷溧水。

六月丙戌朔，金陵賊撲陷大營，官軍退守丹陽，奪向榮、福興職。戊子，以按察使徐宗幹幫辦安徽防務。命怡良僱募火輪船入江勦賊。敕河南、廣東撥兵，和春、傅振邦赴援江南。丁未，葉名琛奏英、美、法各國公使以定約十二年，請赴京重修條約。詔酌允變通，阻止來京。辛亥，永定河溢。江西賊陷饒州。

秋七月辛酉，廣東援軍連復江西上猶、雩都，解贛州城圍。王懿德呈進美國國書，得旨：「更換條約，難以准行，仍令回廣東商訂。」丁卯，命總兵張國樑幫辦向榮軍務。壬申，江西官軍連復南康、饒州。癸酉，欽差大臣向榮卒於軍。丙子，甘肅撒拉回匪滋事，官軍勦平之。命和春馳赴丹陽勦賊，鄭魁士接辦安徽軍務。湖北援軍克復江西新昌、上高。赫特賀奏廓爾喀與唐古忒和成，撤回戍兵。

八月戊子，黃宗漢罷，以吳振棫爲四川總督，譚廷襄爲陝西巡撫。癸巳，命舒興阿嚴辦回匪，舉行鄉團。癸卯，廣西官軍復上思州、貴縣。丁未，貴州賊陷都勻、施秉，進陷古州。戊申，安徽官軍攻克三河。己酉，江西會匪攻陷廣昌、南豐、新昌、瀘溪。

九月乙卯朔，日有食之。戊午，京師米貴，開五城飯廠，並撥倉穀制錢賑固安六州縣饑民。己巳，雲南土匪陷浪穹。庚午，江南官軍攻高淳，克之。癸酉，安徽官軍復無爲州。丁丑，文慶等疏進孟保繙譯大學衍義，命校刊頒行。壬午，西寧黑番族滋事，提督索文勦平之。易棠病免，以樂斌爲陝甘總督，有鳳爲成都將軍，東純爲福州將軍。

冬十月丙戌，貴州賊陷台拱、黄平。庚寅，官文勦襄陽匪徒，平之。甲午，命英桂、秦定三會勦渦河、蒙城捻匪。丁酉，安徽官軍克復和州。雲南大理回匪戕官踞城。壬寅，襄樊賊犯鄧州。河南賊由夏邑趨擾徐州。甲辰，浙江官軍再復休寧。予前巡撫張芾三品卿。丁未，廣西右江鎮標兵變，勞崇光討平之。壬子，何桂清奏浙軍進克黟縣，徽州肅清。邵燦奏官軍擊退捻匪，徐州解圍。以常清爲伊犁將軍。

十一月乙卯朔，宣宗實錄成。以彭蘊章爲大學士，翁心存協辦大學士，許乃普爲工部尚書，朱嶟爲左都御史。辛酉，雲南官軍克復姚州。乙丑，升文昌入中祀。命鄭魁士移軍會英桂勦捻匪，秦定三會福濟勦皖匪。丙寅，命勝保赴安徽軍營。辛未，大學士文慶卒。英人在廣東以查船搆衅，放砲攻城。紳團憤擊之，殲數百人。敕葉名琛相機辦理。壬申，命柏葰爲軍機大臣。乙亥，江西賊陷撫州。戊寅，楚軍道員劉長佑連復江西袁州、分宜，加按察使銜，予其父母三品封典，予巡撫駱秉章花翎。英桂奏攻破雉河集賊巢。庚辰，上臨大學士文慶第賜奠。壬午，胡林翼克復武昌，癸未，官文克復漢陽，均得旨嘉奬。貴州軍攻克都勻。

十二月乙酉，湖北官軍攻克老河口。丙戌，上祈雪。戊子，以肅親王華豐爲內大臣。己丑，詔曰：「湖北累爲賊踞，小民兵燹餘生，瘡痍可念。現在武、漢既復，亟宜援救民瘼。錢糧分別蠲緩，災黎作何撫恤，其速籌議以聞。」湖北官軍連復武昌縣、黃州府城。甲午，胡林翼奏陳湖北兵政吏治。得旨：「既能確有所見，即當實力舉行。」丙申，官文奏勦辦隨州土匪，匪首就擒。續報官軍連復興國、大冶、蘄水、蘄州、廣濟。辛丑，皖、浙官軍克復寧國，賜何桂清花翎。癸卯，以湖南官軍勦除湖北崇、通賊匪，加候選道王鑫按察使銜。甲辰，官文奏官軍在九江焚毀賊船。詔曾國藩激厲將士，由湖出江，以便合勦。戊申，山東官軍勦斃捻首王方雲。湖北官軍克復黃梅。己酉，命桂良爲大學士，柏葰協辦大學士。以譚廷襄爲直隸總督，曾望顏爲陝西巡撫。壬子，祫祭太廟。

是歲，免直隸、江蘇、山東、山西、河南、湖南、貴州等省一百六十五州縣被災、被賊額賦，又免江蘇六場鹽課各有差。朝鮮入貢。

七年丁巳春正月庚午，怡良奏傅振邦克復高淳，張國樑進取句容。何桂清奏浙省援勦，內防本境，外保鄰封。得旨嘉獎。調全慶爲兵部尚書，文彩爲工部尚書，肅順爲左都御史。廣西太平府土匪平。丙子，召西凌阿、崇安回京。加勝保副都統銜，幫辦勦匪事宜。王履謙回籍，命李鈞接辦河防。己卯，葉名琛奏防勦英夷獲勝。得旨：「控制外夷，非內地可比。定海前事，可取爲鑑。其務操縱得宜，勿貽後悔，朕不爲遙制也。下蘇、直、閩、浙各督撫知之。」

二月乙酉，曾國藩奏克復建昌。丙戌，上御經筵。辛卯，湖北官軍收復宜昌。甲午，雲南賓川回匪作亂。甲辰，湖北賊陷遠安、荊門，官軍擊走之。丁未，安徽賊匪上犯黃梅，都興阿擊敗之。安徽匪陷六安。壬子，英桂、勝保奏勦辦捻匪，奪回烏龍集，進規固始。

三月癸巳朔，曾國藩丁父憂，給假治喪，命楊載福暫統水軍，彭玉麟副之。丙辰，湖北官軍唐訓方、巴揚阿勦南彰匪徒，敗之，賊首劉尙義降。貴州提督孝順兵潰於都勻，死之。己未，襄樊賊陷河南內鄉，官軍擊復之。詔怡良「密查張國樑是否與和春意見不合。軍中統帥，全在能得人心，倘駕馭無方，使健將不肯出力，貽誤非輕」。癸亥，上耕耤田。丁卯，以耆齡爲江西巡撫。庚午，敍克復武、漢功，協領多隆阿以副都統用。辛未，恆春奏回匪滋擾，將領乏員，請調鄱陽鎭總兵王國材來滇協勦，從之。壬申，江西官軍攻景德鎭，不利，都司畢金科戰歿，劉長佑復敗於新喻。辛巳，廣西橫州土匪滋事，廣東官軍勦平之。葉名琛奏英船退出省河。得旨：「總宜弭此衅端，不可使生邊患。」

夏四月甲申，恆春奏迤西回匪降。德勒克多爾濟奏俄國請遣使來京，詔止之。丁亥，江西賊竄福建，陷邵武、光澤。癸巳，怡良以病免，命何桂清爲兩江總督。乙未，貴州賊陷永從。丁酉，湖南援軍劉長佑攻克江西新喻。

五月丙辰，薩迎阿卒，以劉鉦署西安將軍。湖北官軍克復江西奉新、靖安、安義。癸亥，李孟羣奏赴援廬州，克復英山。福建賊陷汀州。丙子，德勒克多爾濟奏俄使由天津來京，敕譚廷襄羈縻之。

閏五月甲申，和春奏克復溧水。乙酉，曾國藩奏請終制，溫旨留之，仍令迅赴江西視師。庚寅，雲南武定州回匪滋事，官軍勦平之。李孟羣奏擊敗霍丘竄賊，得旨嘉獎。丁酉，勝保攻正陽關，不利，道員金光筯死之，贈布政使。庚子，俄人以兵至海蘭泡，建營安礮，要求通商。命奕山拒之。辛丑，何桂清奏請知府溫紹原復官，辦理六合鄉團。詔吉林、黑龍江兵久勞於外，酌量撤回。壬寅，慶英奏浩罕勾結回匪，占踞英吉沙爾城，集兵勦之。以張國樑爲湖南提督。癸卯，福建官軍收復光澤、汀州，踞匪出竄連城，擊敗之。

六月壬子，召舒興阿來京，以桑春榮爲雲南巡撫。癸丑，福建官軍收復邵武。乙卯，江南官軍克復句容，加和春太子少保，賜張國樑黃馬褂。辛酉，王鑫援江西吉安，連戰勝之，賜巴圖魯勇號。丁卯，河南南陽土匪平。癸酉，福建官軍收復泰寧、建寧。俄夷至天津遞國書，命文謙卻之。永定河決。乙亥，雲南回匪犯省城，恆春自盡。事聞，調吳振棫爲雲貴總督，以王慶雲爲四川總督，恆福爲山西巡撫。丙子，江西官軍收復龍泉。戊寅，命許乃釗幫辦江南軍務，張亮基予五品銜，幫辦雲南勦匪事宜。

秋七月乙酉，李孟羣奏收復霍山。己丑，河南官軍收復鄧州。癸巳，命奕山會集俄使勘定黑龍江兩岸邊界。甲午，貴州官軍收復錦屏。湖北官軍攻勦黃梅大勝，總兵王國材力戰陣歿，贈提督，賜卹建祠。甲辰，命都興阿幫辦官文軍務。

八月己酉朔，日有食之。壬子，福建官軍收復寧化。癸丑，江西官軍克復瑞州。丁丑，法福理奏克復英吉沙爾回城，解漢城圍。戊寅，官文、胡林翼奏湖北全境肅清。得旨：「胡林翼親督所部攻克小池口賊城，卽乘此聲威規復九江，以振全局。」先是，林翼密奏欲保鄂省而復金陵，惟有先取九江，次復安慶，始握要領，故明詔從之。

九月庚辰，湖南援贛道員王鑫卒於軍，贈布政使。壬午，勝保奏克復正陽關，又奏鳳臺生員苗沛霖藉團聚衆。得旨：「正當示之不疑，藉消反側。」丙戌，法福理奏收復喀什噶爾回城。庚寅，湖北賊陷舒城。河南捻匪陷南陽。丙申，江西官軍克復東鄉。丁未，湖南援黔官軍克復黎平。

冬十月戊申朔，官文、胡林翼奏，李續賓等水陸齊進，攻克江西湖口縣城。勝保、袁甲三奏，總兵朱連泰、史榮椿等攻勦捻匪，平毀韓圩賊巢。蔣霨遠、佟攀梅奏，勦辦苗匪、教匪，斬擒多名，都勻賊退。河南官軍敗賊於南召，進勦裕州、泌陽餘匪。己未，李孟羣勦捻匪於獨山，不利，兵潰。乙丑，湖北援軍李續賓等攻克彭澤。廣西官軍收復南寧。戊辰，胡林翼奏漕糧積弊，請改章徵收，以濟軍需，從之。庚午，河南賊入武勝關，直撲商南，陝西官軍擊走之。甲戌，以楊載福爲福建陸路提督。以李續賓爲浙江布政使。

十一月戊寅朔，英桂奏德楞泰敗賊於盧氏，邱聯恩敗賊於淅川。安徽賊陷和州、霍山。楊載福克復望江、東流、銅陵。乙酉，駱秉章奏蔣益澧、江忠濬援勦廣西，連戰獲勝，進圍平樂。戊子，胡林翼疏荐布衣萬斛泉、宋鼎、鄒金粟等。甲午，廓爾喀奉表輸誠，頒賞珍物。丙申，德興阿等奏克復瓜州。得旨嘉勉，賜雙眼花翎、騎都尉世職。翁同書以侍郎用，鞠殿華加提督銜。戊戌，和春奏同張國樑克復鎭江，賜和春雙眼花翎、輕車都尉世職，張國樑騎都尉世職，何桂清太子太保。庚子，英桂奏敗賊於汝州，豫西肅清。辛丑，永定河合龍。

十二月辛亥，耆齡奏曾國荃攻克吉水。駱秉章、勞崇光會奏官軍攻克平樂。廣西賊陷慶遠。丙辰，督辦三省勦匪副都統勝保奏請皖兵悉歸節制。得旨：「勝保尙屬勇敢，若平其躁氣，斂其驕心，可爲有用之材，何庸自行瀆請。」庚申，英人入廣東省城，劫總督葉名琛以去。詔革名琛職，以黃宗漢爲兩廣總督，柏貴署理。乙亥，李孟羣奏粵、捻合股東竄，偪近商、固。命勝保嚴防之。丙子，祫祭太廟。

是歲，免直隸、江蘇、山東、山西、河南、陝西、湖南、廣西等省二百三十五廳州縣衞，廣西四土縣被災、被賊額賦有差。朝鮮、琉球入貢。

八年戊午春正月己卯，佟攀梅罷，以蔣玉龍爲貴州提督。丙戌，敕王懿德籌備海防。庚寅，江西官軍收復臨江。

二月庚午，官軍克復秣陵關，進圍金陵，加和春太子太保，張國樑雙眼花翎，陣亡總兵虎坤元優卹世職。

三月丁丑朔，勝保奏勦賊獲勝，固始解圍。得旨嘉獎。戊寅，俄船至天津。敕譚廷襄防堵。癸未，江北官軍克復江浦，道員溫紹原復官。庚寅，福濟奏收復和州。貴州賊陷都勻，前提督佟攀梅死之。

夏四月丙午朔，譚廷襄奏俄人不守興安舊約，請以烏蘇里河、綏芬河爲界，使臣仍請進京。得旨：「分界已派大員會勘，使臣非時不得入京，駁之。」丁未，江西賊竄入福建，陷政和、松谿。戊申，俄人請由陸路往來，英人、法人請隔數年進京一次，詔不許。勝保奏捻首李兆受乞降，許之。己酉，安徽賊陷麻城，另股陷蒙、亳、懷、宿，詔袁甲三勦之。詔許俄人通商，不許進京。庚戌，賊陷和州。雲南大理回匪陷順寧。戊申，詔譚廷襄告知英人、法人，減稅增市，俟之粵事結日，彼時再議來京。庚戌，江西賊陷常山、開化，命總兵周天受加提督銜，專辦浙防，道員饒廷選防守衢州。辛亥，譚廷襄呈進美國國書，詔許減稅率、增口岸，仍不許入京。乙卯，英、法兵船入大沽，官軍退守。命僧格林沁備兵通州。戊午，江西官軍復雩都、樂安、崇化、宜黃。辛酉，英、法船抵津關。命大學士桂良、尚書花沙納往辦夷務。江西賊竄浙江，陷處州及永康。壬戌，湖北官軍克復九江，加官文、胡林翼太子少保，李續賓加巡撫銜。乙丑，英、法兵退三汊河，與俄、美來文，請求議事大臣須有全權便宜行事，始可開議。桂良等以聞，詔許便宜行事。丙寅，命僧格林沁佩帶欽差大臣關防，辦理防務。戊辰，勝保奏克復六安。乙巳，敕各省軍營挑練馬隊。庚午，命和春兼辦浙江軍務。英船開出大沽。桂良等奏英人之約於鎮江、漢口通商，長江行輪，擇地設立領事，國使駐京。上久而許之。

五月丙子，皖匪陷湖北黃安。桂良、花沙納奏，英使堅偪立約，不見耆英。耆英請回京，詔止之。戊寅，捻匪陷懷遠。己卯，奕山奏請黑龍江左岸曠地劃畀俄人。甲申，桂良等奏俄允代轉圜，先允俄人陸行。丁亥，命廷臣集議和戰二者，兩害取其輕。戊子，桂良等奏英人謂我徒事遷延，即棄和言戰。大學士裕誠卒，上親臨賜奠。庚寅，桂良等奏進英、法訂約五十一款，並請先訂俄、美條約。壬辰，湖北官軍復黃安、麻城。福建官軍復光澤。廣東官軍復廣西梧州。敕耆齡檄調蕭啓江、張運蘭、王開化各軍由祁門進援浙江。癸巳，耆英擅回京，賜自盡。太傅杜堮卒，上親臨賜奠。乙未，命曾國藩辦理浙江軍務。丁酉，桂良、花沙納奏進俄、美、英、法四國條約。得旨：「既已蓋用關防，今復硃批依議，宜示四國照此辦理。至通商稅則，在上海議之。」庚子，江北官軍克復江浦、來安。甲辰，夷船全數退出內河。命吏部侍郎匡源、內閣學士文祥在軍機大臣上行走。

六月己酉，命桂良、花沙納、侍郎基溥、武備院卿明善前往江蘇會議通商稅則。江西官軍復新城、金谿。癸丑，福建匪陷建寧。福興罷，以周天受統其軍赴援福建。召桑春榮來京，以張亮基爲雲南巡撫。甲寅，廣西軍復象州。丁巳，浙江賊陷壽昌，官軍尋復之。福濟以不職，奪宮銜，解任。以翁同書爲安徽巡撫。庚申，論天津失事狀，譚廷襄解任，提督張殿元遣戍。以慶祺爲直隸總督，玉明爲盛京將軍。丁卯，福建道員趙印川勦匪，死之。浙江官軍復常山、開化。江西援軍復浙江武義、永康、衢州，紹興城圍解嚴。瑞麟請籌款修築天津營壘礮臺，下僧格林沁辦理。辛未，俄人請停辦驛站羊隻，詔庫倫大臣援舊事拒之。壬申，賞刑部員外郎段承實五品卿銜，幫辦會議稅則。曾國藩奏由九江登陸赴浙，詔嘉勉之。浙江軍復縉雲。

秋七月甲戌朔，奕山、景淳奏俄人闖越黑河口，欲入松花江，於烏蘇里建屋安礮。詔勘明吉、黑地界，據理拒絕。乙亥，以李孟羣署安徽巡撫。丁丑，從法福理請，升喀什噶爾領隊大臣爲辦事大臣。周天受攻復浙江處州，移軍福建。癸未，詔曾國藩衢、嚴肅清，改援福建。乙酉，楊載福收復安徽建德。癸巳，湖北巡撫胡林翼丁母憂，詔在任守制，給假、給銀治喪。丙申，賊陷廬州，李孟羣奪職留軍，以勝保爲欽差大臣，督辦安徽軍務，袁甲三援勦三省捻匪。丁酉，福建軍復建陽、光澤，賊陷寧化。庚子，召晏端書來京，以胡興仁爲浙江巡撫。壬寅，張芾軍復龍泉，賜花翎。

八月癸卯朔，復設天津水師。甲辰，福建軍復政和、松谿。勝保奏髮逆僞英王陳玉成竄店埠、梁園，直撲定遠。庚戌，李定太勦賊玉山，勝之，解其圍。辛亥，蔣益澧援軍復廣西慶遠，擢按察使。丙辰，周天受援福建，克復浦城，進克寧化。捻匪陷豐縣。辛酉，捻匪竄山東，陷單縣。調英桂爲山西巡撫，恆福爲河南巡撫。乙丑，官軍復豐縣。捻匪陷曹縣，尋復之。何桂清請以海關盈餘用充軍饟，允之。壬申，江北軍在浦口失利，奪德興阿、翰殿華職。和春奏：「浦口失利，已飛調援浙之師徑赴六合。探聞閩省回竄之賊，將由寧、太以援金陵，明係城賊圍急，令其部衆到處竄擾，以分我兵力。請飭各路自行援勦，勿致掣動全局。」上是之。

九月癸酉朔，湖北官軍多隆阿克復太湖。乙亥，詔以「天長、儀徵相繼失陷，六合危急，溫紹原雖素得民心，日久亦恐難支。卽調周天培一軍分援六合、德安，一軍前往援應。」辛巳，官文、胡林翼奏李續賓、都興阿分路克復桐城、潛山，多隆阿進攻石牌，鮑超力攻雷公埠，均屬得手。詔令聯絡水師進規安慶。湖南官軍克復吉安，予同知曾國荃等升敍有差。壬午，明誼奏俄案議結，互換文憑，開辦通商。賊陷揚州，奪德興阿世職。命柏葰、翁心存爲大學士，官文、周祖培協辦大學士。調瑞麟爲戶部尚書，肅順爲禮部尚書，朱鳳標爲戶部尚書，陳孚恩爲兵部尚書，瑞常爲理藩院尚書，綿森爲左都御史。敕總兵毛三元、成明幫辦德興阿軍務。甲午，張國樑攻克揚州，續復儀徵。慶端奏攻克邵武，閩省肅清。戊戌，荊州將軍綿洵卒，調都興阿爲荊州將軍，和春爲江寧將軍，張國樑爲江南提督。己亥，賊陷六合，知縣溫紹原死之。紹原孤守危城，數年百餘戰，力竭而陷。上悼惜之，贈布政使，優卹，建祠予謚。

冬十月癸卯朔，浙江寧海土匪滋事，提督阿麟保勦平之。乙巳，勝保奏克復天長，李兆受在事出力。得旨：「李兆受賜名李世忠，予三品銜、花翎，以參將補用。」己酉，御史孟傳金奏劾舉人平齡硃墨不符，派載垣、端華認眞查辦。丁巳，僧格林沁奏天津礮臺工竣。上嘉之，賜御服。己未，江南官軍復溧水。壬戌，命李續賓幫同勝保辦理安徽軍務。戊辰，詔本年鄉試主考、同考官荒謬已極，覆試應議之卷，竟有五十本之多，正考官柏葰先革職，副考官朱鳳標、程庭桂暫行解任，聽候查辦。命莊親王奕仁在御前大臣上學習行走。

十一月壬申朔，移吉林馬隊益袁甲三軍。乙亥，袁甲三請於山東東三府抽釐助饟，許之。己卯，徐澤醇卒，以朱嶟爲禮部尚書，張祥河爲左都御史。乙酉，援閩、浙軍復浦城、順昌，予周天培提督銜。丙戌，恆福奏官軍勦捻大勝，豫境肅清，總兵傅振邦擢提督，編修袁保恒賜巴圖魯勇號。丁酉，內閣副本庫被盜。己亥，吳振棫以病免，以張亮基爲雲貴總督，徐之銘爲雲南巡撫。庚子，予陣亡提督鄧紹良優䘏建祠。

十二月丁未，以宋丞相陸秀夫從祀文廟。庚辰，提督李朝斌收復安徽東流、建德，賜巴圖魯勇號。永州鎮總兵樊燮以乘肩輿劾免。丙辰，以鄭魁士爲浙江提督，督辦寧國軍務。己未，李續賓進勦安徽，敗績於三河集，死之，贈總督，建祠予謚。同知曾國華贈道員，予謚。丁卯，以何桂清爲欽差大臣，辦理通商事宜。趙德轍免，以徐有壬爲江蘇巡撫。庚午，以瑞麟爲大學士，調肅順爲戶部尚書，麟魁爲禮部尚書，瑞常爲刑部尚書。祫祭太廟。

是歲，免直隸、安徽、福建、湖北、貴州等省九十二廳州縣被災、被賊額賦，又免江蘇六場鹽課各有差。朝鮮、琉球入貢。

九年己未春正月壬申朔，桂良等奏英人藉口廣東有事，罷議回粵。乙亥，召袁甲三來京，以傅振邦督勦三省捻匪，伊興阿副之。壬午，江西官軍復瑞金，解安遠圍，別賊陷南安。桂良等奏和約四事。敕俟英使回滬妥議。庚寅，福建匪周灯爔等降，遂復連城。乙未，安徽官軍復建德。丁酉，敕湖北採買馬匹訓練馬隊。戊戌，桂良等奏英使堅欲進京。敕僧格林沁嚴防海口。辛丑，都興阿請假，以多隆阿接統其軍。詔海運漕船探避夷輪。

二月丁未，捻匪薛之元舉江浦降，會李世忠攻克浦口，賜名薛成良，予花翎、三品銜，擢李世忠副將。癸丑，築奉天沿海礮臺。鄭魁士攻克灣沚、黃池賊壘。甲寅，上召廷臣宣示戊午科場舞弊罪狀，依載垣、端華所擬，主考官大學士柏葰坐家人掉換中卷批條，處斬。同考官浦安坐聽從李鶴齡賄囑，羅鴻繹行賄得中，均處斬。乙卯，張芾奏官軍攻克婺源，賊目張淙相等乞降。丁巳，翁同書奏賊陷六安。慶祺卒，以恆福爲直隸總督，瑛棨爲河南巡撫。癸亥，張國樑奏攻克揚州、儀徵，回軍連克溧水。特詔嘉獎，予輕車都尉世職，李若珠賜黃馬褂。乙丑，曾國藩奏軍抵南康，蕭啓江克復南安。得旨嘉獎，予蕭啓江巴圖魯勇號。詔編修李鴻章交伊興阿差委。

三月辛未朔，前布政使李孟羣兵潰於官亭，死之，復官予卹。甲戌，奕山、景淳奏俄人徑至烏蘇里江、綏芬河擇地建屋，並請會勘，詔不許。丙子，捻匪犯河南西華、舞陰，前總兵邱聯恩死之，贈提督，予卹。丁丑，桂良等奏英使兵船北上，阻止不聽。己卯，四川裏塘頭人作亂，恩慶討平之，誅其夷目鄧珠。甲申，上祈雨。庚寅，以旱求言。辛卯，李鈞卒，以黃贊湯爲東河河道總督。乙未，俄人在黑龍江通商，許免征稅，不許闌入烏蘇里、綏芬。

夏四月辛丑朔，勝保奏克復六安。伊興阿解幫辦，以關保幫辦傅振邦軍務。壬寅，調王慶雲爲兩廣總督，黃宗漢爲四川總督。江西賊竄湖南郴州、桂陽，劉長佑擊走之。癸卯，勝保奏捻匪張元龍降，收復鳳陽府縣，並復臨淮關。築寧河礮臺。戊申，浙江餘姚土匪作亂，討平之。甲寅，俄使賽善由察哈爾陸路入京，請助槍礮，致於恰克圖。丙辰，上再祈雨。己未，邵燦病免，以袁甲三署漕運總督。調勞崇光爲廣東巡撫，兼署總督。賊陷天長，前提督德安死之，復官予卹。辛酉，奕山奏俄船由黑龍江入松花江東駛入海。得旨，不許入綏芬，令特普欽派員阻之。壬戌，王懿德免，以慶端爲閩浙總督，羅遵殿爲福建巡撫。癸亥，雨。乙丑，賜孫家鼐等一百八十人進士及第出身有差。戊辰，廣東官軍復嘉應，竄賊擾連平，陷樂昌。

五月丙子，詔駱秉章仍令田興恕回援貴州，兆琛一軍撤回。己卯，敕奕山更正俄人條約。辛巳，敕慶昀密查張家口、白城居住俄人。壬午，以周天受督辦寧國軍務。甲申，俄人請赴三姓貿易。詔責奕山辦理輭弱，革副都統吉拉明阿職，枷號烏蘇里地方。庚寅，官文奏探聞石達開將犯四川，詔曾國藩移軍夔州。辛卯，桂良、花沙納奏英酋於本月十三日起碇入京，桂良等卽日馳驛回京。大學士翁心存乞休，允之。復以賈楨爲大學士。調許乃普爲吏部尚書，張祥河爲工部尚書，沈兆霖爲左都御史。癸巳，駱秉章奏石達開竄湖南，劉長佑、江忠義、田興恕諸軍擊走之。丙申，僧格林沁奏英船鳴礮闖入大沽，我軍開礮轟擊，擊沈多船，並有步隊上岸搦戰，我軍徑前奮擊，擊斃數百名，其兵頭赫姓並被礮傷。我軍亦傷亡提督史榮椿、副將龍汝元等。夷船卽時出口。得旨：「將弁齊心協力，異常奮勇，先獎賞銀五千兩，並查明保奏。」戊戌，詔夷人雖經懲創，仍宜設法撫馭，卽派恆福專辦撫局，僧格林沁仍辦防務。

六月己亥朔，賜僧格林沁御用珍服。庚子，捻匪陷盱眙，官軍尋復之。壬寅，特普欽奏俄人在三姓者，倔强不肯折回。命景淳前往查辦。癸卯，廣西官軍復上林，匪陷賓州。甲辰，張亮基奏回匪馬淩漢伏誅。丙午，恆福奏美人進京換約，許之。癸巳，英、法兵船全數開行。庚申，以李若珠爲福建陸路提督。辛酉，何桂清奏英、法陸續回滬。乙丑，陳玉成陷定遠。丙寅，和春奏水師勦賊獲勝。

秋七月庚午，曾國藩奏克景德鎮，復浮梁。戊寅，勝保奏翁同書潰敗情形。得旨：「汝爲統帥，只知炫己之長，不顧援人之失。日日聚訟，庸何濟乎！」己卯，美使華若翰遞國書，和約用寶，在北塘交換。庚辰，詔曰：「朕聞勝保專以招降爲能事。降衆未盡薙髮，張元潞且四外打糧。又報克復盱眙，該縣並無城池，賊因無糧退出，虛報邀功。此次姑不深究。即約束反側，力改前非。凜之！」癸未，御史趙元模奏黃河北流，涸出濱河田畝三四千頃，請辦屯田，寓兵於農，較勝團練。上是之，下袁甲三、庚長議奏。乙酉，詔曰：「王大臣續陳審明科場舞弊之大員父子，及遞送關節之職員，分別定擬。此案程炳采於伊父程庭桂入闈後，接收關節，令家人轉遞場內，程庭桂並不舉發。程炳采處斬，程庭桂免死，遣戍軍臺。謝森墀、潘祖同、潘敦儼等俱免死，發遣新疆。」己丑，駱秉章奏石達開圍寶慶，李續宜援之，立解城圍。癸巳，命李若珠幫辦江南軍務。

八月戊戌朔，崇恩罷，以文煜爲山東巡撫。己亥，上御經筵。乙巳，敕恆祺留辦廣東通商。勝保奏李世忠勦賊獲勝，解定遠、滁州圍。詔擢李世忠總兵。廣東官軍復連山、開建。庚戌，命曾國藩駐軍湖口。命都興阿蒞江寧將軍視事，多隆阿接統所部，總理前敵事務。甲寅，景淳奏俄人船在三姓者，現令折回。在烏蘇里者，未肯聽命。詔體察輿情，妥爲辦理。己未，美人請先開市，以英、法約議未定，却之。辛酉，駱秉章奏石達開南陷江華、永明，將入廣西。現飭劉長佑統軍追勦。得旨，田興恕一軍援黔，李續宜一軍回湖北備調。壬戌，髮逆、捻匪會攻壽州，官軍擊却之。御史陳慶松奏科場案內大員子弟陳景彥等贖罪太騾，請仍發遣，嚴旨斥之。甲子，廣東官軍復靈山。

九月戊辰，安徽賊陷霍山、盱眙，勝保擊退之。勝保丁母憂，留營視軍。甲戌，胡興仁罷，調羅遵殿爲浙江巡撫。戊寅，王慶雲病免，以勞崇光爲兩廣總督。庚辰，官文、胡林翼奏多隆阿攻破安徽石牌，擊破援賊，獲賊目霍天燕石廷玉，得旨嘉獎。己丑，傅振邦奏追勦捻匪，敗之。甲午，曹澍鍾奏石達開圍廣西省城，蕭啓江、蘇鳳文會合蔣益澧分途勦擊，敗之，立解城圍。

冬十月丁酉朔，時享太廟，上親詣行禮。駱秉章奏賊中投出難民，給予免死護照，資遣回籍，願効力者，准其留營，得旨，各省均可照辦。戊戌，雲南官軍克復嵩明，陣斬賊首孫漢鼎。庚子，以曾望顏署四川總督，譚廷襄署陝西巡撫。辛丑，以袁甲三爲欽差大臣，督辦安徽軍務。以侍郎匡源、內閣學士文祥爲軍機大臣。癸卯，河南捻匪陷蘭儀，圍考城、通許，擾尉氏，分竄直隸、山東。戊申，命總兵田在田幫辦傅振邦軍務。乙卯，授袁甲三漕運總督。丙辰，勝保克復懷遠。江蘇官軍勦六合失利，奪李若珠職。戊午，美使請開潮州、臺灣通商口岸。庚申，河南官軍勦平鄢陵捻匪，西路肅清。壬戌，以明誼爲烏里雅蘇臺將軍，景廉爲伊犁參贊大臣，崇實爲駐藏大臣。乙丑，命官文、曾國藩、胡林翼妥籌四路規皖。

十一月戊辰，滇匪犯敍州，奪萬福職，以阜陞爲四川提督。辛未，何桂清奏，探聞英、法明春必來尋衅。恆祺奏英兵續行至粵。詔僧格林沁加意津防。丁丑，賊陷浦口，總兵周天培死之，予世職。癸未，特普欽奏俄人在黑龍江左岸占踞五十餘屯，請調西丹墨爾根、布特哈兵交那爾胡善訓練，聯絡旗民參夫，有事抵禦，從之。丙戌，命張芾督辦皖南軍務。己丑，曾國藩奏韋志俊以池州降。滇匪陷敍州，另股陷酉陽、秀山。庚寅，四川官軍復筠連、慶符、高縣。乙未，戶部災。

十二月丙申朔，蔣霨遠奏石達開糾黨十餘萬由桂犯黔，將以窺蜀。詔田興恕勦之。戊戌，上詣大高殿祈雪。雲南丘北土匪滋事戕官，官軍討平之。庚子，和春奏官軍攻破江浦賊壘，揚州西界肅清。壬寅，吏部尚書花沙納卒。丙午，何桂清報英、法兵船到滬。以田興恕爲貴州提督。辛未，授黔湘軍攻復鎮遠。庚申，景淳奏請招集流民參夫，給地設卡，以助邊防，從之。壬戌，袁甲三奏攻克臨淮關，得旨嘉勉，下部議敍，穆騰阿加都統銜。甲子，祫祭太廟。

是歲，免直隸、河南、山東、浙江、貴州等省一百五十七州縣被災、被賊額賦有差。朝鮮、琉球入貢。

十年庚申春正月丙寅，上三旬萬壽，頒詔覃恩。詔先朝壽節有告祭之禮，升殿之儀，本年勿庸舉行，外吏、外藩並停來京祝嘏。加恩親藩，惇郡王奕誴晉親王，貝子奕劻晉貝勒，餘各封賚，及於廷臣、疆臣。戊辰，前寧夏將軍托雲保卒。己巳，解勝保欽差大臣，專辦河南勦匪，袁甲三專辦安徽。丁丑，瑛棨以遲解京餉降官，以慶廉爲河南巡撫。己丑，刑部主事何秋濤呈進所纂北徼彙編八十卷，上嘉與之，賜名朔方備乘，入直懋勤殿。壬辰，有鳳免，以全亮爲成都將軍，占泰爲四川提督。甲午，御史白恩佑言津防重大，請預籌後路，以保萬全。得旨：「所奏固是，然駐兵籌餉，甚覺爲難。現在津防周備，可勿庸議。」特普欽奏請召集鄂倫春人入伍。從之。扎拉芬泰奏請與俄、廓合攻印度。上曰：「俄非和好也。廓豈英敵？」

二月丁酉，上御經筵。庚子，以劉源灝爲貴州巡撫。袁甲三奏克復鳳陽，賜黃馬褂。辛丑，何桂清奏上海英人經華商開導，索兵費一百萬。津約不能更易，入京換約。如不見許，卽開船北駛。詔僧格林沁嚴備津防後路。海運漕糧，暫緩放洋。丙午，湖南官軍克復貴州鎮遠。庚戌，捻匪陷桃源，上竄清江，庚長退守淮安。壬子，援桂湘軍克復柳州、柳城，加道員劉坤一按察使銜。甲寅，張芾奏官軍復建德，匪陷涇縣、旌德，連陷太平。己巳，以倭什琿布爲禮部尚書，春佑爲熱河都統。辛酉，詔和春分兵援浙。

三月乙丑朔，袁甲三奏官軍復清江。庚子，命提督張玉良統軍援浙。丙子，賊陷杭州，巡撫羅遵殿死之。越六日，將軍瑞昌復其城。重賚瑞昌、張玉良等。以王有齡爲浙江巡撫。丁亥，上耕耤田。辛卯，浙江官軍克復長興、臨安、孝豐。甲午，何桂淸奏夷船北犯。

閏三月癸卯，四川官軍克復蒲江，賊陷名山。丙午，命曹澍鍾督軍四川，以劉長佑爲廣西巡撫。丁未，賊陷溧水，連陷句容。以張玉良爲廣西提督，留蘇督軍，尋令折回杭州。庚申，和春等奏陳玉成率衆突犯大營，城賊出而合犯，官軍力不能支，退守鎭江。壬戌，以王夢齡爲漕運總督。

夏四月丙寅，以明儒曹端從祀文廟。癸酉，賊陷丹陽，張國樑死之，和春走常州。戊寅，詔直省舉辦團練。命都興阿督辦江北軍務。癸未，詔兩江總督何桂淸屢失城池，褫職逮問。以曾國藩署兩江總督。擢兵部郎中左宗棠四品京堂，襄辦曾國藩軍務。乙酉，賊犯常州，和春迎戰受傷，卒。以魁玉署江寧將軍，會巴棟阿扼守鎭江。辛卯，賊陷建平，張玉良兵潰於無錫。壬辰，賜鍾駿聲等一百八十三人進士及第出身有差。癸巳，賊陷蘇州，巡撫徐有壬死之。

五月甲午朔，以薛煥爲江蘇巡撫，暫署總督。己亥，江蘇常熟縣知縣周沐潤招募沙勇，克復江陰。辛丑，賊陷浙江長興，圍湖州，蕭翰慶赴援失利，死之。甲辰，曾國藩奏陳三路進兵，規蘇保浙，並調沈葆楨差遣。上嘉允之。以東純兼署四川總督。丙午，賊陷吳江、崑山及浙之嘉興。玉明奏金州、岫巖海口有洋船六十餘停泊，刼掠牲畜。庚戌，敕王夢齡督同喬松年開辦江北糧臺。辛亥，卹殉難在籍侍郎戴熙，贈尚書，予世職，建專祠，謚文節。甲寅，命毛昶熙辦河南團練，杜翻辦山東團練。戊午，李若珠奏薛成良投誠復叛，捕誅之。己未，曾國藩奏隨調鮑超、朱品隆進駐祁門，鄂軍不宜再調。從之。玉明奏洋船到金州海面一百餘艘，文煜奏英、法兵到烟台者約有萬人，探聞有由海豐大山北犯之說，均下僧格林沁知之。

六月癸亥朔，敕准巴爾虎旗人一體考試。甲子，英船駛入北塘。丙寅，賊陷青浦、松江。己巳，劉長佑奏復慶遠，石達開南竄。庚午，瑞昌奏復廣德。辛未，萬壽節，御殿受賀。壬申，大學士彭蘊章罷直軍機。命邵燦、劉繹、晏端書、龐鍾璐各在原籍舉辦團練。戊寅，王有齡奏在籍道員趙景賢克復湖州。薛煥奏克復松江。庚辰，英、法兵登岸，遂踞北塘。裁南河河道總督暨淮海道各官。壬午，僧格林沁奏英、法勢大志驕，難望議和。得旨，以撫事責之恆福，以顧大局。丙戌，命曾國藩爲欽差大臣，實授兩江總督。己丑，夷人犯新河，官軍退守塘沽。命駱秉章馳赴四川督辦軍務。辛卯，手詔僧格林沁曰：「握手言別，倏逾半載。大沽兩岸危急，諒汝憂心如焚。惟天下大本在京師不在海口。若有挫失，總須退保津、通，萬不可寄身命於礮臺，爲一身之計。握管淒愴，汝其勉遵！」敕西凌阿固守天津，瑞麟、伊勒東阿赴通州防堵。

秋七月癸巳，命巴棟阿援金壇。戊戌，大沽礮臺失守，提督樂善死之，優卹建祠。庚子，僧格林沁退守通州。辛丑，英人陷天津。浙江賊陷臨安、餘杭。四川賊陷邛、蒲、新津。甲辰，江蘇賊復陷松江。丁未，以崇實署四川總督。己酉，裕瑞奏浩罕請依前通商，許之。以常清爲伊犁將軍。辛酉，金壇陷，知縣李淮守三年，援兵不至，力竭死之，紳民從死者逾千人。命勝保督馬隊守通州。

八月癸亥，洋兵至通州，載垣誘擒英使巴夏禮解京。戊辰，瑞麟等與洋兵戰於八里橋，不利。命恭親王奕訢爲欽差大臣，辦理撫局。己巳，上幸木蘭，自圓明園啓鑾。丁丑，上駐蹕避暑山莊。李世忠以擒叛將薛成良擢授江南提督。戊寅，詔曰：「江南提督張國樑謀勇兼優，忠義奮發。在軍十年，戰功卓著，東南半壁，倚爲長城。本年大營潰散，回援擊賊，受傷沒水。先後奏報，朕猶冀其不確。迄今數月，其爲効死捐軀無疑。若使張國樑尚在，蘇、常一帶，何至糜爛若此。追念藎勞，益深愴惻。贈太子太保，入祀昭忠祠，分建專祠。子孫幾人，送部錄用。」己卯，命都興阿帶兵入衞，從官文請也。命玉明、成凱、樂斌、文煜、英桂督兵入衞。辛巳，命恆福駐古北口備防，吳廷棟接轉文報。壬午，浙江官軍克復平湖、嘉善。廣東官軍克復樂昌、仁化。癸未，江蘇賊陷常熟。圓明園災，常嬪薨，內務府大臣、尚書文豐死之。庚寅，恭親王奏請還巴夏禮於英軍。薛煥奏劾馮子材赴援金壇，擁兵不進，致令城陷。詔薄譴之。

九月壬辰，命勝保爲欽差大臣，總統援軍。敕恭親王奕訢照會英人，勿修城北礮臺，速行議約。甲午，英使、法使入城。大學士彭蘊章、尙書許乃普以病乞免，許之。己亥，命慶廉、英桂兵駐直備調。辛丑，賊陷寧國，周天受死之。甲辰，命左宗棠督辦浙江軍務。乙巳，撫局成。恭親王奕訢奏請宣示中外，如約遵行。許俄人駐烏蘇里、綏芬。停各省援兵。敕英桂來京。議西巡。戊申，李若珠奏克復江陰。辛亥，賊陷徽州，守城道員李元度棄城走。癸丑，直隸、山東、河南賊匪並起，命僧格林沁討之。庚申，恭親王奕訢奏洋人退至天津，籲請迴鑾。

冬十月辛酉朔，詔天氣漸寒，暫緩迴鑾。以田興恕爲貴州提督。予陣亡提督周天受、周天培世職，建祠予謚，附祀道員福咸等。壬戌，以劉源灝爲雲貴總督，鄧爾恆爲貴州巡撫。甲子，敕文謙、恆祺辦理通商事宜，吳廷棟督辦防務。以文安爲湖南提督。以馮子材督辦鎭江軍務。丙寅，恭親王奕訢奏換俄人和約，請用御寶，從之。辛未，俄羅斯致槍礮。癸酉，敕樂斌、英桂回任。庚辰，以嚴樹森爲河南巡撫，毛昶熙督辦河南捻匪。辛巳，命都興阿督辦江北軍務，李若珠副之。以總兵田在田接辦徐、宿勦匪，淮徐道吳棠幫同辦理。

十一月辛卯，勝保奏以大順廣道聯英專辦河防，准其奏報，從之。癸巳，翁同書奏陳謹天戒，固邦本，收人才，練京營，爭形勢。得旨：「收人才一條，利少弊多。餘留覽。」甲午，浙江賊陷新城、臨安、富陽。乙未，王夢齡奏勦賊獲勝，三河肅清，幷請節制黃開榜水師，從之。庚子，曾國藩奏鮑超等克復黟縣。辛丑，李若珠乞養親，以曾秉忠代之。癸卯，以杭州解嚴，優賚瑞昌、王有齡等。瑞昌奏陳慶端力保浙疆，請加優獎。得旨：「不分畛域，皆爾大吏分內之事。甄敍督撫，出自朝旨，非汝所得擅請。」戊申，命成琦會景惇查勘俄羅斯東界。癸卯，浙軍張玉良攻復嚴州。甲寅，官文、胡林翼奏陳玉成圖犯懷、桐，多隆阿會合李續宜迎勦，大敗之，殺賊萬餘。多隆阿賜黃馬褂，李續宜加二品銜。

十二月辛酉，命西淩阿、國瑞幫辦僧格林沁軍務。丙寅，命張亮基留辦雲南軍務。己巳，始置總理各國通商事務衙門，命恭親王奕訢、桂良、文祥管理。以崇厚充三口通商大臣，薛煥兼辦上海等處通商事務。准旗人學習外國語言文字。己巳，以田興恕爲欽差大臣，督辦貴州軍務。丙子，左宗棠奏督軍克復江西德興、安徽婺源，予三品京卿。乙酉，以官文、周祖培爲大學士，肅順協辦大學士，沈兆霖爲戶部尚書，朱鳳標爲兵部尚書。戊子，祫祭太廟。

是歲，免江蘇、浙江、安徽三省額賦逋賦，又直隸、山東、河南、江西、湖北、湖南、福建、廣西等省四百一州縣衞被災、被賊額賦有差。會計天下民數二萬六千零九十二萬四千六百七十五名口，存倉穀數五百二十三萬一千九百二十石四斗六升五合一勺。朝鮮入貢。

十一年辛酉，上在木蘭。春正月庚寅朔，上御綏成殿受賀。辛酉，詔二月十三日迴鑾。乙未，曾國藩奏楊載福勦賊，克都昌，解南陵圍。田在田奏捻匪犯碭山，擊走之，加提督銜。丙申，召翁同書來京，以李續宜爲安徽巡撫。丁酉，以福濟爲成都將軍。辛丑，賊陷孝豐，杭州戒嚴。壬寅，詔：「紀年開秩，應予特赦，非常赦所不原者咸減除之。」癸卯，左宗棠兵復饒州暨都梁。乙巳，恆福以病免，以文煜爲直隸總督，譚廷襄爲山東巡撫，鄧爾恆爲陝西巡撫，何冠英署貴州巡撫。丁未，僧格林沁奏捻匪竄入山東，派隊追勦，及於菏澤，失利。得旨：「僧格林沁督帶重兵，北地倚爲屏障。乃以飢疲之卒，追方張之寇，旁無援應，宜其敗也。勇往有餘，未能持重。尙其汰兵選將，扼要嚴防，謀定後動，勿再輕進。」戊申，詔袁甲三等：「捻匪裹脅良民，未便概行誅戮，可剴切曉諭，設法解散。投誠者免罪，殺賊者敍功。並傳知李世忠一體招撫。」辛亥，貴州官軍克復獨山。壬子，翁同書奏陳撫練苗沛霖劫擾壽州，跋扈異常。詔李續宜酌辦。河南捻匪竄擾東明、長垣。

二月己未朔，雲南官軍克復晉寧。壬戌，復置奉天金州水師營。丙寅，詔淮山東抵還法國教堂地基，並敕直省遇有交涉，卽行酌辦請旨，勿許推諉。丁卯，張玉良軍克復江山、常山。庚午，曾國藩奏左宗棠敗賊於景德鎭，鮑超敗賊於石門洋塘。壬申，浙軍克復富陽。熱河朝陽盜匪陷城，命克興阿勦之。命明誼、明緒會勘俄界，英藴、奎英辦理俄人通商。捻匪撲汶河，副都統伊興阿、總兵滕家勝逆戰陣歿。乙亥，陳玉成糾合捻匪由英山犯湖北蘄水，詔胡林翼回兵擊之。庚辰，詔曰：「前經降旨，訂日迴鑾。旬日以來，體氣未復。緩俟秋間再降諭旨。」壬午，朝鮮國王遣使朝覲行在。溫諭止之，頒賜文綺、珍器，及其使臣。癸未，詔挑選兵丁演習俄國送到槍礮。甲申，裁撤黑龍江團丁歸農。

三月己丑朔，詔派辦約大臣崇綸、崇厚給與全權便宜行事。敕侍郞成琦赴興凱湖會勘俄人分界事宜。予道員聯捷四品京卿，辦理河防。壬辰，恭親王奕訢請赴行在祗叩起居。上手詔答之曰：「別經半載，時思握手而談。惟近日欬嗽不止，時有紅痰，尙須靜攝，未宜多言。且俟秋間再爲面話。」丙申，詔皇長子於四月七日入學，以李鴻藻充師傅。戊戌，都興阿奏鎭、揚水師船隻年久損壞，請飭廣東購運紅單船應用，從之。庚子，命勝保督辦直隸、山東勦匪。以賈臻署安徽巡撫。庚戌，英、法兩國兵退出廣東省城。辛亥，以前大學士彭藴章署兵部尙書。甲寅，浙江賊陷海鹽、平湖、乍浦，副都統錫齡阿死之。丙辰，廣西土匪陷太平府、養利州。

夏四月己未朔，嚴樹森奏賊犯汝寧，道員張曜擊走之。戊辰，山東捻匪、教匪連陷館陶七縣。僧格林沁入滕縣固守，詔勝保分兵援之。甲戌，詔曰：「朕聞各處辦捐，有指捐、借捐、礮船捐、畝捐、米捐、饟捐、隄工捐、船捐、房捐、鹽捐、板捐、活捐，名目滋多，員司猥雜。其實取民者多，歸公者寡。近年軍餉浩繁，不得已而借資民力商力。然必涓滴歸公，撙節動用，始得實濟。若似此徵求無藝，朘薄民生，尙復成何政體。各大臣、督撫，尙其嚴密稽查，剔除奸蠹，以副朕意。」乙亥，左宗棠敗賊於樂平。庚辰，山東教匪撲圍大名，聯捷擊走之。癸未，皖賊復竄浙江，陷常山、江山，進偪衢州。

五月癸巳，田在田奏苗練犯符離，敕僧格林沁分兵援之。甲午，鄧爾恆被戕於曲靖。飭劉源灝查辦。以瑛棨爲陝西巡撫。庚子，勝保奏克復館陶。辛丑，命賈臻、李世忠幫辦袁甲三軍務。甲辰，命多隆阿幫辦官文、胡林翼軍務。乙巳，賊陷浙江壽昌、金華、龍游、湯谿、長興，進陷蘭谿、武義。詔催左宗棠赴援。

六月戊午朔，日有食之。庚申，曾國藩、胡林翼奏：「安慶省城自我軍長圍，逆酋陳玉成率黨回援安慶，於集賢關外赤岡嶺堅築四壘。經鮑超、成大吉會合多隆阿馬隊奮力進剿，晝夜轟擊。五月初一日，三壘俱降。釋去脅從，將長髮老賊概行正法。其踞第一壘之賊劉滄琳，乘夜潛遁。經鮑超殲於馬踏石，餘爲水師斬戮殆盡，並將劉滄琳驗明支解梟示。」得旨嘉奬。布魯斯亞國換約通商。辛酉，許俄人在庫倫、恰克圖通商。乙丑，欽天監奏八月初一日，日月合璧，五星聯珠。得旨，不必宣付史館。甲戌，賊陷浙江遂昌、松陽、永康。丙子，回匪撲擾喀什噶爾。詔景廉赴阿克蘇防勦。丙戌，浙江官軍克復長興。

秋七月丁亥，詔每年秋間王公致祭兩陵，如遇山水漲發，可在途守候道路通時，卽行前往。屆期不到，由守護之貝勒、公等行禮。甲午，曾國藩奏收復安徽徽州。戊戌，予四川陣亡侍衞昭勇侯楊炘建祠。

辛丑，上不豫。壬寅，上大漸，召王大臣承寫硃諭，立皇長子爲皇太子。癸卯，上崩於行宮，年三十一。十月，奉移梓宮至京。十二月，恭上尊謚。同治四年九月，葬定陵。

論曰：文宗遭陽九之運，躬明夷之會。外强要盟，內孽競作，奄忽一紀，遂無一日之安。而能任賢擢材，洞觀肆應。賦民首杜煩苛，治軍愼持馭索。輔弼充位，悉出廟算。嚮使假年御宇，安有後來之伏患哉？

清史稿卷二十一

本紀二十一

穆宗本紀一

穆宗繼天開運受中居正保大定功聖智誠孝信敏恭寬毅皇帝，諱載淳，文宗長子，母孝欽顯皇后那拉氏，咸豐六年三月二十三日，生於儲秀宮。

十一年，就學，編修李鴻藻授讀。七月，文宗不豫，壬寅，疾大漸，召御前大臣載垣、端華、景壽、肅順，軍機大臣穆蔭、匡源、杜翰、焦佑瀛宣諭立爲皇太子。命載垣、端華、景壽、肅順、穆蔭、匡源、杜翰、焦佑瀛贊襄政務。

癸卯，文宗崩，召陳孚恩、文煜赴行在。甲辰，尊皇后及聖母並爲皇太后。諭軍機處於各摺片後署贊襄政務王大臣。乙巳，免惇親王、恭親王、醇郡王、鍾郡王、孚郡王尋常召對及宴賚叩拜。停各省貢獻方物。

丙午，展順天文鄉試於九月舉行，恩科武會試於十月，順天武鄉試於十一月。授駱秉章四川總督，督辦軍務。召雲貴總督劉源灝來京，以福濟代之。以崇實爲成都將軍，旋命協辦四川軍務。湖北官軍復武昌、咸寧、通城等縣及江西義寧州。戊申，以景紋爲駐藏辦事大臣。己酉，允恭親王赴行在叩謁梓宮。庚戌，薛煥請招商試運淮鹽濟餉。議行。辛亥，粵匪陷吉安。廣西官軍復賓州。癸丑，加上宣宗帝后尊謚。甲寅，粵匪陷靖安、武寧、義寧各州縣。乙卯，定年號祺祥。

八月丁巳朔，日月合璧，五星聯珠。粵匪陷嚴州，旋復之。戊午，官軍復新昌、奉新、瑞州、上高。己未，命景廉赴葉爾羌查辦英蘊斂錢擅殺事。允曾國藩請，以上海現船輪船駛往皖江，歸其軍練習。辛酉，湖北官軍復德安。壬戌，江西官軍復武寧、靖安。癸亥，頒大行皇帝遺詔。勝保軍復濮州。丁卯，捻匪渡運河，諭勝保與僧格林沁等截剿，毋任北竄。戊辰，胡林翼以疾乞假，命李續宜暫署湖北巡撫。庚午，御史董元醇請皇太后權理朝政，簡親王一二人輔弼。載垣等擬旨駁飭。甲戌，曾國荃軍復安慶。戊寅，廣西官軍復潯州。庚辰，四川番賊陷松潘。辛巳，論復安慶功，加官文、曾國藩太子少保，胡林翼太子太保，並予騎都尉世職，賞李續宜黃馬褂，楊載福、多隆阿雲騎尉世職。癸未，上大行皇帝尊謚曰協天翊運執中垂謨懋德振武聖孝淵恭謙仁寬敏顯皇帝，廟號文宗。苗沛霖陷正陽、霍丘，圍壽州。

九月丙戌朔，上母后皇太后徽號曰慈安，聖母皇太后徽號曰慈禧。辛卯，楊載福軍復池州。壬辰，捻匪竄汜水、鞏縣，官軍擊退之。召張亮基來京。金州地震。甲午，川軍剿平會理回匪。丁酉，允樂斌等奏，撤拉回匪降，撤回官軍。庚子，川軍復名山。壬寅，多隆阿、曾國荃等復桐城、宿松、蘄州、黃梅、廣濟。彭玉麐、成大吉等復黃州。湖北巡撫胡林翼卒，調李續宜爲湖北巡撫，仍駐鄂、皖交界，督辦軍務。擢彭玉麐爲安徽巡撫。癸卯，浙江官軍復於潛、昌化。粵匪竄嚴州，張玉良等軍潰。甲辰，英、法撤廣州駐兵，英撤駐天津馬隊。乙巳，僧格林沁剿平青州等處竄捻，賞還御前大臣並黃韁。戊申，上奉大行皇帝梓宮返京師，免承德及宛平各府縣田賦。己酉，苗沛霖反，命袁甲三會賈臻諸軍討之。甲寅，上奉母后皇太后、聖母皇太后還宮。乙卯，以擅改諭旨，力阻垂簾，解載垣、端華、肅順任，罷景壽、穆蔭、匡源、杜翰、焦佑瀛軍機。命恭親王會同大學士、六部、九卿、翰、詹、科道按律覈奏。賈楨、周祖培、沈兆霖、趙光疏請政權操之自上，並議皇太后召見臣工禮節及辦事章程。勝保疏請皇太后親理大政，並簡親王輔政。命王大臣、大學士等定議以聞。召醇郡王奕譞來京。是日奪載垣、端華、肅順爵職，逮問議罪。命睿親王仁壽、醇郡王奕譞逮肅順解京。詔文武各衙門自十月十六日以後輪班值日。鮑超軍復鉛山。是月，免西寧碾伯被擾額賦。

冬十月丙辰朔，命恭親王奕訢為議政王，在軍機處行走，大學士桂良、戶部尚書沈兆霖、侍郎寶鋆、文祥並為軍機大臣，鴻臚寺少卿曹毓瑛在軍機大臣上學習行走。召盛京戶部侍郎倭仁來京。丁巳，諭求言，申嚴門禁。戊午，大行皇帝梓宮至京，奉安於乾清宮。庚申，詔改祺祥為同治。辛酉，恭親王等擬請載垣、端華、肅順照大逆律凌遲。詔賜載垣、端華自盡，肅順處斬，褫景壽、穆廕、匡源、杜翰、焦佑瀛職，穆廕遣戍軍臺。壬戌，褫陳孚恩、黃宗漢、劉崐、成琦、德克津太、富績職。諭不究既往，諸臣毋再請察辦黨援。申誡王公、內外文武大臣招權納賄。甲子，上御太和殿卽皇帝位，受朝。頒詔天下，以明年為同治元年，加恩中外，罪非常赦所不原者，咸赦除之。免惇親王、恭親王、醇郡王、鍾郡王、孚郡王諭旨及奏疏稱名。乙丑，懿旨以物力維艱，誡內務府，宮闈器用，力行節儉。賞還僧格林沁博多勒噶台親王。命刑部覈結五宇鈔票案。通諭中外清理庶獄。丙寅，苗沛霖陷壽州。東南方有聲如雷。諭熱河未竟工程卽時停止。丁卯，申誡各路統將粉飾遷延，縱寇殃民。補行咸豐十年恩科武會試。己巳，命總兵馮子材督辦鎮江軍務。庚午，諭議政王等贊理庶務，毋避小嫌。壬申，諭統兵大臣實核功罪，信賞必罰。癸酉，粵匪陷嚴州、餘杭。命曾國藩統轄蘇、皖、贛、浙軍務，節制巡撫、提督以下各官；瑞昌幫辦浙江軍務，太常寺少卿左宗棠赴浙江勦賊，調遣提、鎮以下官。丙子，申諭郊配仍以三祖五宗為定，皇考祔廟稱宗。起用予告大學士祁寯藻、翁心存、前太常寺卿李棠階。籍陳孚恩家，下獄治罪。官軍復無爲及隨州。丁丑，申誡廷臣遇事因循。諭官文、曾國藩等妥籌勦撫苗練。粵匪陷蕭山、紹興及江山、常山，趣左宗棠軍速援。己卯，釋貝子德勒克色楞於獄。辛巳，廷臣議上垂簾章程，懿旨依議。詔開恩科。初，烏拉停捕珠八年。至是，諭仍停辦。壬午，陳孚恩戍新疆。命侍郎寶鋆、董恂在總理各國事務衙門辦事。甲申，法兵去天津。

十一月乙酉朔，上奉慈安皇太后、慈禧皇太后御養心殿垂簾聽政。丙戌，諭各省習教交涉，分別良莠，持平辦理。丁亥，諭定戶部五宇鈔票侵款者罪。復熙麟等官。庚寅，命各軍保薦將才。壬辰，山東教匪作亂，成祿等勦平之，匪首延秀輪伏誅。甲午，先是張亮基言雲南副將何有保戕鄧爾恆，疑徐之銘主使。至是，之銘飾奏軍功，爲有保請獎，諭福濟察辦，撤任嚴參。乙未，石達開竄綏寧。庚子，諭中外舉人才，以曾國藩、胡林翼、駱秉章爲法。辛丑，粵匪陷紹興、諸暨，褫王履謙職逮問。壬寅，福濟以畏葸取巧褫職。賞潘鐸二品頂戴，署雲貴總督。僧格林沁勦壽張等處會匪，大捷。癸卯，命彭玉麐幫辦袁甲三軍務。官軍復來安。乙巳，給事中高延祜劾徐之銘貪淫荒謬，及滇省練黨縱恣。諭潘鐸查辦。丁未，詔各省察舉循良，並訪學行該備之士。庚戌，以吳棠爲江寧布政使，兼署漕運總督，督辦江北糧台。癸丑，粵匪陷處州。

十二月甲寅朔，諭曾國藩通籌進剿機宜。乙卯，諭譚廷襄赴東昌籌河防。濮、范教匪平。丁巳，勝保奏收撫匪首劉占考、宋景詩。戊午，國瑞軍復范縣。粤匪陷寧波、鎭海暨紹興各屬。己未，諭整頓鹽務。辛酉，命左宗棠迅速援杭，張運蘭歸調遣，得專奏軍事。壬戌，命江寧副都統魁玉幫辦鎭江軍務。以毛鴻賓言，諭督撫及統兵大臣因地選將，毋專恃楚勇。袁甲三軍復定遠。允廓爾喀例貢改丁卯年呈進。乙丑，福建會匪陷福鼎，尋復之。河南捻匪竄棗陽。丁卯，曾國藩辭節制四省軍務，不允。己巳，上孝德皇后尊謚曰孝德溫惠誠順慈莊恭天贊聖顯皇后。兵部侍郎慶英有罪褫職，戍新疆。以青海札薩克貝勒綱僧却多布爲左翼盟長。辛未，褫毓科職，擢沈葆楨爲江西巡撫。命恭親王、醇親王督瑞麟、文祥等管理神機營。曾國藩奏派道員李鴻章統水陸軍赴鎭江規復蘇、常，允之。定登萊青道駐烟台，監督東海關稅務。壬申，降端華、載垣世爵爲不入八分輔國公。甲戌，免安徽、江蘇、浙江被賊來年額賦。乙亥，允江忠義終制，田興恕兼署貴州巡撫，旋以韓超署任。命張亮基督辦雲南軍務，徐之銘免雲南巡撫，以亮基署之。丁丑，多隆阿軍進攻廬州。石達開竄沅江、黔陽，偪川境，諭駱秉章、田興恕合擊之。兩淮粤匪陷杭州，瑞昌、王有齡死之。褫閩浙總督慶端職，留任。以左宗棠爲浙江巡撫。彭玉麐辭巡撫，請專辦賊，許之，以爲水師提督。調李續宜爲安徽巡撫，嚴樹森爲湖北巡撫。以鄭元善爲河南巡撫。戊寅，祁寯藻以大學士銜爲禮部尚書。改彭玉麐以兵部侍郎候補。庚辰，捻匪圍潁州。勝保論劾嚴樹森，諭令「反躬自責，保全名節，副皇考委任之意」。以薛煥言，諭總理各國事務衙門與英、法籌商借兵剿賊。壬午，追封皇弟二阿哥爲憫郡王。趣左宗棠進取浙江。命勝保率部赴潁州。癸未，僧格林沁擊竄匪於曹州河南岸，殄之。

同治元年壬戌春正月甲申朔，慈安皇太后、慈禧皇太后御慈寧宮，上率王大臣行禮。御乾清宮受賀。自是每歲皆如之。命麟魁、曾國藩協辦大學士。乙酉，詔酌撤畝捐、釐捐，捐循從征將士家室，撫慰傷亡兵勇子孫。以江西肅清，賞鮑超黃馬褂。李世忠復六合，賞亦如之。丙戌，諭曾國藩、左宗棠保衢州進解徽州圍。命曾國藩選將保上海。調蔣益澧部赴左宗棠軍。庚寅，勝保移軍潁州，命副都統遮克敦布、道員王榕吉接辦防務。辛卯，川軍復丹稜，匪首藍潮鼎伏誅。官軍復平越。壬辰，李世忠軍復天長。癸巳，粵匪李秀成陷奉賢、南匯、川沙。命都興阿以艇師阨吳淞口。丙申，樂斌以縱匪殃民，解任訊辦。命麟魁署陝甘總督，與沈兆霖剿撫撒回。粵匪竄偪上海。薛煥言英、法各員協同防剿。上嘉之。丁酉，初，綿性請改徵回賦，景廉赴阿克蘇勘辦之。及是，景廉覆劾，綿性坐褫職，尋戍吉林。回子郡王愛瑪特解回庫車管束。申誡回疆各大臣勿再攤徵。命英蘊察禁私典阿克蘇各城回地。戊戌，粵匪犯鎭江，馮子材軍擊退之。捻匪竄沭陽。諭僧格林沁南北兼顧。官軍復莘縣。己亥，麟魁卒。李世忠軍克江浦、浦口。撤慶端任，命耆齡赴閩接辦援浙軍務。庚子，擢鮑超爲浙江提督，馮子材爲廣西提督。癸卯，命喬松年督辦沿江團練。丙午，前安徽巡撫翁同書以失壽州、定遠，褫職逮問，尋論斬。丁未，加鑄阿克蘇錢。戊申，文煜等上北塘防守事務，允行。英、法留兵駐大沽砲臺。雲南官軍復麗江，回匪竄昆明。庚戌，粵匪竄松江，官軍合外兵迎剿，大敗之。洋將美人華爾願隸中國籍，賞四品頂戴、花翎。壬子，命張亮基募軍赴滇。癸丑，諭遮克敦布等會剿河套捻匪。

二月甲寅朔，官軍復來鳳。乙卯，懿旨皇帝在弘德殿入學讀書，祁寯藻、翁心存授讀。丙辰，擢曾國荃江蘇布政使，並令辦理軍務，毋庸迴避。丁巳，粵匪陷黃巖。官軍解鎭江、徽州圍。辛酉，西寧辦事大臣多慧、提督成瑞以飾言撒匪投誠，並褫職議罪，尋論斬。樂斌以庇護褫職，戍新疆。壬戌，命都興阿遣兵駐天長、六合，李世忠移軍江浦、浦口，和衷共濟。粵匪陷安義，旋復之。癸亥，捻匪圍杞縣。甲子，以倭仁所進古帝王事蹟及古今臣工奏議，陳弘德殿講肆。乙丑，僧格林沁軍擊捻匪大捷，賊由杞縣竄通許，追剿之。戊辰，石達開竄酆都。允田興恕請解欽差大臣，率部赴川，歸駱秉章節制。命韓超籌貴州防剿事。己巳，薛煥言會英、法軍剿高橋賊壘，克之。美人白齊文願入華籍，賞四品頂戴、花翎。壬申，金陵粵匪渡江擾江浦等處。諭曾國藩、都興阿抽調師船截擊之。癸酉，多隆阿軍進攻廬州。丙子，以上海洙涇陷，褫提督曾秉忠職。上海官軍會英、法軍剿除蕭塘賊壘。命崇厚、成明督辦天津海防。丁丑，復鄭親王、怡親王世爵。諭李續宜安集皖北流亡。是月，免汀州等處被擾額賦。

三月癸未朔，捻匪竄太和。甲申，允英、法派師船往長江協同防剿。丙戌，粵匪竄上海，薛煥軍擊敗之。戊子，賊陷青田。允鄭元善請，以丁憂布政使張曜專辦剿匪。庚寅，自正月以來不雨，詔修省，求直言。左宗棠復遂安。宋景詩降衆叛於蘭儀。壬辰，粵匪犯廬、和及江浦。甲午，勝保軍進援潁州，大捷。丙申，鄭元善言招回宋景詩，令帶罪圖效，允之。戊戌，命李續宜、鄭元善幫辦勝保軍務。辛丑，前府尹蔣琦齡應召，陳崇正學，疏通正途，限制津貼、抽釐，籌軍實等十二策。議行，惟停養廉、查陋規，以妨政體不許。詔各省舉孝廉方正，務求眞儒。癸卯，命沈兆霖督軍赴西寧剿撤匪。乙巳，萬壽節，停受賀。丙午，趣曾國藩分軍援湖州。丁未，彙纂帝王政治及前史垂簾事跡書成，名治平寶鑑。己酉，命副都御史晏端書赴廣東督辦釐金，吳棠督辦江北團練。命薛煥以頭品頂戴充通商大臣。以李鴻章署江蘇巡撫。京口副都統海全剿賊失利，死之。壬子，免回疆新舊應進貢物。是月，上躬詣大高殿祈雨者三。

四月甲寅，諭統兵大臣愼重餉糈，汰除浮費。景其濬上歷代君鑑，上嘉納之。乙卯，允駱秉章奏留田興恕仍辦貴州軍務。丁巳，粵匪陷宜陽，尋復之。戊午，雨。鮑超軍復青陽。曾國荃軍復巢縣、含山、和州。己未，普承堯戍軍臺。曾國藩等言蘇紳請借英、法兵規復蘇、常，斷不可行。上韙其議。令李鴻章裁制華爾常勝軍。粵匪李世賢竄江西，沈葆楨赴廣信督辦防剿。比利時請換約，諭薛煥妥酌籌辦。庚申，上孝靜成皇后尊謚曰孝靜康慈懿昭端惠弼天撫聖成皇后。壬戌，命薛煥爲全權大臣，辦理比國通商事務。癸亥，賊陷漢中。乙丑，川軍復青神。左宗棠解衢州、江山圍。丙寅，捻首張洛行北竄，諭僧格林沁等籌防。以閩軍失利，慶端諱報，切責之。戊辰，曾貞幹復繁昌，鮑超復石埭、太平、涇縣。上海軍會英、法軍平南翔賊壘，復嘉定。庚午，都興阿擊敗揚州竄匪。官軍復潁上。粵匪陷孝義、鎭安。豫軍復永寧。辛未，以葉爾羌阿奇木伯克郡王阿克拉伊都違例攤捐，擅殺回衆，奪郡王，治英蘊罪。壬申，西安副都統烏蘭都剿賊失利，諭官文、鄭元善分兵赴陝。丙子，臺灣會匪陷彰化。粵匪竄偪西安，趣官文、鄭元善飭兵會剿。丁丑，上慈安皇太后、慈禧皇太后徽號，頒詔覃恩有差。戊寅，多隆阿軍克廬州，匪首陳玉成遁至壽州境，苗沛霖誘擒之。命免沛霖罪。己卯，張運蘭軍復旌德。曾貞幹軍復南陵。撤回圍攻巴燕戎格，沈兆霖援剿之。上海官軍復青浦。庚辰，何桂清逮至京，命大學士會刑部審擬。是月，免安州等州縣被水逋賦。

五月壬午朔，官軍復寧波、鎭海。癸未，鄭元善移軍汝寧。粵匪陷陝西山陽。命多隆阿督辦陝西軍務。甲申，雨。命吳振棫趣山西協辦防勦。乙酉，命明誼速赴塔城與俄會勘地界，徐宗幹勦臺灣匪。丙戌，賜徐郙等一百九十三人進士及第出身有差。丁亥，以諸暨農民包立身練勇殺賊，諭左宗棠酌用之。李世忠軍截勦江南援賊，大捷。己丑，廣西官軍復太平，劉長佑赴潯州督勦。粵匪陷渭南。壬辰，戌王履謙新疆。粵匪圍溫州、瑞安，諭慶端等進援，並令左宗棠兼顧。粵匪犯潼關，諭沈兆霖檄馬德昭援陝。乙未，彭玉麐、曾國荃各軍復太平暨蕪湖城、金柱關、東梁山各隘，賞李成謀黃馬褂。官軍會英、法軍克南橋、柘林、奉賢各城。南橋攻克時，法提督卜羅德陣沒，上嘉悼之，賜祭，賞其家屬珍物。丙申，粵匪竄陝州。以銅仁、石阡苗、教各匪猖獗，諭毛鴻賓、韓超會勦。戊戌，命侍郞恆祺會崇厚辦理葡國通商事務。時英國擬調印度兵助勦，諭曾國藩等迅克金陵、蘇、常，以杜覬覦。己亥，粵匪陷興義，官軍復霍丘。庚子，前太常寺少卿李棠階疏請於師傅匡弼之餘，預杜左右近習之漸，並講御批通鑑輯覽及大學衍義，優詔答之。辛丑，官軍復台州府仙居、黃巖等六縣。賊目吳建瀛等以南匯降。官軍復川沙。賊陷嘉定。免直隸積欠旗租。壬寅，官軍進攻雨花臺。甲辰，允曾國藩議，仍以安慶爲省治，設長江水師提督，駐蕪湖。命恆祺爲辦理葡國通商全權大臣。總理各國事務衙門言法使照會，田興恕虐害教民，命駱秉章、勞崇光查辦。乙巳，陳玉成解京師，詔於中途磔之。汝州練目李瞻謀叛，官軍剿滅之。丙午，李世忠軍渡江克龍潭等處賊壘，進攻九洑洲，諭曾國藩節制。諭明誼按條約地圖與俄剖析界務，錫霖襄辦北路分界事宜。丁未，官軍復陝西山陽。戊申，踞山陽賊竄鄖西。戊英蘊盛京。川匪陷太平廳，竄擾陝西定遠。張芾撫叛回于臨潼縣，被執，死之。辛亥，彭玉麐、曾國荃等軍克秣陵關諸隘，進偪金陵。粵匪陷湖州，在籍福建糧道趙景賢死之。

六月壬子朔，耆齡以援浙逗留，褫職，仍留任。乙卯，諭李續宜調度淮北剿捻事，並約束苗沛霖。丙辰，僧格林沁等軍克金樓賊壘。戊午，命六部、九卿再議何桂清罪。庚申，川匪陷西鄉。官軍復定遠。李鴻章督程學啓等軍剿粵匪，大敗之。西安、同州漢、回械鬬，燒殺渭北村鎭。諭分別剿撫，但辨曲直，不論漢、回。壬戌，川軍復太平。癸亥，粵匪陷鄖西。甲子，何桂清論斬。乙丑，直隸蝗。丙寅，粵匪由伊、洛南竄，命勝保督剿之。陝回撲西安及同州，趣雷正綰入關。戊辰，申誡統兵大臣欺飾濫保，督撫嚴禁州縣藉災請緩，仍復私徵。庚午，賊匪陷天柱。癸酉，大學士桂良卒，贈太傅。頒廓爾喀王獎勵敕書。甲戌，詔難民陷賊來歸者，概予免罪。申嚴失守城池律。定比利時通商條約。常清等言俄人稱哈薩克汗阿勒坦沙拉已屬俄。諭查實酌辦，令各台吉別舉襲汗爵者。乙亥，嚴諭文煜等緝直隸馬賊。諭譚廷襄赴兗、沂督剿各匪及竄捻。丙子，官軍復靑田。丁丑，允僧格林沁請，收撫苗沛霖。己卯，石達開竄綦江，官軍大敗之，遂竄珙、高等縣。庚辰，趣多隆阿援西安剿回匪，毋爲撫議所誤，仍解散被脅良回。是月，免直隸、河南逋欠及雜糧。

秋七月壬午朔。甲申，安集延匪倭里罕入喀什噶爾卡滋擾，官軍剿敗之。浩罕亂，伯克邁里被殺。丁亥，命景紋調達木蒙古兵及夥爾等族番兵赴藏。己丑，以陝回慘殺漢民，促多隆阿等入關。尋諭責其遷延，令勝保分軍援陝。袁甲三以病免，命李續宜爲欽差大臣，督辦軍務。庚寅，李鴻章軍克金山衞。辛卯，甘肅撒回降。安集延賊遁出卡。俄人稱哈薩克、布魯特爲其國地，命常淸察覈，總理各國事務衙門剖理，明緒會明誼勘西界事宜。壬辰，命倭仁協辦大學士。甲午，川匪陷洋縣。戊戌，川軍復長寧。命愛仁、王茂蔭密察陝西吏治。擢知州秦聚奎大順廣道，會遮克敦布辦直、東防務。己亥，以縱兵劫掠，褫總兵田在田職。庚子，沈兆霖督剿撒回，還至平番，山水暴發，卒。粵匪竄南陽，命勝保入陝督辦軍務，節制各軍。命熙麟爲陝甘總督。允馮子材請，簡汰鎭江軍。癸卯，毛鴻賓剿黔匪連捷，諭韓超規復失地，劉長佑解散猺人，毛鴻賓會剿黔、桂各匪。甲辰，閩軍復宜平、松陽、瑞安。以慶端爲福州將軍，耆齡爲閩浙總督。乙巳，李續宜母喪，詔奪情署安徽巡撫。丙午，彗星見西北方。中、葡商約成。命僧格林沁統豫、魯軍務，節制督撫以下，與李續宜商辦安徽剿匪事宜。總理各國事務衙門請設同文館，習外國語言文字，允之。丁未，鮑超軍復寧國。官軍復景寧、雲和。鄂軍復鄖西。諭刑部清理庶獄。初，廣東恩平、陽春、新興等縣土、客互鬬，九年未解。至是，諭勞崇光諭止之，豫籌善後。戊申，以星變詔求直言。庚戌，林福祥、米興朝以失守逃避處斬。諭都興阿實覈沿江釐稅。雲南回匪陷永昌、龍陵、騰越。是月，免江西義寧等州縣逋賦蘆課。

八月辛亥朔，以台州民團克復郡縣，詔蠲同治元、二年錢糧。壬子，李鴻章軍克靑浦。申諭督撫痛除捐輸、抽釐、逼勒諸弊。癸丑，准京官俸減成搭放現金。甲寅，回匪圍咸陽等城，諭勝保入潼關督剿。乙卯，褫呼徵呼圖克圖名號及黃韁。以藏事敉平，停調番兵及川餉。詔順直捕蝗。己未，徐之銘請阻張亮基帶兵入滇。諭責其爲回人挾制，不允。辛酉，諭嚴防陝匪句結甘回。壬戌，諭勝保分兵赴山西，英桂籌晉省防務。癸亥，諭勝保剿渭北，多隆阿剿渭南回匪，兼顧鎭平。甲子，資遣林自淸練衆回滇。乙丑，陝回圍朝邑。特普欽等言呼蘭墾民日衆，請設理事同知等職，議行。命傅振邦襄辦譚廷襄軍務。丙寅，諭各省淸查流品。丁卯，李續宜給假治喪，以唐訓方暫代。命福濟會景紋辦理藏事。命僧格林沁節制淮北軍，剿撫苗、捻。辛未，陝回西竄同州，朝邑路通。逆酋洪容海詣鮑超軍降，率所部克廣德。壬申，北新涇圍解，滬防肅淸。癸酉，甘回竄鳳翔。粵、捻合犯淅川，陷竹谿、竹山。甲戌，允王大臣請，停送奉移山陵，命議近支親王恭代典禮。鎮江設關徵洋稅。丙子，諭勝保檄馬德昭軍駐長武一帶，防回匪竄甘。擢雷正綰陝西提督。丁丑，臺灣軍解嘉義圍。官軍復處州及縉雲。命總兵黃開榜接統田在田軍。戊寅，允直隸增募馬勇緝馬賊。官軍復青谿。命耆齡專辦援浙軍務。己卯，山東軍剿捻匪大捷。勝保奏敗回匪於斜口，西安解圍，匪竄渭北。諭以自便責之。命雷正綰襄辦勝保軍務。復浙江餘姚，廣西陽朔。以粵匪竄閿鄉，促鄭元善軍赴河、洛。

閏八月辛巳朔，慶端軍復縉雲。甲申，多隆阿軍克荆紫關。乙酉，鄂軍復竹山、竹谿。黔軍復天柱、邛水。粵匪竄老河口。回匪圍涇陽，飭雷正綰軍進剿。西安解嚴。丁亥，法庫門回民互鬬，玉明等解散之。趣文煜、譚廷襄捕直、東界馬賊。戊子，回匪復攻西安。滇匪由川竄塼坪。粵匪由閿鄉竄永寧。允河南收長蘆鹽釐濟餉。己丑，洪容海降衆復叛，踞廣德。辛卯，多隆阿軍剿捻匪大捷，解商南圍。調駐南苑吉、黑馬隊赴山西。壬辰，諭韓超與提督江忠義商辦貴州軍務，堵截林自清擁衆入黔。命李棠階爲軍機大臣。以德勒克多爾濟等增兵巡河防。甲午，諭各省裁革州縣浮費。命京控案件專責按察使訊鞫。乙未，詔薦舉人才。命薛煥、李鴻章辦理普國換約事宜。飭各省迅解京餉。丙申，命倭仁爲大學士。諭多隆阿扼守武關。戊戌，多隆阿剿亳、潁西竄捻匪大捷，賞黃馬褂。粵匪復陷慈谿，官軍合英、法軍復之，華爾沒於陣。庚子，諭勞崇光等籌濟京倉米穀，江蘇等省新漕徵收本色解京。張亮基劾徐之銘、岑毓英跋扈。允法將勒伯勒東留防寧波。諭潘鐸安撫雲南漢、回。辛丑，允袁甲三回籍，命唐訓方赴臨淮接辦軍務，馬新貽暫統甲三軍。曾國藩請簡大臣會辦軍務，上不許，仍慰勉之，並傳旨存問疾疫將士。諭景綸等嚴緝吉林教匪。壬寅，命富明阿馳赴揚州襄辦都興阿軍務。癸卯，勝保請撫三原等處回匪，不許。甲辰，以劉長佑爲兩廣總督。允田興恕暫留貴州剿匪。乙巳，石達開竄綦江等處，官軍剿擊敗之。回匪竄邠州、寶雞等處。丙午，河南捻匪李如英降。戊申，石達開竄仁懷。己酉，命官文爲文華殿大學士，倭仁爲文淵閣大學士。

九月辛亥，孝靜成皇后升祔太廟，頒詔覃恩有差。豫捻竄內鄉、新野。壬子，御史劉慶請以招流亡、墾地畝課州縣治績，從之。甲寅，允沈葆楨請，挑練額兵，酌籌津貼。乙卯，以文宗奉移山陵，蠲經過州縣額賦。諭文煜選良有司籌辦畿輔水利。丙辰，直隸妖人王守青等編造逆書，事發伏誅。丁巳，諭鄭元善、毛昶熙夾剿西南兩路捻匪。曾國藩言駁苗沛霖，宜赦其罪而不貲其力，韙之。戊午，廣東土匪黃金籠、李植槐等倡亂，官軍討平之。趣多隆阿督所部入陝，其竄隨、棗之匪，令穆圖善軍剿之。己未，勝保請調苗沛霖入陝助剿，不許。川匪竄寧陝，官軍敗之於子午谷。庚申，石達開竄桐梓。癸亥，以閩、粵、魯省玩視軍餉，予疆臣嚴議，並嚴定欠解京餉處分。甲子，粵酋李秀成大舉援金陵。陳得才陷應城、孝感，官軍復之。安徽軍克湖溝賊巢。丙寅，僧格林沁軍克亳州捻巢。陝回圍鳳翔。庚午，馮子材克湯岡賊巢。靈州回亂。趣李續宜赴軍。壬申，回衆撲同、朝，諭勝保親往督剿，雷正綰督剿咸陽以北。癸酉，浙軍復壽昌。甲戌，以勒索回商，褫庫倫大臣色克通額職，戍新疆。革庫倫茶票陋規。李鴻章軍合英、法軍復嘉定。允荷蘭立約通商。乙亥，鄂軍復京山。粵匪竄黃陂、黃安。諭曾國藩等選武弁在上海、寧波習外國兵法，令閩、粵等省倣行。丙子，豫軍克龍井賊巢。召蘇廷魁、曾望顏、劉熙載、黃彭年、朱琦等來京，仍命各省舉行團練。丁丑，詔畿輔行堅壁清野法。諭曾國藩等豫選將弁演習外國船礮。己卯，享太廟。

冬十月庚辰朔，川軍克龍究場，匪首李永和等伏誅，賞提督胡中和黃馬褂。辛巳，粵匪大股圍南翔等處滬軍。勝保赴潼關剿匪。癸未，湖南援軍會復修仁。命勞崇光赴黔察辦田興恕殺教民案。以張凱嵩接辦廣西軍務。丙戌，文宗顯皇帝、孝德顯皇后升祔奉先殿，上親詣行禮。戊子，命瑞常協辦大學士。己丑，命曹毓瑛爲軍機大臣。庚寅，豫軍剿捻勝之，解臨潁圍。趣勝保赴同、朝剿匪。勝保仍請調苗沛霖赴陝，諭嚴斥之。官軍復奉化。徐之銘言招撫興義回匪。諭稱其爲滇回所制。令潘鐸截回委員，毋俾之銘預黔事。辛卯，延安回匪作亂。英桂辦河曲、保德團防。命李鴻章選將統常勝軍，實授江蘇巡撫。甘回竄逼花馬池。癸巳，黔軍剿敗石達開，遵義圍解。石達開竄仁懷。乙未，諭奉天嚴緝盜匪。裁故洋將華爾所部兵勇。准俄兵船在上海助剿，毋入江。定嗣後外人領兵毋易服色例。德楞額軍潰於山東，詔褫職查辦。丙申，寧夏軍剿回失利。陝回竄淸水。戊戌，命僧格林沁剿山東幅匪。己亥，江南軍擊退金柱關賊。庚子，譚廷襄罷。命丁憂按察使閻敬銘署山東巡撫，辦理軍務。癸卯，命穆騰阿襄辦勝保軍務。乙巳，諭刑部：「今年例停句決，何桂淸統兵失律，僅予斬候，已屬法外之仁。茲已屆期，若因停句再緩，久稽顯戮，何以謝死事者暨億萬生靈，著即處決。自後如遇停句之年，情罪重大之犯，仍特奏聞取旨。」初，徐之銘委回人馬聯升署安義鎭，回匪因踞普安城。至是，事聞。諭之銘撤回馬聯升，迅查釀變情形具奏。

十一月己酉朔，日有食之。以沈宏富署貴州提督，接辦田興恕軍務。庚戌，擢長沙知府丁寶楨署山東按察使。壬子，鄭元善以廢弛，降道員。命張之萬署河南巡撫。諭毛昶熙裁所部兵勇。臺灣會匪陷斗六門。甲寅，褫黃彬職，撤其幫辦，命吳全美接統水師，歸曾國藩、都興阿節制。丙辰，翁心存卒，贈太保。曾國荃軍剿金陵援賊大捷，賞國荃及蕭孚泗黃馬褂。戊午，官軍合英、法軍復上虞、嵊、新昌。己未，彭蘊章卒。庚申，金陵粤匪竄擾高資，馮子材軍擊退之。壬戌，勝保坐驕恣欺罔，褫職逮問。諭直隸舉行保甲。諭瑞麟嚴緝熱河匪徒。癸亥，秦聚奎勦匪冠縣沒於陣。九洑洲賊復陷和州、含山、巢縣。乙丑，宣示勝保罪狀，籍其貲，賞所部兵勇。授多隆阿欽差大臣，接統勝保所部各軍。丙寅，川匪陷佛坪，官軍復之。川匪復陷略陽。己巳，粤匪竄陷祁門。平羅回匪亂。辛未，閻敬銘請終制，不允。乙亥，山東降衆叛，陷濮州。命張亮基以總督銜署貴州巡撫，兼署提督，撤署巡撫韓超、署提督田興恕任，候查辦。丙子，石達開陷筠連。川匪陷兩當，旋復之。丁丑，法使以教士被戕，責田興恕抵償，不許。

十二月戊寅朔，諭江、浙等處被賊脅從，誠心歸順者，無論從賊久暫，均許投誠。諭曾國藩、唐訓方分軍駐正陽關、壽州。庚辰，白齊文有罪褫頂帶，逮治之。辛巳，多隆阿破回匪于同州。壬午，命荊州副都統薩薩布赴直、魯勦賊。癸未，江南軍復績溪、祁門。鮑超丁母憂，命改爲署職，仍留營。官軍復濮州。乙酉，左宗棠軍復嚴州。丙戌，命雷正綰幫辦多隆阿軍務，將軍穆騰阿會瑛棨辦理省城防守事宜。丁亥，諭左宗棠等保舉湘籍人才。廣西匪陷西寧。戊子，回匪陷涇陽。宋景詩叛於山西。調阿拉善、鄂爾多斯蒙部兵助勦寧夏平羅回匪。申諭舉孝廉方正。粤匪竄平利。河州回匪肆擾，恩麟勦之。允普魯士換約。滇匪陷景東。改令席寶田軍援江西。諭江忠義節制援桂各軍。山東竄匪擾冀州、棗强，諭文煜等合剿。甲午，廣東舉人桂文燦進經學叢書，詔嘉勉。丙申，官軍復新寧，復霍丘。石達開再陷高縣，旋復之。丁酉，命侍郎崇厚幫辦直隸防剿。召劉長佑來京，命晏端書、崑壽商辦廣東軍務。戊戌，粵匪由鄖陽竄興安，諭多隆阿等會剿。庚子，賊目駱國忠等以常熟、昭文降。壬寅，諭穆騰阿、瑛棨辦理西安防剿，多隆阿兼顧省防。甘匪竄陷隴州，知州邵輔死之。癸卯，召薛煥來京，以李鴻章暫署通商大臣。甲辰，賊匪竄永年、邯鄲等處，以遷延貽誤褫文煜、遮克敦布職，並遣戍。以劉長佑爲直隸總督，晏端書署兩廣總督。諭提督寶山接辦直、東交界事務。乙巳，祫祭太廟。丙午，粵匪復竄寧陝。丁未，粵匪圍興安，分竄漢中。是月，免四川榮昌等縣、福建甌寧等縣被擾額賦，江南湖灘積欠地租。

是歲，朝鮮、琉球入貢。

二年癸亥春正月戊申朔，免朝賀。授張之萬河南巡撫。辛亥，予紹興傷亡洋將勒伯勒東優卹。甲寅，詔曾國藩、都興阿等舉堪勝水師總兵者。匪陷武邑，官軍旋復之。廣西軍復蓮塘。戊午，粵匪陷興安府、鎮兩城。陝西回匪竄鄠縣，從瑛棨請，留馬德昭辦省防。丙寅，鮑超等軍復靑陽。戊辰，命李桓赴陝，接辦漢南軍務。庚午，瞻對酋糾德爾格忒土司擾巴塘、裏塘。辛未，畿南竄匪平。甲戌，以鳳翔困守半年，詔責瑛棨貽誤，趣雷正綰馳救解圍。

二月丁丑朔，左宗棠軍復金華、湯溪、龍游、蘭谿。戊寅，以李鴻章言，諭兩湖用漕折購米運京，免其稅。庚辰，李秀成等渡江北犯，官軍擊敗之。川軍剿石達開，破之。貴州回匪陷安南、興義。辛巳，吉林軍敗朝陽流匪於興凱湖，諭毋令竄入俄界。多隆阿剿回匪大捷，克羌白鎮等賊巢。壬午，陝西團勇復興安。粵匪竄漢陰、紫陽。李世忠請褫職贖勝保罪，不許。粵匪竄陷褒城，旋復之。癸未，復永康、武義。乙酉，譚廷襄赴東昌剿匪。丁亥，左宗棠移軍蘭谿。東陽、義烏、浦江踞賊均遁。己丑，僧格林沁軍克雉河集賊巢，捻首張洛行伏誅。得旨嘉獎，仍以親王世襲罔替。免蒙、亳等屬錢漕一年。庚寅，寧夏平羅回匪投誠。辛卯，以慶昀爲寧夏將軍。癸巳，畿南匪張錫珠竄大名，以崇厚失機切責之，趣劉長佑赴直隸。馮子材敗賊於鎮江。乙未，左宗棠軍復紹興、桐廬。丙申，滿慶等剿辦瞻對逆匪。黃國瑞軍克郯城縣長城匪巢。以追賊遲延，褫崇厚職，留任。東匪竄曲周、平鄉。庚子，諭恩麟等，甘肅回匪毋輕議撫。壬寅，允平瑞請，墾烏魯木齊等處閒荒馬廠，升科濟餉，以屯田之地，分給屯兵。癸卯，粵匪陷江浦。廣東匪踞信宜，崑壽剿之。甲辰，浙東肅清，蠲新復各府州縣錢漕二年。乙巳，趣閻敬銘赴東昌辦理軍務。回匪馬化龍糾黨圍靈州，旋赴固原投誠。石達開由滇竄敍永。丙午，詔疆臣慎選牧令，薄賦輕徭，删除煩苛，與民更始。是月，免青神兵擾二年逋賦。

三月戊申，申禁河南豫徵錢糧。辛亥，命崇厚回三口通商大臣任。壬子，命劉長佑節制直隸諸軍。諭沈葆楨辦交涉當持平，毋令紳民生衅。癸丑，諭曾國藩統籌江北軍務。乙卯，陝南粵匪陷紫陽，旋復之。雲南迤西逆匪犯昆明，潘鐸死之。以賈洪詔爲雲南巡撫。丙辰，李鴻章軍克福山口。命英將戈登約束常勝軍。丁巳，捻匪陷麻城，戊午，偪武昌省垣。飭楚、豫合軍攻剿。己未，蠲浙江西安錢糧一年。庚申，丹國遣使拉斯那弗議立商約。洋將達耳第福陣亡，優卹。回匪圍平涼。以甘肅剿賊遷延，褫署提督定安職，逮問。甲子，耆齡還福州將軍。以左宗棠爲閩浙總督，節制兩省軍務。以曾國荃爲浙江巡撫，仍統兵規金陵，宗棠兼署之。停福建本年例貢。乙丑，命王大臣覆覈勝保情罪。寧國粵匪竄東流、建德。予秦儒毛亨、明儒呂柟從祀文廟。丙寅，蒙城捻首賈文彬伏誅。陝南粵匪陷沔縣。貴州總兵羅孝連軍復定番、長寨、獨山、荔波。丁卯，曾國藩以失守江浦等城鐫級，褫李世忠幫辦。實授吳棠漕運總督，仍節制江北軍務。諭拊循江北難民。己巳，萬壽節，停受賀。庚午，苗沛霖復叛。官文等截剿蘄州竄賊。癸酉，褫徐之銘職，逮問。予潘鐸世職。以雨澤稀少，詔清理庶獄。甲戌，命福濟、景紋查辦西藏啓衅事。乙亥，李鴻章軍復太倉。隆德回匪亂。黃國瑞軍平沂州棍匪。丙子，詔察卹陝、甘殉難被害良善回衆，尋詔雲南亦如之。

是月，上連詣大高殿祈雨。

夏四月戊寅，御史吳台壽以疏奏袒勝保，褫職。苗沛霖陷懷遠。山東匪劉得培踞淄川。己卯，官軍剿畿南匪，張錫珠等竄高唐，尋伏誅。庚辰，粵、捻各匪竄擾廬江、桐、舒及黃州。諭曾國藩駐守安慶，勿撤金陵之圍。壬午，多隆阿軍克孝義匪巢。飭劉蓉統軍援陝。免浙江被陷各地額糧。甲申，苗沛霖圍壽州、六安，趣僧格林沁討之。粵匪踞太平、石埭，左宗棠、沈葆楨會防。多隆阿軍克倉頭匪巢，陝東肅清。苗沛霖陷潁上，犯蒙城。命劉長佑督辦直、魯、豫交界剿匪事務。乙酉，劉典軍復黟縣。命侍郎薛煥在總理各國事務衙門辦事。戊子，允英桂回駐太原。庚寅，劉長佑言匪首楊明嶺等投誠。甘肅回匪陷鹽茶，犯靜寧，馬德昭赴慶陽進勦。壬辰，贛軍敗賊祁門，逆酋胡鼎文伏誅。癸巳，李續宜請開署缺，允之。以唐訓方為安徽巡撫。李鴻章遣程學啓等軍薄崑山。涇州軍擊回匪，勝之。甲午，禮部議定先賢、先儒祀典位次，頒行各省。乙未，開墾直隸新城一帶稻田。閻敬銘赴淄川督勦。捻匪回竄河南，總兵余際昌等死之，命張曜接統其軍。丁酉，以皖匪紛竄江、鄂，安慶可虞，詔曾國藩措拄艱難，倍加謹慎。左宗棠軍復黟縣。以勞崇光為雲貴總督。逮治田興恕以謝法人。庚子，粵、捻各匪犯鳳台、定遠，官軍擊退之。辛丑，賜翁曾源等二百人進士及第出身有差。停四川畝捐。癸卯，程學啓等軍復崑山、新陽。官軍敗賊酋李秀成於石澗埠。乙巳，回匪復犯西安，擊退之。是月，連祈雨。免太倉等州縣額賦。

五月戊申，苗沛霖圍蒙城。己酉，鮑超軍復巢縣。庚戌，賞郎中李雲麟京卿，節制漢南防兵及川省援兵。壬子，粵、捻合犯天長，官軍擊敗之。甲寅，命江忠義統軍援江西。丁巳，鄒縣教匪平，獲匪首劉雙印。粵匪陷古州。戊午，俄兵入科布多境，執台吉。壬戌，雨。癸亥，粵匪擾富陽，官軍擊退之，總兵熊建益等陣沒。官軍援平涼失利，趣多隆阿分軍速援。乙丑，寧夏撫回再叛。鮑超軍復克巢、和、含山。召晏端書來京，以毛鴻賓爲兩廣總督，惲世臨爲湖南巡撫。予明臣方孝孺從祀文廟。戊辰，諭購置輪船歸曾國藩、李鴻章節制。己巳，曾國藩爲弟國荃辭浙江巡撫，上褒勉，不允所辭。西寧回句結撒匪攻丹噶爾廳。惠遠回匪亂，官軍捕誅之。定丹國通商條約。壬申，彭玉麟等軍復江浦、浦口及九洑洲。乙亥，廣西軍復潯州。

六月丙子朔，黔軍復普安、安南。丁丑，命明誼赴塔城會明緒等辦分界事。戊寅，詔曾國藩、左宗棠等議減江蘇常、鎭，浙江杭、嘉、湖屬漕糧。庚辰，以復城池功，賞李朝斌等及宋國永等黃馬褂。停陝西例貢。丁亥，川軍勦賊於大渡河，獲石達開，誅之。晉駱秉章太子太保銜，擢總兵唐友耕提督。辛卯，平羅回衆復叛。瓦亭回匪圍隆德，擊退之。河決開州、考城、菏澤。甲午，苗沛霖陷壽州，知州毛維翼死之。乙未，陝軍復寧羌。己亥，以俄人強占住牧，趣常清等定界，勸俄兵撤回，撫綏求內附之哈薩克、布魯特。壬寅，官軍復淄川，獲劉得培等誅之。甲辰，寶慶土匪平。命四川布政使劉蓉督辦漢南軍務。是月，免福建順昌等縣屬被擾額賦，江西義寧等州縣屬逋賦雜課。

秋七月乙巳，苗沛霖偪臨淮，唐訓方擊之。丙午，李鴻章軍復吳江、震澤。豫軍克張岡匪巢。瑛棨有罪，褫職。命劉蓉爲陝西巡撫，張集馨署之。甲寅，命李鴻章暫兼南洋通商大臣。戊午，黔軍復古州。辛酉，袁甲三卒於軍。壬戌，賜勝保自盡。甲子，官軍克沙窩等處匪巢。允江北漕米仍徵折色。乙丑，命劉蓉並節制湖北援軍。丁卯，官軍擊退狠山苗衆，蒙城路通。命崇厚爲全權大臣，辦理荷蘭通商條約。滇回陷平彝，岑毓英軍復之。癸酉，命明誼等會同俄使辦分界諸務。山東白蓮池教匪平。文煜予釋。捻匪逼開封。是月，免都勻等府廳州縣屬被擾新舊額賦，並鳳凰等廳縣灘地積欠租銀。

八月丙子，程學啓等軍大破賊於太湖、楓涇等處，進偪蘇州。丁丑，陝西曹克忠軍克附省等處賊巢。戊寅，西寧、狄道、河州漢、回互鬭。哈薩克句結俄兵擾伊犁。趣四川何勝必軍援甘。庚辰，皖軍克長淮衞。辛巳，以畏葸褫馬德昭職。多隆阿軍抵西安，渭南肅清。命陳國瑞幫辦吳棠軍務。丙戌，蘇軍克江陰。丁亥，戍瑛棨新疆。都興阿遣軍援臨淮。己丑，以勦辦臺灣賊匪調度乖方，褫吳鴻源職，逮問。辛卯，李鴻章赴江陰督勦。諭陳國瑞援蒙城。調善慶部馬隊援臨淮。熙麟遣軍援平涼。乙未，允多隆阿請，以曹克忠補河州總兵，並令嗣後提鎮缺勿擅請簡。宋景詩竄開州。命張集馨會穆騰阿籌辦西安防守。丁酉，黔軍克桐梓賊巢。普安陷，旋復之。命劉蓉節制毛震壽、李雲麟各軍。調烏魯木齊、阿克蘇兵助伊犁軍禦俄。允哈薩克綽坦承襲汗爵。己亥，趣林文察渡臺剿匪。庚子，回匪陷平涼。辛丑，閻敬銘移軍東昌。定荷蘭換約。劉長佑赴景州督勦。是月，免沁州等州廳縣屬逋賦。

九月乙巳朔，命馬德昭赴慶陽營。沈葆楨乞病，慰留給假。戊申，允李鴻章調知縣丁日昌來滬督製火器。石泉知縣陸堃聯團勦賊，詔嘉之。庚戌，浙軍克富陽。辛亥，粵軍克廣海寨城。癸丑，諭僧格林沁以礮隊赴蒙城助勦。甲寅，粵匪陷城固。捻首張總愚等由汝州南竄。乙卯，多隆阿軍復高陵。丙辰，穆隆阿以覆奏失實褫職。調多隆阿爲西安將軍。以富明阿爲荆州將軍。辛酉，多隆阿軍克蘇家溝、渭城賊巢。甲子，粵匪陷會同、綏寧，旋復之。陝西兵團復沔縣。乙丑，李秀成援無錫，程學啓等擊退之。己巳，僧格林沁勦宋景詩股匪悉平。景詩遁。以援陝川軍敗，褫提督蕭慶高職，留營。以漢中失事，褫布政使毛震壽職。諭劉長佑、閻敬銘辦直、魯善後。庚午，御史馬元瑞條陳薄賦稅、愼訟獄、善拊循、勤曉諭四事，如所請行。是月，免直隸滄州等州縣，山東海豐等場未完竈課。

冬十月乙亥，閻敬銘請終制，不許。官軍獲直、東股匪朱登峯等，悉誅之。丙子，捻首張總愚由魯山、南召南竄。己卯，陶茂林軍解鳳翔圍，實授茂林甘肅提督。命丁憂總兵成祿留營。撤退李泰國，以赫德辦理總稅務司。辛巳，粵匪竄龍勝，總兵胡元昌死之。甲申，諭駱秉章分軍剿瞻對，疏通藏路。諭阻法教士入藏傳教。丁亥，朝陽餘匪竄擾昌圖。詔臣工力求節儉。趣賈洪詔赴昭通。以捐備馬匹賞扎薩克台吉明珠爾多爾濟貝子銜。戊子，李雲麟軍失利，粵匪陷陝西山陽。張總愚竄鄧州。賴、曹諸酋竄鳳縣、兩當。庚寅，左宗棠軍擊敗杭州、餘杭踞賊。壬辰，藍逆陷盩厔。癸巳，上釋服逾期，祁寯藻、倭仁、李鴻藻請黜浮靡以固聖德。懿旨：「屏斥玩好遊觀興作諸務，祁寯藻等其各朝夕納誨，養成令德，以端治本而懋躬行。」逆酋古隆賢就撫，收復石埭、太平、旌德。曾國荃等軍復秣陵關。丙申，桂軍復容縣。丁酉，程學啓等軍攻克滸墅關。己亥，官軍剿昌圖匪失機，諭責玉明諱飾。辛丑，英桂遷福州將軍，以沈桂芬署山西巡撫。癸卯，李秀成援蘇州，李鶴章等軍擊敗之。命富明阿幫辦僧格林沁軍務。是月，免廣西永安等州廳縣被擾新舊額賦。

十一月丙午，奉天匪竄吉林，玉明等會剿。皖軍復懷遠及蚌埠。丁未，僧格林沁督諸軍攻剿苗沛霖，誅之。李鴻章督軍復蘇州，粵酋郜雲官等降。加鴻章太子少保銜，程學啓世職，並賞黃馬褂。戊申，逆酋楊友清等以高淳、寧國、建平、溧水降。李雲麟等復山陽。粵軍復信宜。己酉，劉典等軍復昌化。庚戌，藍逆竄商南。癸丑，張總愚竄淅川。甲寅，僧格林沁軍復下蔡、壽州。丙辰，李鴻章誅郜雲官等，遣散降衆。丁巳，李鶴章軍克無錫、金匱。庚申，李續宜卒。丘縣匪張本功等糾衆抗糧，捕誅之。實授閻敬銘山東巡撫。汧陽回衆降。壬戌，官軍復潁上、正陽。癸亥，馬化龍陷寧夏、靈州。論平苗逆功，復李世忠職。曾國荃軍克淳化等隘，進駐孝陵。丙寅，官軍克嘉善張涇匯。丁卯，逆回圍寧夏滿城。庚午，蘇軍復平湖。賊目以乍浦、嘉善降。是月，免山東泗水等州縣災擾錢糧，直隸武清等州縣被災額賦。賑吉林打牲烏拉災。

十二月丁丑，提督江忠義卒於江西軍次。庚辰，蘇軍克平望。辛巳，唐訓方罷，以喬松年爲安徽巡撫。戊子，以唐友耕爲雲南提督，令赴昭通。辛卯，譚廷襄言統籌黃河下游地勢，請濬支渠以減漲水，培土埝以衞民田。諭劉長佑、閻敬銘會同籌辦。癸巳，陝回、粵匪紛竄甘境。甲午，允蘇、松、太漕糧減價折徵。乙未，上御撫辰殿大幄，賜蒙古王公宴，賞賚有差。每歲皆如之。復彰化，臺灣兩路賊平。丙申，翁同書加恩遣戍。命左宗棠剔除浙東地丁積弊。飭陝、鄂、川會勦漢南逆匪。是月，免山東、陝西被擾州縣新舊額賦，並孝義等廳縣倉糧。

是歲，朝鮮入貢。

三年甲子春正月癸卯朔，上率王大臣慶賀兩宮皇太后，禮成，御太和殿受朝。自是每歲皆如之。甲辰，李鴻章軍擊常州援賊於奔牛鎮，大捷。丙午，鳳翔回民乞撫，許之。商南匪竄鄖西。調湖北石清吉軍赴陝。援陝川軍失利於青石關。庚戌，河南捻匪竄隨州。癸丑，豫軍勦張總愚於趙莊山口，失利。己未，官軍復修文及册亨。庚申，調直、晉兵援寧夏。諭阿拉善旗禁蒙民與回匪勾結。甲子，李世賢竄績溪。丙寅，命都興阿赴綏遠會辦防務。富明阿赴揚州接辦軍務。己巳，浙軍復海寧。彰化匪首戴萬生伏誅。粵匪竄石泉、漢陰、寧陝。是月，免安州等處歉收逋賦。

二月壬申朔，官軍復漢中留壩。黔軍復龍里。乙亥，粵匪竄廣信、建昌。庚辰，寧夏回匪犯中衞等處，熙麟分兵援之。壬午，廣東三山土匪平。癸未，粵匪陷鎮安，旋復之。丁亥，多隆阿圍盩厔久未下，切責之。停山東畝捐，從閻敬銘請也。戊子，桂軍克蒼梧等縣。庚寅，曾國荃等軍克鍾山石壘，合圍金陵。蔣益澧軍復桐鄉。粵匪偪閩境，張運蘭軍援之。壬辰，豫軍克息縣、光州賊寨。甲午，粵匪竄廣豐、弋陽。庚子，陝南匪竄內鄉。

三月壬寅，程學啓等軍克嘉興。贛軍復金谿。江南軍復溧陽。陝軍克盩厔，多隆阿以傷賜假，穆圖善暫督軍務。雷正綰等軍進剿逆回。川匪藍二順竄洵陽。丙午，僧格林沁統全軍赴豫，進至許州。江南軍復廣德。嘉義匪首林贛晟伏誅。己酉，戈登攻金壇受創，命慰問。岑毓英等軍克他郎、鎮沅。庚戌，命多隆阿督辦陝、甘軍務。壬子，蔣益澧各軍克復杭州及餘杭。加左宗棠太子少保銜，賞益澧黃馬褂，尋予世職。甲寅，免杭、嘉新復各地錢糧二年。命穆圖善幫辦多隆阿軍務，暫署欽差大臣。川軍攻松潘匪，復疊溪營城。丁巳，滇軍復景東、元謀及楚雄。癸亥，贛匪竄福建。乙丑，逆首藍大順伏誅。丙寅，浙軍復武康、德清、石門。諭左宗棠收養杭州難民。己巳，提督程學啓卒於軍。庚午，張總愚竄鎮平。甘肅回匪馬三娃陷赤金堡，官軍剿平之。是月，免貴州各府廳州縣被擾逋賦。

夏四月辛未朔，日有食之。壬申，鮑超軍復句容。丙子，命都興阿赴定邊接統訥欽所部各軍，進剿寧靈踞匪。丁丑，李世賢等竄江西。鮑超軍復金壇。捻、粵各匪合竄棗陽。陝南匪竄河南，陷荊子關。戊寅，湘軍會復古州。辛巳，蔡減紹興浮收錢糧，著爲永例。甲申，李鴻章督軍克常州。馮子材等軍復丹陽。以故朝鮮王李昪世子㚖襲爵，命侍郎阜保、副都統文謙往封。丙戌，以侍郎薛煥、通政使王拯互訐，均予降調，並申誡臣工。官文赴安陸督師，嚴樹森辦省城防守。庚寅，多隆阿卒於軍。命都興阿督辦甘肅軍務，雷正綰幫辦之。辛卯，贛軍解玉山圍。癸巳，嚴樹森以官文劾降，以吳昌壽爲湖北巡撫，唐訓方署之。命楊岳斌督辦江西、皖南軍務。辛卯，僧格林沁會楚軍剿粵、捻於隨州，大敗之。丁酉，以江防下游肅清，裁汰師船，並弛封江之禁。戊戌，粵匪陷弋陽。陝南粵逆竄德安府，僧格林沁軍追剿之。己亥，申諭統兵大臣奏報粉飾。是月，免武進、陽湖本年額賦。

五月庚子朔，黔匪陷長寨、定番、廣順，旋復之。甲辰，粵匪竄天門、應城、德安、隨州。乙巳，粵匪陷寧化，旋復之。熙麟病免，以楊岳斌爲陝甘總督，都興阿署之。丁未，允日斯巴尼亞立約通商，命薛煥、崇厚充全權大臣，妥爲辦理。諭李鴻章撥勁旅助攻金陵。己酉，李世賢犯撫州，官軍擊走之，復弋陽。賞戈登黃馬褂、花翎，並提督章服，汰留常勝軍，撤遣外國兵官。辛亥，官軍復都江、上江等城。粵匪竄逼西安。癸丑，褫劉蓉、李雲麟職，留任。命穆圖善留西安會籌防剿。黔匪竄秀山。戊午，鮑超乞假葬親，詔慰留。李世賢陷宜黃、崇仁，南昌戒嚴。庚申，回匪陷狄道，旋復之。壬戌，粵匪竄黃陂，官文移軍孝感。癸亥，懿旨瑞常、寶鋆、載齡、單懋謙、徐桐輪直進講治平寶鑑。粵匪再陷建寧、寧化，旋復之。丁卯，雷正綰軍復平涼。戊辰，諭疆吏不分畛域，會緝邊匪。命李恆嵩、劉郇膏與丹使璧勒在上海換約。己巳，桂軍克貴縣賊巢，潯州肅清。

六月壬申，申誡各部院大臣毋得仍前泄沓。癸酉，粵匪竄麻城、黃岡。丁丑，雨。蘇軍復長興。黔軍復普安。馬如龍、岑毓英各軍剿迤西回匪，復中甸、維西、思茅、威遠及石膏井等賊巢。戊寅，庫車漢、回亂，辦事大臣文藝、回子郡王愛默特死之。安置哈薩克衆於齋桑淖爾東南。戊子，贛軍克貴溪賊壘。曾國荃軍克金陵外城。辛卯，雨。回匪陷布古爾、庫爾勒。諭撤訥欽等軍。癸巳，浙軍復孝豐。戊戌，官軍克復江寧，洪秀全先自盡，其子福瑱遁，獲賊酋洪仁達、李秀成，江南平。遣醇郡王詣文宗几筵代祭告。上詣兩宮賀捷。論功，晉封曾國藩一等侯；曾國荃一等伯，加太子少保銜；提督李臣典一等子，賞黃馬褂；蕭孚泗一等男：均賞雙眼花翎。按察使劉連捷等賞世職，升敍有差。命戮洪秀全屍，傳首各省。論各路勦賊功，封僧格林沁子伯彥訥謨祜爲貝勒，官文一等伯，李鴻章一等伯，駱秉章一等輕車都尉，均賞雙眼花翎，加楊岳斌、彭玉麐太子少保，並鮑超均一等輕車都尉，都興阿、富明阿、馮子材騎都尉，魁玉雲騎尉。回逆陷喀喇沙爾，辦事大臣依奇哩等均死之。是月，免福建建寧等縣屬被擾逋賦。

秋七月庚子，以江南平論功，晉封議政王恭親王子載澂貝勒，載濬不入八分輔國公，載瀅不入八分鎮國公，加軍機大臣文祥太子太保銜，寶鋆、李棠階太子少保銜，加恩宗親及御前大臣、內務府大臣，餘賚錄有差。辛丑，以歲逢甲子，詔停句情實人犯。諭：「江南新復，民生彫敝，有司招徠撫恤之。其軍務未靖諸省，統兵大臣、督撫等須激厲將士，奮勉圖效。」俄兵入科布多卡倫，執委員及扎薩克。壬寅，禁宗室、覺羅潛住外城。甲辰，追論附苗沛霖罪，總兵博崇武等戍新疆，按察使張學醇戍軍臺。粵匪竄踞羅田。桂匪陷歸順。己酉，詔修明太祖陵。裁江北釐金。復兩淮鹺務。庚戌，實授沈桂芬山西巡撫。以鄭敦謹爲河東河道總督。辛亥，丹國換約成。壬子，洪仁達、李秀成伏誅。汪海洋竄踞許灣。癸丑，洪福瑱入湖州。鹽茶、固原回匪復叛，北竄寧靈，擾中衞、靖遠，撒回句結陷循化廳，吐魯番屬托克遜漢、回亦變亂。甲寅，戶部侍郎吳廷棟言金陵告捷，請益加敬懼，嘉納之。丁巳，以廣西道梗，止越南入貢。奇台漢、回作亂，古城、烏魯木齊同時不靖。文光等軍進援庫車，失利，覆於烏沙塔克拉，死之。庚申，狄、河回匪結撒回擾河州。贛軍復崇仁、東鄉。辛酉，復金谿。壬戌，祁寯藻因病乞休，命仍以大學士銜直弘德殿。官軍獲昌圖盜匪劉發好等，誅之。癸亥，復鄭親王、怡親王襲爵。錄已故諸臣功，予胡林翼一等輕車都尉，李續賓二等輕車都尉，塔齊布、張國樑、江忠源、程學啓三等輕車都尉，加賞江忠濟、羅澤南、多隆阿、曾國華一雲騎尉。贛軍復宜黃，甲子，克許灣。乙丑，僧格林沁敗賊麻城。曾國荃乞病，溫諭止之。李臣典以傷卒於軍。是月，免江蘇、安徽各屬被擾逋賦。

八月己巳朔，定諸王位次，著爲令。贛軍復南豐。庚午，烏魯木齊參將反，提督業普沖額死之。伊犁危急，調塔爾巴哈台喀爾喀蒙兵援之。諭劉蓉專辦陝西軍務，穆圖善統所部赴甘，與雷正綰籌辦軍務。趣楊岳斌卽赴陝甘任。辛未，諭張集馨赴固原、鹽茶辦撫回事宜。癸酉，蘇、浙官軍會克湖州及安吉。乙亥，贛軍復新城，陳炳文降。辛巳，官軍復廣德。

賞郭松林世職，楊鼎勳、周盛波黃馬褂。貴縣匪平。擢劉銘傳爲直隸提督。壬午，回匪陷古城漢城。癸未，雷正綰軍克張家川賊巢。甲申，僧格林沁剿羅山竄賊失利，都統舒通額等死之。丁亥，雲南巡撫賈洪詔以藉病規避，褫職。己丑，調土謝圖汗、車臣汗蒙兵赴烏魯木齊等處助剿。壬辰，浙軍追賊於昌化、淳安，擒賊酋黃文金等誅之。以林鴻年爲雲南巡撫。癸巳，詔新疆各路大臣分別剿撫。以回郡王伯錫爾聯絡各城殺賊，嘉獎之。庫爾喀喇烏蘇等處回匪亂，官軍失利。甲午，命麟興辦烏里雅蘇臺立界事宜。乙未，僧格林沁剿賊失利，總兵巴揚阿等死之。丙申，雷正綰攻蓮花城不利，回匪復陷固原。丁酉，河、狄回匪竄犯蘭州及金縣。

九月己亥朔，劉銘傳各軍擊敗寧國等處竄匪。庚子，贛軍復雩都。以李雲麟乞病規避，褫職，撤所統隴軍。壬寅，曾國荃以疾乞免，允之。命馬新貽爲浙江巡撫，留辦安慶防守事宜。癸卯，命穆圖善幫辦都興阿軍務。甲辰，楊岳斌乞病，溫諭止之。李世賢犯南安，官軍擊走之。乙巳，回匪陷葉爾羌，署參贊奎棟死之，喀什噶爾、英吉沙爾武弁同叛。己酉，西寧回衆降。庚戌，張家川回匪犯慶陽。辛亥，贛賊竄南雄。壬子，粵匪陷開化，竄江西。黃、麻匪竄商城。乙卯，日斯巴尼亞換約。丙辰，諭內務府力求撙節。命札克通阿署哈密大臣。丁巳，西寧回匪復叛。戊午，粵匪蔡得榮等竄陷階州。庚申，詔修曲阜聖廟及各省學宮。辛酉，修浙江海塘。甲子，捻匪竄蘄水，鄂軍失利，總兵石清吉死之。乙丑，俄兵闌入阿爾泰淖爾。丁卯，沈桂芬請籌費移屯以恤旗民。

冬十月戊辰朔，允楊岳斌回籍省親，並募勇赴甘。命刑部尚書綿森、戶部侍郎吳廷棟往治察哈爾獄。己巳，改烏魯木齊提督文祥名爲文祺。辛未，褫將軍常清職，命明緒代之，以聯捷爲參贊大臣。命武隆阿統援救烏魯木齊各軍，節制領隊大臣以下。壬申，鮑超軍擊賊大捷，賞雙眼花翎。席寶田軍獲賊酋洪仁玕等。皖南北肅清。乙亥，回匪陷烏魯木齊滿城及綏來，都統平瑞等死之。哈密漢、回亂。命保恆署烏魯木齊都統，李鴻章署兩江總督，吳棠署江蘇巡撫，富明阿署漕運總督。戊寅，獲洪福瑱於石城，誅之。賞沈葆楨一等輕車都尉。封鮑超一等子。論恢復全浙功，封左宗棠一等伯，賞蔣益澧騎都尉。粵匪陷瑞金，旋復之。庚辰，粵匪陷漳州、龍巖、南靖、武平，按察使張運蘭等死之。劉蓉分軍守邠州等處。乙酉，明誼與俄使換分界約，科布多城卡外蒙古，阿爾泰淖爾烏梁海均屬俄。給鮑超假，所部宋國永等軍援閩，歸左宗棠節制。丁亥，雷正綰軍克蓮花城，賞曹克忠黃馬褂。僧格林沁剿賊大捷，賞郭寶昌等黃馬褂，賊首馬融和以衆降。己丑，四川援軍復仁懷。庚寅，粵匪陷平和。辛卯，陷嘉應、大埔。丙寅，諭曾國藩仍駐金陵，李鴻章等回本任。是月，免河南信陽等處被擾額賦，浙江西安等縣逋賦。

十一月己亥，豁江寧所屬糧賦三年。壬寅，回匪陷河州。癸卯，築濮州金隄。乙巳，文祺、伯錫爾剿平哈密回。己酉，免江蘇歷年州縣攤賠銀兩，永禁派攤名目。壬子，沈葆楨請飭援閩，兼防賊回竄。甲寅，粵軍復武平，命閩、浙、贛軍會剿，毋縱入海。回匪陷阿克蘇、烏什，辦事大臣富珠哩、文興等死之。癸亥，僧格林沁擊襄、棗竄匪不利，髮、捻各匪遂竄鄧州。甲子，諭飭劉連捷、劉銘傳各軍前進，歸僧格林沁調遣。乙丑，雷正綰等軍剿敗固原回匪。丙寅，文祺等剿巴里坤回匪，平之。回匪陷庫爾喀喇烏蘇，伊犁戒嚴。丁卯，滿慶言汪曲結布卒，請賞青饒汪曲諾們罕名號，協理西藏商上事務，允之。是月，免江蘇上元等縣被擾逋賦。

十二月戊辰朔，閩軍剿漳州匪失利，林文察等死之。己巳，命吳棠仍兼管江北事務。庚午，肇慶客匪平。都興阿等軍克清水堡。甲戌，停河南例貢棗實。築浙江海塘。乙亥，回匪陷金縣。曹克忠軍克鹽關。戊寅，伊犁官軍敗績，領隊大臣托克托奈等死之。允明緒請借俄兵助剿。己卯，濟木薩官軍失利。庚辰，予諸暨義民包立身等優卹。允吳棠請，試行河運。乙酉，陶茂林軍復金縣。丙戌，戍李元度軍臺。己丑，僧格林沁移軍寶豐剿賊，勝之。甲午，官軍剿回匪大捷，伊犁解圍，賞明緒黃馬褂。是月，免浙江瑞安被擾逋賦，江蘇太倉等州廳縣，淮安等衞被擾災賦。

是歲，朝鮮、琉球入貢。

四年乙丑春正月丁酉朔，官軍克靜寧賊巢。回匪陷古城漢城。庚子，巴彥岱城被圍，官軍不利。釋陳孚恩、樂斌，命襄辦伊犁兵饟事。壬寅，從曾國藩請，調劉銘傳軍赴閩，鮑超募川軍赴甘。追予死事道員何桂珍、知州劉騰鴻、游擊畢金科謚。甲辰，烏魯木齊提督文祺卒于巴里坤。回匪陷木壘等處。丁未，張集馨以罪褫職。復已革提督馬德昭原官。平、固回匪竄擾靈臺及汧陽、隴州。戊申，命伯錫爾署哈密幫辦大臣。辛亥，臺灣會匪平。甲寅，粵匪陷永定、雲霄。丙辰，復設淮揚河務兵備道，改設徐海河務兵備道。丁巳，粵、捻並竄魯山，護軍統領恆齡等死之。癸亥，回匪陷濟木薩。甲子，黔匪陷定番，旋復之，又陷黔西。乙丑，回匪竄永昌。

二月辛未，以蒙兵援古城，戰不利，諭撤已調各兵均回旗。壬申，陝軍敗回匪於醴泉，命胡中和總統進剿。戊寅，以雲南臨安官紳不附回逆，諭嘉之。己卯，允沈葆楨假歸省。癸未，以直隸諸省雷雹災異，詔修省。雷正綰軍復克固原等處。貴州參將曹元興謀逆，伏誅。甲申，長陽土匪平。丙戌，復永定、龍巖。武隆額等軍援巴彥岱城，失利。己丑，黔西匪陷大定。苗匪陷天柱、古州。以馬如龍、岑毓英肅清曲靖、尋甸，擒斬逆首馬聯陞等，獎敍有差。癸巳，福建官軍勦李世賢、汪海洋各股於古田、漳州，大捷。

三月丁酉，以田興恕玩視軍務，慘殺教民，遣戍新疆。辛丑，陶茂林剿平郭家驛等處回匪。諭僧格林沁「駐軍指揮調度，勿輕臨前敵，致蹈危機」。壬寅，恭親王罷軍機，撤議政。命文祥等辦總理各國事務衙門事宜。粵匪陷詔安，知縣趙人成死之。癸卯，涼州回衆叛，剿平之。允英、法在江寧通商。命鮑超籌備西征，准專奏。惇親王言恭親王被參不實，下王公、大學士等詳議以聞。乙巳，塔城回亂。錫霖乞病，罷之，命赴伊犁，由明緒調遣。提督譚勝達以剋扣勇糧褫職，仍命赴鮑超軍。以武隆額署塔爾巴哈台參贊大臣。丁未，巴里坤領隊大臣色普詩新以兵援古城，遇賊，失利，死之。己酉，閩軍敗汀州、連城踞賊。庚戌，甘軍擊退古浪、平番回匪。辛亥，從王大臣請，命恭親王仍在內廷行走，並管總理各國事務衙門。丙辰，諭官文簡汰兵、勇。己未，命楊岳斌赴甘。沈葆楨丁母憂，詔奪情署江西巡撫。辛酉，西寧回匪復叛，陷大通。壬戌，桂軍復永淳。癸亥，命毛昶熙回京。是春，免直、蘇、皖、贛災擾諸處額賦及逋課。

夏四月乙丑朔，禁熱河圍場墾紅椿內地。肅州回匪踞嘉峪關，圍州城，撫彝回匪亦起。丁卯，彭玉麟疏辭漕督，請專辦水師，允之。留吳棠漕運總督任，辦淸、淮防務。己巳，官軍復鹽茶廳，免已革提督成瑞罪。庚午，回匪陷古城，領隊大臣惠慶等死之。乙亥，臺灣肅清。丁丑，黔軍復玉屏、天柱。命恭親王仍直軍機，毋復議政。甘州回匪陷永固堡。壬午，粤匪再陷沭、宿。霆軍十八營不願西征，潰於金口。止鮑超西征，命招集潰勇赴閩剿賊。乙酉，寧夏官軍剿賊大捷。丙戌，粤、捻並回竄兗、濟，命劉銘傳赴直隸設防。己丑，賜崇綺等二百六十五人進士及第出身有差。壬辰，以山東賊勢蔓延，命曾國藩出省督師，會僧格林沁軍南北合擊。癸巳，僧格林沁剿賊於菏澤南吳家店，失利，與內閣學士全順、總兵何建鼇等均死之。事聞，輟朝三日，特予配饗太廟。命曾國藩督師剿賊，李鴻章署兩江總督。

五月乙未朔，諭成祿進剿肅州踞匪。霆營叛勇由江西竄福建。粤、捻並竄開州、東明。丙申，陶茂林軍潰，回匪圍安定，蘭州戒嚴。戊戌，命曾國藩節制直、豫、魯三省軍防。甘肅潰勇竄擾陝西。乙巳，免李元度遣戍。丁未，粤、捻並渡運河，東竄濟寧、兗、泰。戊申，嚴諭盛京、吉林剿辦馬賊。己酉，以剿賊無功，褫官文、張之萬、毛昶熙職，均留任，並撤官文宮銜。趣鮑超赴江西。辛亥，命侍讀學士衞榮光赴東昌督辦沿河民團。壬子，官軍克漳州、南靖。允沈葆楨終制。曾國藩辭節制三省軍務，不許。回匪陷肅州。粤、捻分竄豐、沛。諭整頓沿海水師。竄陝潰勇平。諭劉長佑駐直境，崇厚駐東昌，部署沿河防務。黔匪陷廣順，旋復之。甲寅，雨。粤匪圍永定。乙卯，蘇軍復漳浦。以劉坤一爲江西巡撫。庚申，以防剿遲延，褫提督劉銘傳職，仍留任。楊岳斌請開缺，不允，仍命赴甘。壬戌，奇台官軍復濟木薩。癸亥，官軍復階州。

閏五月甲子朔，起沈葆楨督辦江西防剿。乙丑，粵匪由福建竄嘉應。戊辰，粵軍復平和、詔安。川軍復正安。壬申，泗城匪平。甲戌，減杭、嘉、湖屬漕米二十六萬石。丁丑，汪海洋回竄永定，官軍失利，總兵丁長勝等死之。己卯，回匪踞阜康。張總愚南竄至雉河集，諭劉銘傳、吳棠等會剿。粵匪陷廣東鎮平。遵義匪降。丙戌，鄂爾多斯蒙兵擊退花馬池回匪。黔匪陷綏陽。己丑，上臨僧忠親王喪，賜奠。賞其孫那爾蘇貝勒、溫蘇都輔國公。僧國藩駐軍臨淮。特克愼卒，命阜保查巴爾虎爭界事，恩合爲吉林將軍。庚寅，以久旱，諭修省求言。癸巳，諭耆英獲咎，毋庸昭雪。禁肅順之子出仕。以耆英子慶錫鳴寃，謂其死由肅順也。

六月甲午朔，增設安徽安廬滁和道。改鳳廬潁道爲鳳潁六泗道，仍兼鳳陽關監督。命劉長佑回保定，潘鼎新軍駐濟寧。丙申，甘肅民勇復嘉峪關。以安西、玉門諸縣回亂，諭楊岳斌進駐蘭州。己亥，申諭各省甄別牧令。壬寅，塔爾巴哈台回匪誘戕參贊錫霖等，圍城，爲喇嘛棍噶札拉參兵擊退。調武隆額爲塔爾巴哈台參贊大臣。以額騰額爲葉爾羌參贊大臣。丙午，雨。論載華等辦工侵蝕罪，奪載華貝子、恩弼輔國公，仍圈禁二年。己酉，沈桂芬以憂免，命曾國荃爲山西巡撫。黔匪復陷天柱，擾湖南會同，勞崇光、李瀚章合剿之。黔軍復黔西，在獨山失利。壬子，岷州回匪亂，戕知州增啓等，擾洮州。乙卯，援黔川軍復正安。丁巳，奇台、哈密陷，哈密辦事大臣札克當阿死之。文麟退巴里坤。諭楊岳斌、成祿、聯捷軍進擊肅州匪。回子台吉陸布沁投誠。丁巳，御史穆緝香阿請愼選侍御僕從。諭內務府稽察有便僻側媚者，舉實嚴懲。是夏，免陝西、浙江、福建等州縣被擾額賦，及哈密兵擾糧課。

秋七月癸亥朔，諭劉蓉嚴防定邊、鄜、延、邠、隴，楊岳斌防範回酋赫明堂。甲子，回匪陷巴燕岱，伊犁領隊大臣穆克登額等死之。褫助逆伯克都魯素等職。官軍復庫爾喀喇烏蘇。命布爾和德署領隊大臣，援塔城。雷正綰各軍攻金積堡失利，退至韋州。丁卯，武隆額剿禮拜寺回逆，平之。黔匪陷石阡，知府嚴謹陣沒，官軍旋復其城。癸酉，命董恂、崇厚爲全權大臣，辦理商約事務。己卯，賞科爾沁親王伯彥那謨祜世襲博多勒噶台親王號。壬午，御史蔡壽祺以妄言褫職。黔匪陷大定，旋復之。己丑，奉天馬賊擾遵化、薊州，罷玉明，予嚴議。以恩合署盛京將軍。換荷蘭約。庚寅，諭禁法教士干預軍事。壬辰，陳國瑞罷幫辦軍務。

八月庚子，以議撫貽誤，褫恩麟職，戍成瑞黑龍江。祁寯藻致仕。粵、捻各逆竄皖、豫境。壬寅，設機器局于上海。癸卯，回匪犯巴里坤，訥爾濟擊走之。文麟軍于奎蘇失利。

甲辰，裏塘夷務竣。予四川總督駱秉章假，命崇實署之。嚴諭麟興親勘唐努烏梁海立界。乙巳，命左宗棠駐粵，節制贛、粵、閩三省各軍。丙午，命曾國藩進駐許州，會剿豫捻。辛亥，令伊犁捕誅從逆官兵。予剿賊出力額魯特總管蒙庫巴雅爾等獎敍有差。癸酉，褫玉明職。郭嵩燾請開缺，以語多負氣，嚴飭之。減江西丁漕浮收。裁州縣捐攤繁費。粵酋汪海洋殺李世賢。乙卯，粵匪陷廣東長樂。英、法還天津海口礮臺。丙辰，都興阿辭督辦軍務，不許。丁巳，諭李鴻章等妥議江北新漕河海並運。庚申，蘇、松、杭、嘉、湖屬水，賑恤之。予龍溪鄉團殉難男婦建祠，賜名忠義鄉。辛酉，諭崇實等查辦酉陽教案。

九月甲子，上躬送定陵奉安，命肅親王華豐等留京辦事。長樂賊以城降粵軍。丙寅，免定陵奉安經過地方田賦。戊辰，以捻首張總愚及賴、任各逆竄擾豫、魯，命李鴻章會剿，吳棠署兩江總督，李宗羲署漕運總督。命曾國藩仍駐徐州。己巳，允招商辦雲南銅廠。庚午，調江南礮船赴山西河防教習水戰。壬申，好水川回衆降。官軍解南陽圍。陶茂林軍再潰。甲戌，官軍復鎮平。丙子，雷軍部將胡大貴、雷恆叛，圍涇州，提督周顯承擊退之。馬化龍與胡大貴等分竄陝境。授張之萬河東河道總督。己卯，上奉兩宮皇太后啓鑾。粵匪犯龍南，劉坤一赴贛州督剿。甲申，葬文宗於定陵。乙酉，回鑾。奇台知縣恆頤以民勇復奇台、濟木薩、古城三城。丁亥，上還宮。戊子，文宗帝后升祔太廟，翼日頒詔覃恩有差。

庚寅，褫甘肅提督陶茂林職，以曹克忠代之，逮治總兵陶生林等。左宗棠辭節制三省，不允。是秋，免陜西孝義、浙江蘭谿等處被擾逋賦。

冬十月壬辰朔，藏兵克瞻對。回匪犯慶陽，官軍擊退之。癸巳，定比利時條約。甲午，命徐繼畬以三品京堂在總理各國事務衙門行走。命廓爾喀例貢俟六年並進。庚子，減浙江漕米南米浮收。壬寅，粵匪陷和平。乙巳，王榕吉言潞鹽壅滯，請分別停減續加課票，議行。丁未，回匪圍鞏昌、寧遠。己酉，浙軍克南田賊壘。辛亥，命劉蓉署陜西巡撫。壬子，以升祔禮成，祫祭太廟。醇親王辭八旗練兵。諭仍稽察校閱，勤加訓練。甲寅，馬賊偪奉天，官軍失利。庚申，命福興統吉、黑馬隊及神機營兵赴剿。辛酉，釋綿性。

十一月癸亥，賴、任各匪竄舞陽、郾城，與張總愚股合，諭鄂、豫夾擊。丙寅，減徵蘇、松、常、鎮、太倉米豆五十四萬石有奇。壬寅，奉軍剿馬賊失利。李棠階卒。命李鴻藻在軍機大臣上學習行走。湖北巡撫鄭敦謹入爲戶部侍郎，以李鶴年代。乙亥，治不顧主將罪，成保論斬，戍郭寶昌新疆。丙子，奉天匪首徐點復叛于廣寧。庚辰，粵匪陷嘉應。鞏昌解圍。丙戌，官軍失利于濟木薩，恆頤死之。丁亥，諭劉長佑駐邊隘督剿馬賊。己丑，川軍剿松潘番賊，平之。黔匪犯敘永、綦江。庚寅，命左宗棠親往嘉應視師。

十二月壬辰朔，曾國藩移軍周家口。允明緒遣榮全如俄借兵貸糧。甲午，黔匪陷清鎮縣城，旋復之。命周達武爲貴州提督。乙未，聯捷坐貪擾，撤幫辦軍務，以侍衞隸成祿軍。己亥，黎獻軍潰於肅州。辛丑，馬賊回竄昌圖。允戶部請，撥鹽課諸款增內廷用費三十萬。壬寅，熱河軍復朝陽。癸卯，命伯彥訥謨祜回旗會各盟長檄蒙兵協剿馬賊。以文麟爲哈密辦事大臣。乙巳，瞻對逆酋工布朗結等伏誅，三瞻均歸達賴管理。丙午，金州匪僞降，竄鐵嶺，命文祥等辦奉天防守事宜。壬子，以雪澤愆期，詔清理庶獄，瘞暴露骸骨。乙卯，恩合以貽誤軍事褫職。提督成大吉軍潰於麻城。丙辰，粵軍會復越南寧海府城。調都興阿爲盛京將軍。命穆圖善督辦甘肅軍務，接統都興阿所部各軍。庚申，上御保和殿，賜朝正外藩等宴。自是每歲皆如之。滇軍復麗江、鶴慶。

是冬，免四川松潘、湖南茶陵等廳州縣被擾逋賦。

五年丙寅春正月辛酉朔，停筵宴。甲子，捻匪擾鄂，曾國藩檄劉銘傳援黃州。馬化龍乞撫，獻寧夏漢城。乙丑，桂軍復那檀。免福建例貢。己巳，命穆圖善辦撫回善後事宜。庚午，雲南巡撫林鴻年赴昭通。乙亥，馬賊入踞伯都訥，旋及雙城堡，吉林危急。文祥、寶善檄黑龍江兵暨馬隊援之。己卯，黃巖總兵剛安泰巡洋，遇艇匪，死之。癸未，林鴻年坐畏葸貽誤褫職，劉嶽昭代之。左宗棠督諸軍復嘉應，粵匪平。左宗棠以次論功賞敍。丙戌，馬賊竄陷阿勒楚喀及拉林城，富明阿往吉林勦之。命特普欽回黑龍江布防守。吳昌壽降調，調李鶴年爲河南巡撫，以曾國荃爲湖北巡撫。戊子，奉軍復八面城。己丑，諭嚴緝軍營哥老會匪。

二月辛卯朔，詔左宗棠等緩撤江、閩各軍，備調北路助勦捻、回諸匪。黔回陷永寧，旋復之。壬辰，命兆琛赴鎮遠辦軍務。辛丑，官軍復黃陂。丁未，都興阿坐部勇肆殺，褫職留任。戊申，命廣東陸路提督高連陞赴任勦辦土匪。伯彥訥謨祜勦馬賊于鄭家屯，大捷。諭馬新貽籌辦海塘。辛亥，定安軍勦馬賊于長春，勝之，詔復副都統。壬子，德英憂免，以富明阿爲吉林將軍。丙辰，召郭嵩燾來京，以蔣益澧署廣東巡撫。己未，湖南軍擊退黔苗。

三月壬戌，曾國藩移軍濟寧，督勦張總愚。乙丑，復阿勒楚喀、伯都訥、雙城堡三城。己巳，奉軍勦南北路馬賊，大敗之。蠲奉天、吉林被擾諸地銀米。庚午，明誼乞病，命麟興統蒙兵援伊犁。乙亥，賴文光等竄偪開封。戊寅，免隨征黑龍江牲丁貢貂。諭內外臣工講求律例。己卯，馬賊竄擾熱河。庚辰，允馬化龍等投誠。甲申，張總愚竄濮、范，賴文光等由豫竄鄆城、鉅野，諭曾國藩等守運河，喬松年軍截勦。乙酉，馬賊陷牛莊。丙戌，曹毓瑛卒。丁亥，閩軍復崇安、建陽。戊子，命李鴻藻爲軍機大臣，胡家玉在軍機學習。是春，免河南積欠錢糧，直隸安州、奉天新民等州縣被水、被擾額賦。

夏四月己丑朔，奉天北路匪首馬傻子伏誅，降其餘衆。官軍復牛莊。粤、捻犯直隸河岸，擊退之。辛卯，允曾國荃請裁兵併餉，並調劉聯捷、彭毓橘、朱南桂、郭松林赴湖北。丙申，回目以洮州降曹克忠軍。戊戌，命馬如龍署雲南提督。庚子，召文祥、福興回京，命都興阿接辦奉天軍務，節制各軍。辛丑，訥爾濟復木壘、奇台、古城，招募民勇防守。癸卯，官軍復綏陽。甲辰，回匪陷靖遠。戊申，諭奉天、吉林會剿山内外賊匪。己酉，譚玉龍軍潰，命曹克忠兼統其軍。壬子，回匪回竄慶陽。披楞大舉悉兵衆迫布魯克巴，命景紋赴邊隘查辦。甲寅，武緣匪平。丙辰，粤、捻擾銅、沛及泗州、靈璧。勞崇光進駐昆明。杜文秀復陷麗江、鶴慶、劍川。戊午，回匪犯蘭州，官軍擊退之。

五月壬戌，黔匪復陷興義、貞豐、永寧。俄使堅請黑龍江内地通商。諭特普欽整頓營伍。乙丑，大考翰、詹，擢孫毓汶四人一等，餘升黜有差。戊辰，馬朝清降，靈州復。辛未，回匪霍三等回竄鳳、岐，官軍擊退之，諭楊岳斌、劉蓉合擊，毋再任入陝。甲戌，回匪陷塔爾巴哈台，武隆額死之。以德興阿爲參贊大臣，奎昌署科布多參贊。嚴諭成祿迅速出關。乙亥，回匪陷伊犁，明緒等死之。以榮全署伊犁將軍。命庫克吉泰督辦新疆軍務。丁丑，詔清庶獄。壬午，以久不雨，詔求直言，禁淩虐罪囚。甲申，諭保舉盡心民事官吏。丁亥，官軍復荔波。是月，免廣東嘉應等處被擾逋賦。

六月庚寅，雨。允左宗棠請，在閩建廠試造輪船。壬辰，諭內外大臣勤職。辛丑，成祿軍進圍肅州。壬寅，諭富明阿搜捕山場餘匪。甲辰，靈山匪平。戊申，烏里雅蘇臺將軍明誼病免。己酉，以德勒克多爾濟爲烏里雅蘇臺將軍，福興爲綏遠城將軍。庚戌，鹽、固回匪投誠。辛亥，凌雲、陽萬土匪平。乙卯，諭楊岳斌剿狄、河回匪。

秋七月庚申，褫廣鳳、圖爾庫職，逮訊。命侍郎魁齡等使朝鮮，册封王妃。壬戌，官軍復哈密。甲子，諭整頓廣東吏治、軍務、釐稅。乙丑，李鴻藻丁母憂，懿旨令百日後仍直弘德殿、軍機處。庚午，湘軍克思南賊巢。壬申，李鴻藻請終制，不許。癸酉，減蘇、松、常、太浮收米三十七萬餘石，浮收錢百六十七萬餘貫。丙子，崇厚會日斯巴尼亞使換約。己卯，黔匪陷石阡，旋復之。庚辰，免烏梁海七旗應納半貢。乙酉，河南河決胡家屯。

八月戊子，劉蓉病免，調喬松年爲陝西巡撫，以英翰爲安徽巡撫。己丑，濮州河決。庚寅，潯、鬱匪平。裁山海關監督，改設奉錦山海關道。辛丑，賞李雲麟頭等侍衞，幫辦新疆軍務。癸卯，楊岳斌病免，調左宗棠爲陝甘總督，吳棠爲閩浙總督，張之萬爲漕運總督。實授瑞麟兩廣總督。甲辰，官軍克大孤山賊巢，徐宗禮伏誅。乙巳，官軍剿敗張、牛諸捻。以月食示儆，飭廷臣修省。丁未，從御史慶福請，積粟張家口、綏遠城，轉運新疆，以濟民食。

九月丁巳朔，命譚廷襄會崇厚辦義國商約事務。癸亥，福建興化土匪平。甲子，諭李雲麟與麟興等整頓北路防軍。命阜保赴歸化督運新疆餉款。回匪陷阜康。祁寯藻卒。辛未，滇回陷安寧等州縣。癸未，左宗棠請將閩、浙綠營減兵加餉，就餉練兵。允之。是秋，免貴州、廣東、山東、福建被擾，江西被災等處額賦，浙江等縣逋賦。

冬十月辛卯，命劉長佑嚴覈畿輔兵額。癸巳，張總愚由陝州竄平陸，官軍擊退之。乙未，命沈葆楨總司福建船政事務。命劉典幫辦左宗棠軍務。己亥，張總愚西竄，陷華陰、渭南。甘回竄宜君、三水。詔責曾國藩任賊蔓延。辛丑，允李鴻藻病假。命富明阿辦吉林善後事宜，汪元方爲軍機大臣。壬寅，黔回陷興義，旋復之，並復安平、鎮寧。乙巳，曾國藩乞病，請開各缺，在營效力，並注銷侯爵，諭慰之，命病痊陛見。諭穆圖善援應陝西。丙午，修海寧石塘。是月，免安徽、壽州等州縣被水新舊額賦。

十一月丙辰，命曾國藩回兩江總督，署通商大臣。授李鴻章欽差大臣，節制湘、淮各軍，專任勦匪。戊午，予山東巡撫閻敬銘假，以丁寶楨署之。庚申，劉銘傳等剿任、賴各匪於金鄉，大捷。乙丑，三札、兩盟西征蒙兵潰，李雲麟回烏城。諭庫克吉泰統吉、黑軍速進。丁卯，川軍克桐梓賊巢。丁酉，曾國荃劾官文貪庸驕蹇。命撤任查辦。己卯，定福建船政章程。

十二月丁亥，以給事中尋鑾煒參劾失實，切責之，因諭科道愼重言事。己丑，郭松林等大破任、賴諸匪於德安。庚寅，以黃河趨北，諭蘇廷魁周歷履勘，並會同直、魯、豫三省籌辦堤工。甘回復陷哈密。罷胡家玉軍機，褫職留任，以受官文賄也。甲午，曾國藩復疏請開缺。溫旨慰留。己亥，雷正綰軍復平涼。呼蘭匪平。庚子，援黔湘軍剿苗匪於銅仁，大捷。己酉，回匪圍慶陽，提督周顯承等力戰死之。甲寅，陝軍剿張總愚，失利於灞橋，總兵蕭德陽等死之。以捻勢披猖，命曾國藩等廣籌方略。

是歲，朝鮮、琉球入貢。

清史稿卷二十二

本紀二十二

穆宗本紀二

六年丁卯春正月己未，任、賴諸匪竄孝感、德安，官軍失利，總兵張樹珊死之。壬戌，復靖遠。丙寅，革官文總督，召來京。以李鴻章爲湖廣總督，調李瀚章爲江蘇巡撫，以劉崐爲湖南巡撫。己巳，張錫嶸勦捻匪於西安魚化鎭，死之。劉松山軍大捷。命喬松年專辦陝西軍務。辛未，命左宗棠爲欽差大臣，督辦陝、甘軍務，賞劉典三品卿銜，幫辦軍務。乙亥，哈密回匪竄巴里坤，官軍擊退之。訥爾濟病免，以伊勒屯爲巴里坤領隊大臣。丙子，命徐繼畬仍在總理各國事務衙門行走，管新設同文館事務。己卯，官軍復鎭雄。

二月乙酉朔，劉銘傳追勦任、賴于鍾祥，失利。鮑超進擊，大敗之。庚寅，命李鴻章督軍赴豫。壬辰，京師疫。甲午，擢劉松山爲廣東陸路提督。丁酉，陝回馬生彥等降。減廣州屬徵收米折銀十九萬有奇，著爲令。乙巳，桂軍復泗城。庚戌，以丁寶楨爲山東巡撫。辛亥，洮州復陷。壬子，雲貴總督勞崇光卒，以張凱嵩代之。

三月丁巳，鄂軍剿賊于蘄水，失利，道員彭毓橘等死之。癸亥，總兵段步雲軍潰於鄜州。戊辰，鮑超累乞病，諭仍赴黃州。乙亥，命倭仁在總理各國事務衙門行走，辭，不允。丁丑，諭李雲麟等安頓新疆難民。辛巳，曹克忠軍復洮州。壬午，回匪馬占鼇等犯西寧。是春，免浙江仁和等場被擾逋課、山西平定等處民欠倉穀。

夏四月丁亥，允琉球國子弟入監讀書。予鮑超病假。戊子，何琯軍復哈密。己丑，周祖培卒。癸巳，吉林馬賊平。丙申，日斯巴尼亞使來換約。壬寅，劉松山大破捻、回於同州。丙午，贈哈密殉難扎薩克郡王伯錫爾親王，建祠。德勒克多爾濟病免，命麟興爲烏里雅蘇台將軍，調榮全爲參贊。丁未，瞻對番目大蓋折布伏誅。庚戌，貴德回匪叛，陷廳城。

五月甲寅，哈密回匪竄玉門，官軍擊退之。以旱，命恤難民、育嬰孩、掩暴露、贍陣亡者家屬。戊午，諭廣購書籍，並重刊御纂欽定經史，頒發各學。己未，郭寶昌、劉松山兩軍破張總愚於朝邑。免郭寶昌遣戍。辛酉，命曾國藩爲大學士，駱秉章協辦大學士。丙寅，詔清理庶獄。丁卯，桂軍復荔波、義寧。戊辰，詔求直言，覈減宮廷用款。己巳，捻匪渡運河，予丁寶楨嚴議。庚午，賊竄長垣，官軍擊退之。癸酉，以剿賊無功，褫曾國荃頂戴，與李鶴年下部嚴議。諭李鴻章戴罪圖功。京師地震。庚辰，董福祥陷陝西甘泉。

六月甲申，總理各國事務衙門言俄人窺伺新疆，下大學士、尚書、左都御史會總理王大臣妥議。丙戌，中禁州縣浮收漕糧。甲午，倭仁乞病，罷職務，仍以大學士直弘德殿。乙未，官軍敗捻匪於卽墨。庚子，順直久旱，饑，賑恤之。允鮑超回籍。辛丑，李鴻章檄劉銘傳、潘鼎新等軍防運河，扼膠、萊。命成祿節制黃祖淦、王仁和兩軍。以畿內亢旱，撥閩、廣、贛鹽捐三十萬，浙、閩海關洋稅三十五萬備賑需。癸卯，甘回陷陝西華亭，旋復之。丁未，免昌平例貢果品。己酉，自三月不雨以來，上頻祈雨。至是日雨。是月，免陝西乾州等屬災擾額賦。

秋七月己未，雨。陝軍復甘泉。庚午，永定河決。己卯，以捻匪過膠萊河，諭各路扼守河、運兩防，奪丁寶楨職，仍留任。是月，免湖南晃州被擾逋賦。

八月丙戌，停奉天冬圍。戊子，湖北匪首劉漢忠伏誅。庚寅，命黎培敬會辦貴州剿撫及屯田事宜。壬辰，奉軍剿平孤山、法庫等處賊匪。辛卯，署貴州提督趙德光剿賊於安平，死之。丙申，穆隆阿等軍剿梟匪於文安，失利。濟陽土匪作亂，剿平之。丁酉，迤西回犯姚州。戊戌，貴州巡撫張亮基開缺嚴議，命曾壁光署之，布政使嚴樹森以逗遛褫職。壬寅，召陳國瑞來京。丙午，以淮、楚各軍所至騷擾，諭李鴻章嚴申軍律。己酉，裁熱河木稅。庚戊，創建福建船塢。

九月壬子，允左宗棠調曹克忠赴陝。丙辰，賴、任諸匪犯運河，牛師韓軍擊退之。丁巳，河、狄、西寧回衆投誠。庚申，停山東例貢。辛酉，安置額魯特游牧於額爾齊斯河。甲子，總理各國事務衙門言預籌修約事。諭曾國藩等各抒所見以聞。己巳，命丁日昌赴上海辦理義國換約。壬申，撫恤巫山被水災民。丁丑，命榮全與棍噶札拉參籌辦哈薩克勦撫機宜。己卯，命馮子材赴左江，專辦南、太軍務。賑襄陽等府災民。

冬十月癸未，諭各路統兵大臣及各督撫嚴申軍律。甲申，察哈爾都統色爾固善卒，以庫倫辦事大臣文盛代之。乙酉，以張廷岳爲庫倫辦事大臣。丙戌，陝軍復寧條梁及宜君。飭席寶田軍赴沅州，統援黔軍務。壬辰，迤西回陷定遠、大姚。癸巳，汪元方卒。命沈桂芬在軍機大臣上學習行走。丙申，曾國荃病免，以郭柏蔭爲湖北巡撫，蘇鳳文爲廣西巡撫。賑山東被水災民。乙巳，派美前使蒲安臣往有約各國辦理中外交涉。己酉，回匪陷寶雞、正寧，旋復之。

十一月庚戌朔，命道員志剛、郎中孫家穀往有約各國充辦理交涉事務大臣。壬子，劉銘傳等軍勦賊贛榆，大捷，任柱伏誅。癸丑，以梟匪蔓延，褫劉長佑職，仍責自效。命官文署直隸總督。丙辰，陝軍勦捻洛川，遇回匪，失利，提督李祥和死之。癸亥，張總愚陷延川、綏德。甲子，增設布倫托海辦事大臣，以李雲麟爲之，明瑤爲幫辦，福濟爲科布多幫辦。甲寅，劉銘傳軍剿賊於諸城，大捷。丁丑，陝軍復延川、綏德。

十二月壬午，張總愚竄吉州，左宗棠、趙長齡均褫職留任。成祿剿回匪於肅州，失利，總兵黃祖淦死之。癸未，賞陳國瑞頭等侍衞，隸左宗棠軍。劉銘傳等剿賊於壽光，大捷。迤西回陷祿豐、廣通、元謀。己丑，官軍復吉州。壬辰，直隸梟匪平。甲午，賞劉長佑三品頂戴，命率所部回籍。永定河隄工合龍。丙申，命蔣益澧以按察使候補，隸左宗棠軍，率楚勇回籍。丁酉，駱秉章卒。劉松山等敗張總愚於洪洞。調吳棠爲四川總督，以馬新貽爲閩浙總督，李瀚章調浙江巡撫，丁日昌爲江蘇巡撫。戊戌，淮軍勦賊高郵大捷，獲賴文光等，誅之。辛丑，東捻平，加賚李鴻章、曾國藩世職，賞劉銘傳、英翰及郭松林、楊鼎勳、善慶世職有差，復曾國荃頂戴。壬寅，以左宗棠督師入晉，命庫克吉泰、喬松年、劉典督辦陝西軍務。甲辰，命楊占鼇署甘肅提督，接辦西路軍務。戊申，左宗棠檄喜昌、劉松山等赴磁州迎剿。諭張曜、劉銘傳等會剿。己酉，命鄭敦謹往山西查辦事件。是月，免浙江仁和等場未墾竈課、雲南嵩明等屬歉收額糧。

是歲，朝鮮、琉球入貢。

七年戊辰春正月庚戌朔，捻首李允等率衆降於盱眙，詔誅之，遣散餘衆。命朱鳳標協辦大學士。乙卯，回匪復陷正寧。丙辰，喜昌等擊張總愚於河內，大捷。西寧回陷北川。李雲麟乞病。不許。以錫綸爲布倫托海幫辦大臣。辛酉，張總愚北竄定州，保定戒嚴，官文、左宗棠均褫職留任。諭玉亮統神機營兵剿賊。壬戌，張總愚犯清苑，劉松山、郭寶昌等軍繞賊前剿之，予優敍。陳國瑞、宋慶、張曜均以軍至保定。達賴請宥裹塘犯東登工布死罪，允之。命賈楨等設團防總局。癸亥，諭令天津洋槍、練軍各隊赴河間，與山東軍聯絡防剿。甲子，李鴻章遣周盛波等軍北援。趣左宗棠赴保定北方督剿。命恭親王會同神機營王大臣辦巡防。壬申，允英翰入衞畿疆，命統牛師韓軍駐黃河以南。飭程文炳軍赴河間會剿。癸酉，張總愚陷饒陽，旋復之。賈楨以病致仕。乙亥，命左宗棠總統各路官軍。

二月辛巳，官軍復渭源。癸未，命恭親王節制各路統兵大臣。戊子，回匪復陷寧條梁。己丑，回匪竄伊克沙巴爾，官軍擊退之。褫趙長齡、陳湜職，遣戍。壬辰，陝軍復寶雞。癸巳，滇軍解鎭雄圍。迤西回陷楚雄。乙未，豫、皖各軍敗張總愚于東鹿。庚子，左宗棠、李鴻章等軍剿賊，迭破之。回匪陷懷遠、神木。壬寅，白泥峀苗匪降。乙巳，以朝鮮請嚴邊禁，命延煦、奕榕赴奉天，會都興阿勘展邊事宜。

三月壬子，張凱嵩乞病，諭責其逗留規避，褫職。回匪陷鄜州，劉典駐三原督剿。癸丑，以劉嶽昭爲雲貴總督，岑毓英爲雲南巡撫。乙卯，陝軍復鄜州。癸亥，諭庶吉士散館仍試詩賦。戊辰，張總愚竄延津、封丘，劉松山、郭寶昌擊敗之。辛未，命沈桂芬爲軍機大臣。乙亥，命朱鳳標爲大學士。丙子，迤西回陷易門。丁丑，張總愚竄滑縣，擊敗之。是月，免直隸安州等處澇地逋賦。

夏四月己卯朔，哈密回陷五堡，官軍擊退之。甲申，張總愚陷南皮。丁亥，諭左宗棠、李鴻章、丁寶楨等，督各軍於運河東西分路防剿。己丑，苗匪何正觀降。庚寅，陝軍剿回匪於邠州，失利，譚玉龍死之。己巳，永定河決。乙未，召都興阿來京。戊戌，黎平苗犯晃、沅各境，官軍擊退之。辛丑，寧條梁回擾鄂爾多斯游牧，貝子札那格爾濟擊退之。回匪犯哈密，伊勒屯等會擊退之。癸卯，賜洪鈞等二百七十人進士及第出身有差。是月，免四川各土司三年租賦。

閏四月戊申朔，迤西回竄陷昆陽、新興、晉寧、呈貢、嵩明。戊午，回匪復陷神木。癸亥，陝軍復延長。甲子，董福祥投誠，諭立功自贖。乙丑，回匪踞烏紳旗，分擾準噶爾旗，偪托克托城。丁卯，程文炳、陳國瑞、劉松山等軍擊張總愚于高唐、茌平、博平，大捷。賊竄東光。己巳，回匪再陷慶陽及寧州、合水，知縣楊炳華死之。辛未，命都興阿爲欽差大臣，會同左宗棠、李鴻章剿捻，調遣春喜、陳國瑞、張曜、宋慶四軍，崇厚幫辦軍務。

五月戊寅，劉松山等軍剿張總愚於鹽山、海豐，大捷。己卯，創設長江水師，置岳州、漢陽、湖口、瓜州四鎮總兵官。癸未，陝軍擊退竄邠、鳳回匪。壬辰，北山土匪犯延安，官軍失利，副將劉文華等陣沒。庚子，滇軍復元謀、武定、祿勸、羅次。是月，免湖南晃州被擾逋賦。

六月己未，郭松林等剿捻於臨邑、濱州、陽信，大捷。諭水師嚴扼運防。辛酉，桂軍復歸順。癸亥，金匪竄寧古塔界，官軍勦平之。甲子，陝軍克宜川。丙寅，張總愚犯運河岸，官軍擊敗之，捻衆多降。戊辰，又擊之於商河，大捷。乙亥，李雲麟褫職查辦。命明瑤爲布倫托海辦事大臣。浙江海塘工竣。

秋七月丁丑，蠲直、魯、豫被擾各州縣田賦。己卯，春壽以欺飾褫職。壬午，撫恤滄州等處被擾難民。乙酉，張總愚赴水死，捻匪平。加李鴻章、左宗棠太子太保銜，鴻章以湖廣總督協辦大學士，丁寶楨、英翰、崇厚並加太子少保銜，復官文銜翎，晉劉銘傳一等男，郭松林一等輕車都尉，賞宋慶、善慶二等輕車都尉，劉松山黃馬褂、三等輕車都尉，郭寶昌、張曜、溫德勒克西騎都尉，黃翼升加一雲騎尉，復陳國瑞提督世職，餘升敍有差。命惇親王祭告定陵。允彭玉麟回籍終制。丙戌，召左宗棠、李鴻章入覲。丁亥，滎澤河決。辛卯，毛昶熙言軍務漸平，宜益思寅畏，旋御史張緒楷疏請保泰持盈，及時講學，並嘉納之。壬辰，允左宗棠請，資遣降衆回籍。癸巳，武陟沁河堤決。乙未，調曾國藩爲直隸總督，馬新貽爲兩江總督，以英桂爲閩浙總督。命彭玉麟赴江、皖會籌長江水師事宜。戊戌，諭蘇、皖、豫、魯各屬修圩寨，飭鄉團。庚子，予宋儒袁燮從祀文廟。援黔川軍復龍里、貴定。川軍剿越嶲夷匪，勝之，俘其酋勒烏立。授曾璧光貴州巡撫。辛丑，布倫托海變民竄烏隴古河。德勒克多爾濟卒。癸卯，撫恤榮、鄭災民。甘回擾白水、郃陽，陝軍擊退之。甲辰，援黔湘軍復甕安。

八月乙巳朔，褫御史德泰職，以奏請修理園庭也。庫守貴祥妄陳希利，發黑龍江爲奴。永定河決。己酉，諭明瑤等規復布倫托海舊制。命馬新貽兼辦理通商事務大臣。壬子，延安土匪扈彰降。癸亥，諭左宗棠兼顧山西軍務。戊辰，諭吉林嚴定開墾圍荒界限。辛未，諭金順專辦援陝軍務。是月，免皖、蘇、魯、豫、鄂被擾積年逋賦。

九月壬午，官軍復慶陽。甲申，肅州回攻敦煌，官軍擊退之。諭伊勒屯等籌辦巴里坤屯田。乙酉，援黔川軍會復平越。辛卯，命延煦出關查辦奉天展邊事宜。癸巳，滇軍復晉寧、呈貢。是月，免浙江橫浦等場歉收竈課。

冬十月丁未，回匪犯涇州、靈臺，擊退之。乙卯，文麟抵哈密，諭與辦蔡巴什湖等處屯田。丙辰，穆圖善克河州。賑濟南、武定水災。丁巳，戍李雲麟黑龍江。戊午，命李鴻藻仍直弘德殿及軍機。庚申，以守科布多功，加上爾扈特郡王淩札棟魯布親王銜。己巳，黔苗復陷興義，旋復之。

十一月甲戌，援黔川軍復麻哈。丁亥，涼州總兵周盛波以不戢所部，褫職。回匪擾鄂爾多斯等旗，竄榆林。諭定安等截勦。壬辰，諭除吏胥積弊。己亥，黔軍克都勻，賞張文德黃馬褂。庚子，臺灣英領事縱洋將掠船，踞營署，焚局庫，勒兵費。諭總署詰辦，飭英桂等遴員交涉。壬寅，熱河匪平。免吉林雙城堡被水屯田租賦。

十二月甲辰朔，川軍勦西昌夷匪，連捷，各夷部降。援黔湘軍復天柱。丙午，回匪犯包頭，蒙軍失利。丁未，熱河匪首彌勒僧格伏誅。甲寅，以曾國藩言川私病楚，諭籌止川鹽濟楚章程，撤局停稅。丁巳，滇軍復澂江。庚申，申諭各省禁種罌粟。壬戌，黔苗竄擾河池，官軍擊退之。乙丑，諭朝審緩決三次以上者並減等。永定河工竣。戊辰，麒慶罷，以慶春爲熱河都統。庚午，劉松山勦賊大理川，大捷。壬申，截鄂餉二十一萬賑河南災。是月，免江蘇荒地糧賦，山東泰安、河南汝寧等屬被擾逋糧。

是歲，朝鮮入貢。

八年己巳春正月癸酉朔，停筵宴。丁丑，川、湘、黔、桂各軍會勦苗匪，黔軍復長寨。戊寅，滇軍克富民。己丑，劉松山等軍擊土、回各匪，敗之於淸澗。成祿克肅州，與楊占鼇並賞黃馬褂。甲午，滎工合龍。丙申，劉松山軍敗賊于靖邊，董侍有等以鎭靜堡及靖邊降。逅西回犯昆明，岑毓英等擊退之。辛丑，雷正綰克涇州董家堡。

二月戊申，命袁保恆督辦西征糧饟。

三月癸酉朔，林自淸戕興義知縣，提督陳希祥誘誅之，賞希祥黃馬褂。甲戌，援黔湘軍復鎭遠府、衞兩城。己卯，甘肅提督高連陞部兵變，戕連陞，部將周紹濂擊逆黨於同官，殄之。乙酉，諭督撫於克復州縣愼選牧令，拊循流亡。庚寅，回匪陷磴口。甲午，吐魯番回匪犯哈密，官軍迭敗之。乙未，桂軍克憑祥。己亥，懿旨，大婚典禮，力崇節儉。

是春，免江蘇山陽、直隸安州等屬災、擾額賦，兩淮富安等場逋欠竈課。

夏四月癸卯朔，逅西回陷楊林營，劉嶽昭退守曲靖，嚴責之。乙巳，麟興以畏事褫職。以福濟爲烏里雅蘇臺將軍，文碩爲布倫托海辦事大臣。己酉，雷正綰、黃鼎軍復鎭原、慶陽。援黔川軍復甕安。己未，援黔湘軍會復淸江。庚申，允劉銘傳乞病。辛酉，免陳湜遣戍。

是月，免山東東昌等屬逋賦。

五月庚辰，援黔湘軍復施秉，進攻黃飄賊壘，失利，按察使黃潤昌、道員鄧子垣、提督劉長槐死之。壬午，回匪陷澂江。甲申，杜嘎爾等軍大破賊於杭錦旗。辛卯，命李鴻章赴四川察辦吳棠劾案。申誡岑毓英任用通賊練目，苛斂民捐。以馬如龍爲雲南提督。丙申，官軍剿匪於保安，大捷，匪首袁大魁等伏誅。自春正月不雨至於是月，上頻禱祈。丁酉，雨。

六月辛亥，援軍會克尋甸。壬子，命董恂、崇厚辦理奧斯馬加換約。甲寅，永定河決。戊午，予黃飄死事提督滎惟善、總兵羅志宏等世職加等。辛酉，武英殿災。癸亥，倭仁、徐桐、翁同龢請勤修聖德，以弭災變，上嘉納之。丙寅，諭督撫考課農桑。庚午，回匪犯阿拉善定遠營，蒙兵失利。

秋七月辛未朔，日有食之。癸酉，張曜等軍敗回匪於察漢淖爾。命吳坤修赴沿江各屬撫恤災民。甲戌，滇軍復嵩明，克白鹽井。甲申，桂軍會越南軍克九葑、洛陽等隘。乙酉，諭錫綸賑恤額魯特人衆。丙戌，朝鮮請鴨綠江北禁游民建屋墾田。趣都興阿等妥辦。壬辰，何琯軍敗賊于木壘河等處。是月，免晃州被擾逋賦。

八月庚子朔，俄商船泊呼蘭河口，求吉、黑內地通商，諭總署按約止之，禁軍民私與貿易。癸卯，內監安得海出京，丁寶楨奏誅之。黔匪復陷都勻。丙午，桂軍會復越南高平。庚戌，申諭約束太監。壬子，官軍勦平杭錦旗屬竄回。癸丑，寧夏官軍勦賊失利，副將方大順陣亡。戊午，棍噶札拉參軍復布倫托海，賊首張㷧等伏誅。己未，官軍勦達拉特旗竄匪，殄之。是月，賑浙江杭、湖各屬，湖南安鄉等縣水災。

九月庚午，高臺勇潰，褫成祿職，留任。壬申，撥京餉三十萬濟武、漢等屬工賑。甲戌，馬化龍復叛，襲陷靈州。官軍復威戎堡、水洛城。戊寅，滇軍復易門。壬午，免暹羅補歷年貢品。庚寅，烏魯木齊匪竄哈密，何琯等擊敗之。乙未，福建新造第一輪船成，命崇厚勘驗。戊戌，諭福濟等額魯特各安舊居，僧衆居阿爾泰山南，俗衆居青格里河。

冬十月庚子，劉松山敗回匪於吳忠堡等處。辛丑，金順又敗之於納家牐。命楊占鼇署甘肅提督，辦肅州善後事宜。法使羅淑亞與其水師提督以兵船赴贛、鄂、川省查教案，諭所在按約待之。乙巳，雷正綰、黃鼎敗回匪於固原、鹽茶。丁未，命毛昶熙、沈桂芬在總理各國事務衙門行走。辛丑，命文碩等會勘布倫托海分界事宜，董恂辦理美國換約。甲寅，滇軍復楚雄、南安、定遠。劉嶽昭移軍昆明。己未，哈密官軍剿西路回匪，大捷。甲子，鳳凰城匪首王慶等伏誅。乙丑，劉松山軍復靈州。是月，賑雲南水災，直隸旱災。

十一月丙子，茌平教匪孫上汶等謀逆，捕誅之。丁丑，裁新設布倫托海辦事大臣。庚辰，賑江寧水災。癸未，免科布多屬貢貂。甲申，滇軍復昆陽。丙戌，甘軍復靖遠。庚寅，永定河口合龍。乙未，命文碩來京，改奎昌辦理分界。是月，免直隸東明被淹、被擾，安徽無爲等州縣衞被水逋賦。

十二月庚子，援滇川軍克魯甸。乙巳，劉松山軍攻金積堡，總兵簡敬臨等死之。乙卯，拔楞侵占哲孟雄各地，廓爾喀與唐古特搆嫌，諭恩麟防維開導。布魯克巴內閧，並諭恩麟解釋撫綏。丁巳，越南匪平。諭蘇鳳文嚴申邊禁。癸亥，賑畿南災。

是歲，朝鮮、越南、琉球入貢。

九年庚午春正月丁卯朔，停筵宴。癸酉，滇軍復祿豐。甲戌，甘軍擊敗援賊於王家疃。己卯，回匪陷定邊。癸未，神武門木庫火，詔修省。庚寅，回匪陷安定。陝軍復定邊。甲午，馬德昭留辦潼關防務。

二月辛丑，劉松山督勦金積堡回匪，中砲卒。賞道員劉錦棠三品卿銜，接統其軍。以俄官往齊齊哈爾、吉林商界務，諭富明阿、德英據約待之，毋遷就。乙巳，回匪分竄安邊、清澗，陝軍擊走之。丙午，又分竄花馬池、榆林，宋慶軍勦之。戊申，官軍擊敗米脂竄匪。壬子，命李鴻章赴陝西督辦軍務。甲寅，回匪竄同官、宜君，陝軍勦敗之。丙辰，法使因教案藉兵要挾，諭各疆吏通商大臣迅結交涉事宜。辛酉，寧夏各堡降回復叛。

三月丁卯朔，回匪竄準噶爾旗，馬玉崑擊敗之。辛巳，雷正綰以疏防峽口，褫職留營。諭誡西征各軍貪功銳進。乙酉，滇軍復彌渡、賓川、麗川、緬寧。辛卯，回匪分擾岐、鳳，李輝武擊敗之。

夏四月甲辰，譚廷襄卒。

五月庚午，命崇實赴貴州，會同曾璧光查辦教案。癸酉，始允英國設置沿海各口電綫。甲戌，援黔川軍克黃飄、白堡等苗寨。庚寅，天津人與天主教啓釁，焚毁教堂，毆斃法領事。命曾國藩與崇厚會商辦理。乙未，諭疆吏飭禁播謠惑衆，保護通商傳教各區。李鴻章督軍入關，請調郭寶昌軍，允之。命崇厚爲出使法國大臣。以成林署三口通商大臣。是月，免直隸安州等屬逋賦。

六月戊戌，奎昌赴塔爾巴哈台，與俄使勘辦立界。壬寅，賽音諾顏部蒙兵勦回匪失利。丁未，滇軍復威遠。己酉，命彭玉麟赴江南，會同沿江督撫整頓長江水師。庚戌，甘軍敗回匪於鞏昌。乙卯，永定河決。庚申，以疏防民教啓釁，褫天津知府張光藻、知縣劉傑職，下部治罪。辛酉，滇軍復姚州。癸亥，命毛昶熙會同曾國藩查辦教案。曾國藩言：「善全和局，爲保民之道。備禦不虞，爲立國之基。」諭旨嘉勉。命丁日昌赴天津幫辦洋務。

秋七月戊辰，以琿春邊務事繁，加協領副都統銜，爲定制。丙子，法使羅淑亞以曾國藩不允府、縣論抵，回京。諭國藩迅緝原兇，從速辦結。丁丑，召崇厚還。命毛昶熙署三口通商大臣。甲申，周盛傳等勦散北山餘匪。丙戌，諭曰：「海上水師，與江上水師截然不同。欲捍外侮圖自强，非二十年之久，未易收效。然因事端艱鉅，畏縮不爲，則永無自强之日。近年內外臣工，値事急時，徒事張皇。禍患略平，又爲苟安之計。卽創立戰守章程，而奉行不力，使朝廷謀議均屬具文。積習因循，焦憂曷釋。茲閩、滬兩廠輪船告成，馬新貽、丁日昌、英桂、沈葆楨各擇統將出洋，窮年練習，以備不虞。廣東亦應籌備輪船，瑞麟、李福泰務切實辦理。將校有熟諳風濤沙線者，隨時擇保，卽山野中或長於海戰，亦當隨時物色，量材超擢。各督撫其統籌全局，以副委任。」庚寅，南路甘軍復渭源、狄道。是月，兗州被擾逋賦。

八月丁酉，汝陽人張汶祥刺殺馬新貽。命曾國藩爲兩江總督，李鴻章調直隸總督，李瀚章爲湖廣總督。戊戌，設黃河水師。庚子，北山匪首李凡覺伏誅。壬寅，命張之萬會同魁玉訊張汶祥。己酉，召毛昶熙還。命李鴻章會曾國藩查辦天津敎案。癸丑，桂軍剿平安邊、河陽賊匪，梁添錫伏誅。允越南進方物及馴象。己未，命李成謀爲新設輪船統領。

九月戊辰，滇軍復新興。庚午，諭崇實仍赴遵義辦敎案。甲戌，治天津民敎啓釁罪，張光藻、劉傑遣戍，誅逞兇殺害之犯十五人。

是秋，川東、荆州、熱河被水，賑撫之。

冬十月乙未，沈葆楨丁憂，命百日後仍經理船政。丙申，命劉銘傳督辦陝西軍務。諭嚴禁四川州縣苛派。撥欵續賑北山難民。辛丑，以江北漕船阻淺，由陸路轉運臨淸。甲辰，天津製造局成。庚戌，日本請立約通商，允總署遴員議約。辛亥，免科布多貢貂。壬子，裁三口通商大臣，命直隸總督經理，如南洋大臣例，給欽差大臣關防。嚴諭疆吏愼密交涉，有漏洩者立誅之。丙辰，以水旱疊見，詔修省。戊午，移周盛傳軍衞畿輔。陝回禹生彥等竄平番，官軍失利，提督張萬美等死之。庚申，設直隸津海關道。劉錦棠各軍克漢伯等堡，合圍金積堡。

閏十月乙丑，俄使倭良嘎哩來京。庚午，湘潭會匪平。乙亥，滇軍復永北、鶴慶、鎭南、楚雄。回匪陷烏里雅蘇台。丙子，永定河合龍。諭曾國藩籌河運。戊寅，越南吳亞終等伏誅。

十一月癸巳，命鄭敦謹會鞫張汶祥獄。尋定讞，磔張汶祥于江寧。丁酉，回匪竄涼州，副將謝元興陣沒，王仁和擊退之。辛丑，援黔湘軍復台拱。戊申，福濟、榮全以匪入烏里雅蘇台，褫職留任。命曾國藩兼通商大臣。庚戌，甘肅總兵周東興侵賑，命斬於軍前。庚申，劉坤一以漏洩密諭，褫職留任。

十二月甲子，諭嚴禁河工偸減侵蝕諸弊。辛未，滇軍復鄧川、浪穹。回目馬源發戕提督丁賢發等，捕誅之。

是冬，免貴州興義等州縣衞、陝西綏德等州縣災擾逋賦。

是歲，朝鮮入貢。

十年辛未春正月辛卯朔，停筵宴。壬辰，官軍克河西王疃賊壘，賞金順黃馬褂，加張曜一雲騎尉。乙未，黔軍平貴定等處賊壘，克都勻，賞提督林從泰、總兵何雄輝黃馬褂。己亥，諭馮子材赴太平進勦牧馬、諒山匪。壬寅，官文卒。是月，免直隸安州等屬被水額賦。

二月壬戌，劉錦棠等軍克金積堡，匪首馬化龍等伏誅，加左宗棠一騎都尉，賞劉錦棠雲騎尉、黃馬褂，開復雷正綰處分，及陳湜原官，賞黃鼎、金運昌黃馬褂。置就撫陝回於華亭之化平川，設通判、都司以綏靖之。前知靈州彭慶章坐爲賊主謀，處斬。壬午，獲叛將宋景詩，誅之。丁亥，調江蘇按察使應寶時赴津，籌辦日本通商事。命瑞常爲大學士，文祥協辦大學士。

三月癸巳，金順等軍克寧夏，匪首馬萬選伏誅。己丑，滇軍復澂江，克江那土城，匪首馬和等伏誅。辛丑，普使李福斯致國書，以德意志各國及自主之三漢謝城共復一統，受尊稱爲德意志皇帝，復書賀之。丁未，以倭仁爲文華殿大學士，瑞常爲文淵閣大學士。自春初至於是月，上連祈雨。庚戌，雨。

夏四月丙寅，援黔湘軍復新城、巖門司等城，克高坡等苗寨。己巳，寧夏納家牐回衆降。己卯，陝回竄擾平番、碾伯，官軍擊退之。辛巳，倭仁卒。甲申，賜梁耀樞等三百二十三人進士及第出身有差。築大沽、北塘礮臺。乙酉，福濟革職，以金順爲烏里雅蘇台將軍。丙戌，回匪復竄擾賽音諾顏部，焚掠固爾班賽汗等處。

五月庚寅朔，雨。乙未，左宗棠請禁絕回民新教，不許。戊戌，苗酋聞國興等降，八寨等城俱復。壬寅，回匪擾烏拉特，杜嘎爾、薩薩布軍合擊之。丙午，援黔湘軍復丹江、凱里等城，賞蘇元春黃馬褂。己酉，以李世忠尋仇鬬很，陳國瑞演劇生事，褫世忠職，降國瑞都司，併勒回籍，畀有司管束。辛亥，鄭親王承志有罪，褫爵逮訊。命李鴻章辦日本商約，應寶時、陳欽爲幫辦。乙卯，金順乞假守制葬親。不許。己未，滇軍復雲龍。

六月壬戌，太白晝見。益陽等處會匪平。己巳，陝回白彥虎結西寧回衆擾河州。庚午，黔軍克永寧、鎮寧、歸化苗寨，破郎岱、水城各峝寨。乙亥，命瑞麟爲大學士，仍留兩廣總督任。己卯，阜陽匪擾沈丘、汝陽，官軍捕誅之。辛巳，以廣東盜賊橫行，諭飭嚴緝。丁亥，德宗生於醇邸。戊子，賑天津災。

秋七月己丑朔，桂軍勦越南竄匪，克長慶，斬匪首趙雄才。壬辰，杜嘎爾軍勦賊於布拉特，勝之。甲午，永定河復決。丙申，穆圖善赴北山勦賊。金運昌軍剿烏拉特竄匪，勝之。丁未，河內沁河決。乙卯，昌圖賊匪竄擾，都興阿遣軍剿平之。

八月壬申，以副都統慶至襲封鄭親王。甲戌，桂軍克安世賊寨，追剿太原竄匪，蘇國漢赴廣東乞降。丁丑，詔各省設局收養流寓孤寡。

九月丙申，革高郵徵糧弊習。丁酉，甘軍克康家崖要隘。趣榮全赴伊犁。給劉銘傳假三月。壬寅，諭奉、吉整頓吏治，嚴緝盜賊。命恩錫往上海辦奧國換約。丁未，喬松年等會堵侯家林決口。

是秋，賑順直各屬及菏澤等州縣災，免濮州被水、晃州被擾逋賦。

冬十月戊午朔，達爾濟以撤營縱賊，褫職逮治。命曹克忠接統劉銘傳軍，赴肅州防剿。庚申，以湖南匪變，命李鴻章查辦。壬辰，命景廉爲烏魯木齊都統。癸未，詔免伊犁被脅官吏軍民等罪。以參領貢果爾接統達爾濟軍。

十一月癸巳，甘軍克河州，禹得彥等降。丁未，西寧回匪竄烏拉特及中衞，張曜軍擊退之。乙卯，肅州回匪復犯敦煌，文麟援剿之。

十二月辛未，予先儒張履祥從祀文廟。丁丑，香山匪徒曾大鵝幅等作亂，捕誅之。

是歲，朝鮮、琉球、越南入貢。

十一年壬申春正月丙戌朔，停筵宴。己丑，以紀年開秩諭減刑。文碩以乞病褫職。辛卯，桂軍復越南從化，克鎮山。癸巳，甘軍連破甘坪、大貝坪等處賊壘，進攻太子寺。庚子，黔軍克清平、黃平、重安。辛丑，援黔湘軍克黃飄、白堡苗寨。辛亥，命侍郎崇厚、太常寺少卿夏家鎬在總理各國事務衙門行走。

二月庚申，允江蘇辦米試行河運，漕白二糧仍由海運。丙寅，曾國藩卒，贈太傅。戊辰，褫劉銘傳職，以前功仍留一等男爵。庚午，起彭玉麟巡閱長江水師。甲申，侯家林決口合龍。越南匪首蘇國漢等伏誅。是月，賑四川各屬災。

三月乙酉朔，黔軍復貞豐。丙戌，甘軍剿太子寺回匪失利，提督傅先榮、徐文秀死之。褫提督楊世俊黃馬褂，降參將。甲午，免達爾濟等罪，仍褫職效力。丁酉，以奉匪擾朝鮮境，嚴緝之。辛丑，瑞常卒。

是春，免湖北黃陂、直隸安州、甘肅河州等處被擾逋賦。

夏四月丙辰，回匪竄定邊、靖邊，陝軍擊退之。己未，西寧回目馬占鼇、陝回崔三、米拉溝回目冶成林等，先後乞降。丙寅，停淮關傳辦活計。諭內務府力求撙節。己卯，通政司副使王維珍疏陳先意承志，孝思維則。予嚴議，尋褫職。是月，免貴州興義等屬被擾逋賦。

五月甲申朔，日有食之。免熱河騰圍旗民租課三年。乙酉，自三月初旬，慈禧太后弗豫，月餘不視朝。至是，御史李宏謨請勤召對。諭責其冒昧，嚴飭之。癸巳，徐占彪軍剿肅回屢捷。左宗棠劾成祿糜帑遷延，命穆圖善查辦。乙未，貴州苗匪平，賞席寶田騎都尉。丙申，陝回朱全德等降。予伊犁殉難已革尚書陳孚恩暨其眷屬旌卹加等。庚子，命李鴻章爲大學士，仍留直隸總督任。乙巳，滇軍克永平及雲南。

六月甲午，朱鳳標致仕。命文祥爲大學士，全慶協辦大學士。丁卯，諭停本年秋審、朝審句決。以單懋謙協辦大學士。

秋七月癸未朔，滇軍會克興義。己丑，免廓爾喀例貢。賑達木蒙古及三十九族被災兵民。戊戌，回匪竄擾寧夏西路及阿拉善旗，官軍擊退之。己亥，直隸呈進瑞麥，御史邊寶泉疏論之。諭李鴻章勤恤民隱，補救偏災，毋鋪張瑞應。庚子，永定河北下汛溢。是月，免湖南晃州被擾逋賦。

八月庚午，截江北漕米十萬餘石賑畿輔被水災民。癸酉，金順以遷延罷，常順署烏里雅蘇臺將軍。辛巳，以單懋謙爲大學士。

九月癸未，滇軍克趙州、蒙化並大理上下關，賞楊玉科、李維述黃馬褂。左宗棠言地產瑞麥瑞穀，諭却之。乙未，册立皇后阿魯特氏，自王大臣以次推恩加賚，頒詔天下，覃恩有差。永定河工合龍。丙午，允彭玉麟乞病回籍，仍命每年巡閱長江水師。庚戌，榮全請令慶符招撫纏、民，英廉等馬隊駐庫爾喀喇烏蘇，酌募民勇，允之。

十月丁巳，甘肅潰勇首犯馮高山等伏誅。己未，加上兩宮皇太后徽號。戊辰，廣西隆安、岑溪土匪，西隆苗匪平。壬寅，諭統兵大臣約束委員，治騷擾逾限者罪。允恭親王請，復軍機處舊制。丙子，何璟憂免，以張樹聲署兩江總督。

十一月乙酉，朝鮮匪船越境侵擾，都興阿等水師緝剿之。回匪擾哈密東山，官軍剿勝之。禁殿廷、鄉、會考試請託冒替。己卯，瓊州土匪平，誅匪首何亞萬等。辛卯，滇軍剿館驛等踞匪，迤東、迤南肅清。乙未，肅回竄扎薩克汗各旗，官軍擊走之。黔軍會克新城。下江苗匪亂，張文德軍剿除之。全黔底定。丙申，捻匪竄擾太湖，水師剿平之。允軍民入哥老會者自首免罪。丁酉，申禁各省種罌粟。辛丑，劉錦棠等軍剿回匪，大捷。丁未，陝軍剿陝北二道河等處竄匪，殄之。李鴻章奏設招商局，試辦輪船分運江、浙漕糧。

十二月己未，駐藏幫辦德泰坐事褫職回旗。丙辰，諭吏部、兵部、理藩院，親政後，各署有請旨及軍務摺片，均用漢文。丁卯，釋田興恕回。丙子，左宗棠乞病，溫旨不許，己卯，祫祭太廟。

是歲，朝鮮入貢。

十二年癸酉春正月辛巳朔。癸未，官軍擊回匪於那瑪特吉幹昭，敗之。丙戌，以李宗羲爲兩江總督，兼通商大臣。辛丑，成祿以苛捐誣叛，褫職逮問，趣金順接統其軍。甲辰，滇軍克大理，回酋杜文秀、楊榮、蔡廷棟等伏誅。賞岑毓英黃馬褂、騎都尉世職，開復劉嶽昭處分，賞楊玉科騎都尉。乙巳，兩宮皇太后以親政屆期，懿旨勉上「祗承家法，講求用人行政，毋荒典學」。勗廷臣及中外臣工「公忠盡職，宏濟艱難」。丙午，上親政，詔「恪遵慈訓，敬天法祖，勤政愛民」。己酉，諭內務府核實撙節，於歲費六十萬外，不得借支。

二月庚戌朔，軍機大臣、六部九卿會議黃、運兩河辦法。諭李鴻章悉心籌辦奏聞。下詔修省，求直言。諭直省舉賢才，杜倖蠹。戊午，加上兩宮皇太后徽號，翌日頒詔覃恩有差。劉錦棠軍克大通向陽堡。庚午，以謁東陵，命惇親王等留京辦事。乙亥，金順軍抵肅州剿回匪，敗之。

三月癸未，上奉兩宮皇太后謁東陵。丁亥，回鑾。免蹕路經過本年額賦。己丑，大通、巴燕戎格及五工撒拉各回衆降。西寧匪首馬桂源等伏誅。庚寅，上奉兩宮皇太后還宮。丙申，回匪白彥虎等竄甘州。命議定各國公使覲見禮節。榮全乞病，不許。庚子，以英廉爲塔爾巴哈台參贊大臣。丁未，滇軍克順寧。

是春，免江蘇邳州、陝西鄜州等屬被擾逋賦。

夏四月乙卯，設廉州北海關。丙辰，日本換約成。乙丑，回匪竄阿拉善旗及阿畢爾米特，諭定安遣軍會防兵夾擊。己巳，官軍克肅州塔爾灣賊巢。

五月庚寅，滇軍克雲州。丁酉，允各國公使覲見。癸卯，成祿交刑部治罪。丙午，命成瑞署烏魯木齊提督。

六月壬子，上幸瀛臺，日使副島種臣、俄使倭良嘎哩、美使鏤斐迪、英使威妥瑪、法使熱福哩、荷使費果蓀覲見於紫光閣，呈遞國書。庚申，嚴趣金順出關。丁卯，甘軍復循化，匪目馬玉連等伏誅。

閏六月甲申，李鴻章覆陳黃、運兩河淮、徐故道難復，請仍海運。其舊河涸地，酌量升課。議行。丙戌，朱鳳標卒。滇軍克騰越，予岑毓英一等輕車都尉，賞劉嶽昭黃馬褂，楊玉科一等輕車都尉。以雲南軍興十有八年，郡縣多爲賊蹂躪，詔免十一年以前積欠糧賦，並永遠停徵濟軍釐穀。諭劉嶽昭愼選牧令，察吏安民。甲午，京畿久雨，上祈晴。丙申，詔查各省畝捐、釐捐及丁漕違制者，次第豁除。庚子，甘軍剿白彥虎等于敦煌，失利，副將李天和等死之。永定河決。免阿爾泰烏梁海七旗貢貂。

秋七月辛亥，桂軍剿西林、西隆匪，平之。甲子，賑順天災。是月，免山東青城被水新舊額賦。

八月丁丑朔，都興阿乞病，慰留之。辛巳，直隸運河隄決。榮全復以病乞免，不許。

富和有罪褫職。戊子，白彥虎等陷馬蓮井營堡。召劉嶽昭入覲，以岑毓英兼署雲貴總督。壬辰，白彥虎等圍哈密，犯巴里坤，官軍失利。乙未，諭景廉督軍赴援，調錫綸爲烏魯木齊領隊大臣，以明春爲哈密幫辦大臣。是月，賑直隸各屬、永順府屬暨公安水災。

九月丙寅，命軍機大臣會刑部審擬成祿罪。癸酉，永定河合龍。

冬十月丙子朔，御史沈淮疏請緩修圓明園。諭令內務府僅治安佑宮爲駐蹕殿宇，餘免興修。己亥，官軍克肅州，匪逆馬文祿伏誅。上詣兩宮皇太后賀捷。庚子，論功，命左宗棠以陝甘總督協辦大學士，加一等輕車都尉；復金順職，賞還黃馬褂；予徐占彪、穆圖善雲騎尉。

十一月己未，越南王疏請會勦河陽、興化、山西、宣光邊地諸匪。諭劉長佑、馮子材議奏。辛酉，法、越搆衅，法兵破河內省城，越匪擾北寧。越人求援。諭瑞麟飭軍由欽州出關，會桂軍援勦之。甲子，御史吳可讀請將成祿明正典刑。己巳，岑毓英奏整頓吏治營伍，並請撤勇停捐，自雲南始。詔嘉之。庚午，疏濬運河。壬申，成祿論斬。吳可讀坐刺聽朝政降調。

十二月甲申，回匪竄擾烏梁海等部，錫綸軍追勦，敗之。戊子，以磨勘順天舉人徐景春試卷荒謬，考官尚書全慶、都御史胡家玉等降黜有差。辛卯，命額勒和布赴烏里雅蘇台查辦事件。丙申，賞故提督劉松山一等輕車都尉。命張曜、金順分軍西進。壬寅，以慈禧皇太后四旬慶典，推恩近支王公及中外大臣，賚敍有差。

是歲，朝鮮入貢。

十三年甲戌春正月乙巳朔，停筵宴。甲寅，湘軍剿古州苗匪，平之。丙辰，命編修張英麟、檢討王慶祺直弘德殿。辛酉，以劉坤一、胡家玉互參，降坤一三品頂帶，褫職留任，家玉鐫五級調用。癸亥，諭築東明長隄。己巳，官軍援沙山子擊回匪，勝之，賞福珠哩黃馬褂。

二月己卯，回匪擾巴里坤境，明春等會剿之。丙申，以法取越南地，越匪擾山西，偪滇疆，諭岑毓英部署邊防。禁京師私鑄。丁酉，上奉兩宮謁西陵。

三月甲辰，還宮。乙巳，賑奉天災民。丙午，命寶鋆協辦大學士。己酉，修海寧石塘。辛酉，論肅清貴州功，復陶茂林提督，賞提督何世華等世職。辛未，日本兵艦泊廈門，諭沈葆楨統兵輪往，相機籌辦。命李鴻章與秘魯公使會議華工事宜。

夏四月甲戌，詔撥帑十萬撫卹烏里雅蘇臺災擾部落。丁丑，上幸瀛臺。單懋謙因病乞休，允之。覲見俄使布策等於紫光閣。辛巳，上幸圓明園還宮。癸未，瑪那斯回匪犯奎屯等處，官軍進剿失利，景廉兵援之。丙戌，日本兵船抵臺灣登岸，與生番尋釁。命沈葆楨辦海防，兼理各國事務大臣，江、廣沿海各口輪船，以時調遣。辛卯，常順緣事褫職，命額勒和布爲烏里雅蘇台將軍，慶春爲察哈爾都統，托倫布爲科布多參贊大臣。丁酉，賜陸潤庠等三百三十七人進士及第出身有差。辛丑，景廉再乞病，不許。

五月壬寅朔，法、越和議定，諭邊將安輯內遷難民。壬子，上幸圓明園還宮。日本攻臺灣番社。丁巳，以慈禧太后聖節，予在京旗官六十以上者恩賞，停本年秋審、朝審人犯勾決。己未，彗星見。乙丑，詔賑奉天災民。丙辰，允沈葆楨請，建臺灣海口礮臺，撫番社，撤疲兵。戊辰，日本師船游弋福建各海口。日使柳原前光與總署王大臣商臺灣兵事。

六月乙亥，諭飭總兵孫開華接辦廈門防務。己卯，召楊岳斌、曾國荃、閻敬銘、趙德轍、丁日昌、鮑超、蔣益澧、郭嵩燾來京。壬午，烏索寨降衆復叛，滇軍剿平之。癸未，允李鴻章請，以徐州唐定奎軍渡海赴臺。乙酉，諭戶部撙節不急之需，豫籌海防經費。諭沈葆楨部署南北路防守。丁酉，命翁同龢仍直弘德殿。

秋七月丁未，李鶴年請閩省陸路選立練軍，議行。庚戌，瑪納斯回匪犯西湖，官軍擊退之。壬子，命左宗棠爲大學士，仍留陝甘總督任，景廉爲欽差大臣，督辦新疆軍務，金順幫辦軍務。庚申，覲見比使謝恩施等於紫光閣。甲子，內務府大臣貴寶以任郎中時，於知府李光昭報効木植，欺罔奏陳，嚴議褫職。乙丑，馬賊陷寧古塔，旋復之。允福建軍餉借用洋欵二百萬，由海關稅分年抵還。己巳，停修圓明園工程。庚午，諭責恭親王召對失儀，奪親王世襲，降郡王，仍爲軍機大臣，並革載澂貝勒郡王銜。白彥虎等犯濟木薩，官軍擊敗之。

八月辛未朔，懿旨復恭親王世襲及載澂爵銜，訓勉之。諭修葺三海工程，力求撙節。丙戌，河南蝗。戊子，李光昭論斬。庚寅，諭各省整頓捕務。乙未，命左宗棠督辦西征糧臺轉運事宜，以內閣學士袁保恆爲幫辦。詔各省酌裁釐局，禁種罌粟。丁酉，上幸南苑。戊戌，閱御前王大臣、乾清門侍衞射。己亥，上行圍。

九月庚子朔，上幸晾鷹臺，撒圍。辛丑，上幸晾鷹臺，閱神機營兵。壬寅，閱王大臣、侍衞等射。丁未，瑞麟卒，以英翰爲兩廣總督。庚戌，日本續遣大久保利通來，與總署王大臣論臺灣番社兵事。丙辰，寧古塔匪首王文拴伏誅。辛酉，王大臣與日使成議，退兵回國，給日本難民恤金及臺灣軍費共五十萬。乙丑，賈楨卒。丙寅，諭李鴻章等於總署條奏海防、練兵、簡器、造船、籌餉、用人、持久諸事，詳議以聞。

十月辛未，以慈禧皇太后四旬萬壽，復劉銘傳提督。己卯，上慶賀禮成，賞廢員職銜，免王公、文武官處分，餘進敍有差。庚辰，恤廣東颶災。癸巳，命廣壽、夏同善赴陝西查事。己亥，上不豫，命李鴻藻代閱章奏。

十一月甲辰，命恭親王代繕批答清文摺件。丁未，賑徐、海水災。己酉，命內外奏牘呈兩宮披覽。以寶鋆爲大學士。壬子，日本退兵。癸丑，冬至，祀天圜丘，遣醇親王代。頒部帑百五十萬築石莊戶隄工。甲寅，上以兩宮調護康吉，崇上徽號，詔刑部及各省罪犯分別減等。庚申，議行河南練軍。甲子，以石莊戶隄難就，允丁寶楨請，於賈莊一帶建壩築隄。十二月辛未，詔蠲免雲南被擾荒地錢糧十年。甲戌，李宗羲病免，以劉坤一署兩江總督。上疾大漸，崩於養心殿，年十九。

慈安皇太后、慈禧皇太后召惇親王奕誴、恭親王奕訢、醇親王奕譞、孚郡王奕譓、惠郡王奕詳，貝勒載治、載澂，公奕謨，御前大臣伯彥訥謨祜、奕劻、景壽，軍機大臣寶鋆、沈桂芬、李鴻藻，內務府大臣英桂、崇綸、魁齡、榮祿、明善、貴寶、文錫，直弘德殿徐桐、翁同龢、王慶祺，南書房黃鈺、潘祖蔭、孫詒經、徐郙、張家驤入奉懿旨，以醇親王之子承繼文宗爲嗣皇帝。

光緒元年二月戊子，皇后阿魯特氏崩。三月己亥，上尊諡曰繼天開運受中居正保大定功聖智誠孝信敏恭寬毅皇帝，廟號穆宗。五年三月庚午，葬惠陵。

論曰：穆宗沖齡卽阼，母后垂簾。國運中興，十年之間，盜賊剗平，中外乂安。非夫宮府一體，將相協和，何以臻茲？洎帝親裁大政，不自暇逸。遇變修省，至勤也。聞災躅恤，至仁也。不言符瑞，至明也。藉使蘄至中壽，日新而光大之，庸詎不與前古媲隆。顧乃奄棄臣民，未竟所施，惜哉！

清史稿卷二十三

本紀二十三

德宗本紀一

德宗同天崇運大中至正經文緯武仁孝睿智端儉寬勤景皇帝，諱載湉，文宗嗣子，穆宗從弟也。本生父醇賢親王奕譞，宣宗第七子。本生母葉赫那拉氏，孝欽皇后女弟。同治十年六月，誕於太平湖邸第。

十三年，食輔國公俸。十二月癸酉，穆宗崩，無嗣。慈安皇太后、慈禧皇太后召惇親王奕誴、恭親王奕訢、醇親王奕譞，孚郡王奕譓、惠郡王奕詳，貝勒載澂，鎭國公奕謨，暨御前大臣、軍機大臣、內務府大臣，弘德殿、南書房諸臣等定議，傳懿旨，以上繼文宗爲子，入承大統，爲嗣皇帝。俟嗣皇帝有子，卽承繼大行皇帝。

乙亥，王大臣等以遺詔迎上於潛邸，謁大行皇帝几筵。丙子，上奉慈安皇太后居鍾粹宮，慈禧皇太后居長春宮。從王大臣請，兩宮皇太后垂簾聽政。皇太后訓敕稱懿旨，皇帝稱諭旨。詔停三海工程。乙卯，停各省貢方物。壬午，頒大行皇帝遺詔。懿旨，醇親王奕譞以親王世襲罔替。翰林院侍講王慶祺有罪，褫職。定服制，縞素百日，仍素服二十七月。伯彥訥謨祜、景壽俱管理神機營。癸未，詔惇親王、恭親王、孚郡王諭旨章奏勿書名，召對宴賚免叩拜。甲辰，詔以明年爲光緒元年。

丁亥，上大行皇帝尊謚曰繼天開運受中居正保大定功聖智誠孝信敏恭寬毅皇帝，廟號曰穆宗。戊子，懿旨封皇后爲嘉順皇后，皇貴妃爲敦宜皇貴妃。諭中外臣工，於用人行政，據實直陳。飭臣民去奢崇實。敕各督撫求民疾苦，愼選牧令，考覈屬吏，並修明武備。壬辰，頒遺詔於朝鮮。甲午，禁內務府官結納太監。乙未，內務府大臣貴寶、文錫褫職。丙申，諭左宗棠督剿河州叛回。丁酉，袷祭太廟。

是月，免浙江被災鹽場竈課。

光緒元年乙亥春正月己亥朔，免朝賀。命吏部尚書英桂、兵部尚書沈桂芬並協辦大學士。戊申，予明故藩朱成功建祠臺灣，追謚忠節。庚戌，敕沈葆楨勘辦琅璠築城建邑，籌開山撫番事宜。辛亥，祈穀於上帝。淸江設廠，收養徐、海被水飢民。內閣侍讀學士廣安疏請廷臣會議大行繼嗣頒鐵券，斥之。丙辰，越南匪黨竄滇邊，巡撫岑毓英剿平之。戊午，上御太和殿，卽皇帝位，頒赦詔，開恩科。辛酉，申諭督撫進賢懲貪，除奢緣奔競。

二月丁丑，諭刑部清釐積案。戊寅，祭大社、大稷，豫親王本格攝行。由是大祀皆遣代，至十二年冬至圜丘祀天始親詣。壬午，英繙譯官馬嘉禮被戕於雲南。劉錦棠等復河州。甲申，臺灣生番亂，提督唐定奎剿之。丙戌，賜琉球國王緞匹文綺及貢使緞匹。戊子，嘉順皇后崩。

三月戊戌朔，日有食之。己亥，上大行皇帝尊謚廟號。壬子，山東賈莊河工合龍。丙辰，越南匪黨蘇亞鄧等伏誅。乙丑，召景廉回京，授左宗棠欽差大臣，督辦新疆軍務，以金順爲烏魯木齊都統副之。是月，普免各省欠糧，免江西、山西同治六年以前逋賦。

夏四月丁卯朔，享太廟。庚午，命穆圖善調所部馬隊來京，隸神機營，駐南苑。己卯，唐定奎克臺灣南路番社。壬辰，以沈葆楨爲兩江總督，兼通商大臣，督南洋海防，李鴻章督北洋海防。

五月戊戌，興直隸水利，防軍墾鹹水沽稻田。庚子，大考翰、詹，擢吳寶恕、瞿鴻禨、鈕玉庚、孫詒經一等，餘升黜有差。甲辰，停浙江貢綠玉簪鐲，並停各織造傳製諸品。劉嶽昭督攻越南，復同文土州等城。戊申，上嘉順皇后尊謚曰孝哲嘉順淑愼賢明憲天彰聖毅皇后。辛亥，工部神庫火。壬子，刑部科房火。命李瀚章往雲南查馬嘉禮案，薛煥繼往會按之。乙卯，夏至，祭地於方澤。

六月戊辰，吉林將軍奕榕褫職遣戍。庚午，奉天匪據大東溝作亂，崇實討平之。停甘肅例貢。甲午，免直隸同治十年以前民欠旗租並補徵稅。懿旨命醇親王與御前大臣舉各署諳綠營、勇營紀律，及侍衞可任統兵者。壬午，以穆宗帝后梓宮奉移山陵，預戒有司毋備御道，旋禁苛擾。

秋七月戊戌，免直隸同治六年以前逋賦並稅糧。庚子，永定河決。諭各省詳理京控諸獄。貸太原等縣倉穀濟民食。癸卯，賞劉典三品京堂，幫辦陝、甘軍務。免湖北米穀釐金。甲辰，祕魯換約成。諭總署會籌保護華工。丙午，慈安皇太后聖壽節，停筵宴。壬戌，命李鴻章、丁日昌與英使威妥瑪就商馬嘉禮案。候補侍郎郭嵩燾、候補道許鈐身充出使英國大臣。

八月戊寅，免陝西被兵額賦。庚辰，免長蘆、兩淮鹽政應進物品。庚寅，命丁日昌督福建船政。

九月丁酉，諭穆圖善整飭吉林吏治、旗營。甲辰，申定外人遊歷內地條約。吳棠督勦敍永廳竄匪。辛亥，免梓宮經過大興等州縣額賦十之五，遵化十之七，賞平毀麥田籽種銀，並免錮臏錢糧及旗租。甲寅，奉安梓宮於隆福寺。乙卯，上謁諸陵。閱普祥峪、菩陀峪工程。丙辰，閱惠陵工程。丁巳，奉兩宮皇太后還宮。庚申，至自隆福寺。辛酉，諭王凱泰區處臺灣生番。癸亥，劉長佑勦敗越南匪，匪首黃崇英、周建新伏誅。

冬十月甲子朔，享太廟。癸酉，慈禧皇太后聖壽，停筵宴。甲戌，允丁寶楨請，於煙台、威海衞、登州府築礮臺，設機器局。己卯，弛浙江南田島禁，聽民耕作。庚辰，賞京師貧民棉衣銀，每歲皆如之。敍永匪李增元等爲亂，提督李有恆勦平之。癸未，賞八旗各營一月錢糧，歲以爲常。湖南新化、衡、永匪亂，總兵謝晉鈞、提督趙聯陞勦平之。丁亥，委散秩大臣吉和、內閣學士烏拉喜崇阿使朝鮮，封李㷩子拓爲世子。

十一月戊戌，岑毓英克鎭雄大寨，匪首鞠占能伏誅。劉嶽昭以玩泄褫職。丁未，予郎中陳蘭彬以京堂候補，充出使美日祕大臣。乙卯，奉天大通溝匪平。戊午，冬至，祀天於圜丘。己未，免朝賀。庚申，祔穆宗帝后神牌於奉先殿。

十二月丙寅，奉安神御於壽皇殿。丁卯，除盛京養息牧畺地額賦。甲戌，懿旨：「皇帝典學，內閣學士翁同龢、侍郎夏同善授讀於毓慶宮，御前大臣敎習國語滿、蒙語言文字及騎射。」大學士文祥請解機務，慰留之。戊寅，免浙江被災新舊賦課。甲申，祈雪壇廟。辛卯，祫祭太廟。

是歲，朝鮮、琉球、緬甸入貢。

二年丙子春正月癸巳朔，免朝賀。戊戌，諭各省宣講聖諭廣訓。癸卯，免仁和等場未墾竈蕩課糧。癸丑，黔匪陷下江，尋復之。丙辰，祈雨。自是頻祈雨。辛酉，四川蠻匪平。

二月乙丑，詔自本年孟夏始，未親政以前，太廟時享及祫祭大祀，俱前一日親詣行禮。己卯，免海沙、蘆瀝等場竈額課。壬午，鄧川匪首羅洪昌、項和伏誅。免浙江逋賦。庚寅，陽萬土州判岑潤清作亂，嚴樹森剿平之。壬辰，東鄉匪聚衆抗官。

三月丙申，以旱故，詔清庶獄。己亥，予吳贊誠三品京堂，督辦福建船政。甲寅，已革都司陳國瑞遣戍黑龍江。丙午，免陝西六十六州縣逋賦。丁未，詔以慈安皇太后四旬萬壽，停本年秋決。

夏四月乙亥，停陝西進方物，免淮、揚等屬同治六年以前逋賦。貴州四腳牛賊巢及六峒匪平。戊申，以雨澤愆期，諭內外臣工直言闕失。丙戌，賜曹鴻勛等三百二十四人進士及第出身有差。戊子，蘇熱達熱畢噶爾瑪薩哈進書。

哀表，頒敕答之，並賜緞匹。

五月乙未，文祥卒。乙巳，以近畿亢旱，直隸、山東暨河南、河北等府小民艱食，諭長官撫卹，並捕蝗蝻。丙辰，御史潘敦儼請更上孝哲皇后謚號。予嚴議，尋褫職。

閏五月辛酉朔，賑近畿旱災。庚午，賑福建水災。辛未，以旱敕修省。壬申，孝陵大碑樓災。自春正月不雨，至於是日雨。甲申，階州齋匪平。乙酉，諭劉坤一防海練兵，亟圖整頓。

六月庚寅朔，諭文焜等嚴懲傳習邪術。壬辰，騰越練軍踞城作亂，並陷順寧、雲州。丁酉，以李鴻章爲全權大臣，赴烟台與英使威妥瑪議結馬嘉禮案。庚子，安徽蝗。戊申，開雲南實官捐例。辛亥，以江、皖、魯、豫匪擾，諭沈葆楨等分兵搜剿，解散脅從。丁巳，總兵孔才進攻瑪納斯，斬匪首馬得明等。是月，賑南豐、南昌、福建水災。

是夏，免淮、揚等屬逋賦，盛京同治六年以前逋賦，長蘆各場同治十年以前竈課，直隸同治十年以來逋賦。

秋七月辛酉，上兩宮皇太后徽號。辛未，復淮鹽楚岸引地。甲戌，東鄉匪首袁廷蛟伏誅。辛巳，劉長佑、潘鼎新復騰越各城，匪首蘇開先伏誅。戊子，馬嘉禮案議結，免案內官所坐罪。

八月辛卯，劉錦棠、金順擊敗回酋白彥虎，復烏魯木齊、迪化城，尋復昌吉、呼圖壁、景化各城。辛丑，許鈐身改出使日本大臣。丁未，賑浙江水災。辛亥，賑江西水災。孔才等復瑪納斯北城。

九月戊午朔，予上元、江寧兩縣一門殉難三十五家百九十五人旌卹建坊。壬戌，順天增設粥廠。己巳，定出使各國章程。以四川州縣民、教訟鬨，諭魁玉等持平訊斷。壬申，諭文煜等嚴緝福建、江西、安徽等省邪教匪黨。

冬十月丙午，賑皖北旱災。命景廉、李鴻藻在總理各國事務衙門行走。甲寅，召榮全來京，以金順爲伊犂將軍。丁巳，賑口北、山東、安徽、江北饑。

十一月丁卯，金順、錫綸克瑪納斯南城，匪首何碌、馬有財伏誅。壬午，以新疆北路平，發帑汰遣金順軍。甲申，截漕一萬石，並提倉穀濟蘇、常留養災民。

十二月戊子，命侍講何如璋充出使日本大臣。甲辰，命督撫嚴查州縣，毋匿災，各省民、教案持平審理。戊申，賑江北淮、海災。己酉，回匪竄擾科布多，參贊大臣保英派兵遲緩，切責之。乙卯，免杭、嘉、松各場未墾地竈課。

三年丁丑春正月丁巳朔，免朝賀。戊午，命以左都御史景廉爲軍機大臣。庚申，命前藏濟嚨呼圖克圖於達賴未出世以前掌商上事務，給「達善」名號。癸亥，以英桂爲體仁閣大學士，載齡以吏部尚書協辦大學士。丙寅，免洪澤湖灘欠租。

二月戊子，穆坪夷匪伏誅。己丑，申諭各省墾荒田，禁械鬬，愼舉劾，整營規。賑直隸、山東、山西、河南、安徽、江西、福建還籍飢民。己亥，免湖北逋賦。庚子，懿旨：「梓宮在殯，皇帝沖齡，除朝賀大典外，其頒慶賞宴外賓典禮暫緩舉行。」辛丑，復淮鹽引地。壬寅，刑部平反浙江民人葛品連獄，巡撫楊昌濬、侍郎胡瑞瀾褫職，知府以下論罪有差。申諭各省理刑，期情眞罪當，毋輕率。

三月丁巳朔，上釋服。以山陵未安，仍禁官中宴會演劇。辛未，免華陰被水糧課三年。癸酉，以劉錫鴻充出使德國大臣。賑沭陽災民。辛巳，除臺灣府屬雜餉，賑內山饑番。

夏四月辛卯，常雩，祀天於圜丘。甲午，馬邊倮夷結野番、黑夷出擾，魁玉等剿之。乙未，免鄠縣被水逋賦。戊戌，劉錦棠等克七克騰木、闢展，復吐魯番滿、漢兩城。尋攻克達坂及託克遜賊壘，安集延酋帕夏自殺。己亥，總兵張其光攻臺灣率芒番社，克之。庚子，貸義州旗戶籽種銀。辛丑，賑貴陽地震災。壬寅，昭通、廣南匪作亂，官軍討平之。癸卯，以災區緩徵，吏胥舞弊，諭各省整頓。旌安貧樂道高郵增生韋弼諧。甲辰，越南遣使進方物，賚其國王緞匹。庚戌，賜王仁堪等三百二十九人進士及第出身有差。是月，江蘇、安徽蝗。

五月戊辰，日本阻琉球入貢，遣來使歸國。癸酉，山西旱，留京餉二十萬賑之。甲戌，監利會匪王灃漳等作亂，伏誅。撥帑銀一百二十萬解西征糧臺。戊寅，賑福州水災。壬午，懿旨以皇上萬壽值齋戒期，更定六月二十六日行慶賀禮，著爲令。山西大旱，巡撫曾國荃請頒扁額爲禱。以非故事，不許。諭曰：「禱惟其誠，當勤求吏治，清理庶獄，以迓和甘。」

六月戊子，詔工噶仁青之子羅布藏塔布克甲木錯卽作爲達賴喇嘛之呼畢勒罕，毋庸掣瓶。辛卯，廣東北江堤決，連州大水，詔賑撫災民。戊戌，先是穆宗祔廟位次，懿旨命大臣會議，醇親王復請定久遠至計，少詹事文治，鴻臚寺卿徐樹銘、少卿文碩，內閣侍讀學士鍾佩賢、司業寶廷並有陳奏。至是，仍命王大臣等詳議以聞，並命李鴻章妥議。丙午，以災祲疊見，誡臣工修省。庚戌，上萬壽，御乾清宮受賀。

秋七月丁巳，撥海防經費助山西賑。己未，惇親王等議上穆宗帝后神牌位次，請于太廟中殿東西各四楹，遵道光初增奉先殿後殿龕座，修葺改飾，並從醇親王請，自今以往，不援百世不祧之例。戊辰，免江寧、上元等縣被災額賦十之三。己巳，留京餉漕折銀賑河南饑。

八月丁亥，諭各省修農田水利。壬辰，撥天津練餉十萬濟山西賑。甲午，免臺灣同治十年供粟及糯米易穀。庚子，諭劉坤一等整頓廣東捕務。戊申，撥銀四十萬賑山西、河南災，並留江安漕糧輸山西、河南各四萬石備賑。

九月甲寅，羅田匪首陳子鼇伏誅。戊午，命前侍郎閻敬銘往山西查賑。己未，申禁山西種罌粟，改植桑、棉。辛酉，撥山東冬漕各八萬石續賑山西、河南災。甲子，予漢儒河間獻王劉德從祀文廟。乙丑，詔求直言。丁卯，命李鶴年往河南查賑。戊辰，減緩山西、河南應協西征軍餉。庚辰，加賑祥符等縣災民口糧。辛巳，賑興化府屬風災。

冬十月壬辰，賑三姓雹災。庚子，諭各省安撫轉徙饑民。甲辰，免三姓被災銀穀。加賑陽曲等縣災民口糧。乙巳，增設內城粥廠。庚戌，劉錦棠進復喀喇沙爾、庫車兩城，尋復阿克蘇及烏什城。

十一月癸丑，詔戒各部院玩愒因循。乙卯，開山東運漕新河。丁巳，諭督、撫、府尹講求吏治。

十二月辛卯，綏赫哲貢貂。庚子，豫免山西、河南被災州縣來歲糧。

是冬，連祈雪。撥來年江、鄂漕米凡十二萬石賑山西，發帑金賑陝西。

是歲，山、陝大旱，人相食。

四年戊寅春正月辛未，賑河南饑。命郭嵩燾兼出使法國大臣。西軍復葉爾羌、喀什噶爾，和闐回衆降。己卯，諭各省清理詞訟。

二月辛巳朔，修成都都江堰。壬午，諭興北方水利。乙酉，命署兵部左侍郎王文韶爲軍機大臣。庚寅，諭舉州縣能實行荒政者。壬辰，新疆平，匪首白彥虎遁入俄羅斯。論功，進左宗棠二等侯，劉錦棠二等男，予提督余虎恩等世職有差。甲午，諭清庶獄。丁酉，賑呼蘭災。己亥，下詔罪己。賑山西、河南饑。丙午，瘞災地遺骸。庚戌，免侯官被水丁糧。

三月甲寅，諭被災各省試行區田法。壬申，賑直隸饑，撥察哈爾牧羣馬三千匹給貧民耕作。甲戌，諭內務府，減經費，除浮冒。戊寅，英桂致仕。是月，河南雨。

四月壬午，沈葆楨請罷武科，斥之。壬辰，賑廣東風災。

五月庚戌朔，諭直省廣植桑、茶。命載齡爲體仁閣大學士，管工部事，全慶以刑部尚書協辦大學士。辛未，以崇厚爲出使俄國大臣。

六月丙戌，免陝西逋賦。庚寅，嚴私鑄禁。甲午，賑臺灣風災。庚子，諭刑部嚴定州縣侵賑罪。

秋七月乙卯，雲南官軍復耿馬土城。辛未，命禮部右侍郎王文韶、順天府府尹周家楣在總理各國事務衙門行走。壬申，嚴命案延玩處分。甲戌，以曾紀澤爲出使英法大臣。丁丑，免平陽、蒲、解、絳今歲秋賦。是月，賑金、衢、嚴等府，浮梁等縣水災。

八月己卯，永定河決。丙戌，沁河決。戊子，賑崇安、浦城水災。

九月丁巳，諭東南疆吏豫救水患，清釐保甲，防會匪煽惑災民。癸亥，賑山西旱，免陽曲等縣逋賦，及徐溝等縣秋糧。戊辰，賑藍田水災。丙子，修樊口江堤。

冬十月壬午，廣西在籍總兵李揚才叛，命馮子材勦之。免通、海各處，淮安四衞逋賦並雜課。丁亥，賑濮、范、壽陽水災。癸巳，沁河復決。賑奉天水災。乙未，北新倉火。戊戌，臺灣後山加禮宛等社就撫，縛獻番目，誅之。免貴州被兵新舊額賦。十一月丙辰，修北運河隄。辛酉，白彥虎寇邊，劉錦棠擊敗之。癸亥，李揚才踞越南長慶，楊重雅剿之。己巳，詔督撫整飭率屬。責軍機大臣勿避嫌怨，院部大臣力戒因循。甲戌，冬至，祀天於圜丘。乙亥，停朝賀。

十二月己丑，詔永罷捐輸事例。

是歲，免仁和鹽場逋課者二。朝鮮、廓爾喀入貢。

五年己卯春正月乙巳朔，停筵宴。乙丑，申諭停籌餉捐例。修高淳隄。辛未，賑山西饑。

二月壬午，吉州知州段鼎耀以呑賑處斬。癸未，詔復河運。甲午，諭山西清理荒田，編審丁口，均差徭。己亥，梓宮奉安山陵，禁有司科派擾累。賑文安等州縣水災。

三月丙午，賊目鍾萬新與李揚才合犯宣光，馮子材會師越南擊之。壬子，免梓宮所過大興、通、三河、薊、遵化額賦。庚申，頒吉嚨呼圖克圖敕書，幷賚哈達、蟒緞。布魯特回酋合安集延賊酋寇邊，劉錦棠敗之。乙丑，奉兩宮皇太后謁東陵。己巳，謁昭西、孝東諸陵。庚午，葬穆宗於惠陵，孝哲后祔。癸酉，至自東陵。

閏三月乙亥，穆宗神主祔太廟，頒詔天下。丁亥，李揚才踞者巖。己丑，修襄陽、沔陽、天門江隄。庚寅，吏部主事吳可讀於東陵仰藥自盡，遺疏請豫定大統。懿旨，王大臣等集議以聞。乙未，命三品卿銜李鳳苞爲出使德國大臣。

夏四月戊申，修通州北運河。癸丑，予吳可讀卹典。懿旨，以可讀原疏及會議摺，徐桐、寶廷、張之洞等摺，並前後諭旨均錄存毓慶宮。免河南被災州縣漕銀及逋課。己巳，先是嶧縣知縣朱永康以謀殺委員高文保論戍，尋下廷議。至是，奏上，詔以罪浮於法，改論死。

五月丙子，夏至，祭地於方澤。己卯，免兩淮、泰、海各場逋課。壬午，河南蝗。己亥，官軍剿平者巖賊。是月，賑清河、安東風災。山西雨。階、文、西和地震歷十有三日。

六月壬子，刑部言東鄉獄事，誣叛妄殺，已革知縣孫定揚、提督李有恆論死。尋文格、丁寶楨並坐奪職。命發帑二十萬，撥丁釐銀三十萬，濟山西賑需。己未，諭言事諸臣，交部議奏之事，不得攙越陳奏，亦不得雷同附和，相率瀆陳。普免山西積年民欠倉穀。烏拉特、阿拉善等旗蝗。甲子，懿旨允醇親王奕譞家居養疾，解職務。賑邠、乾、漢、鳳地震災。

七月庚辰，賑直隸水災。戊子，以星變、地震求直言。諭各省積穀。免絳、蒲、陽城被災夏課鹽稅。庚寅，復海運。

八月戊申，祭大社、大稷。詔各省舉文武堪備任使者。壬子，致仕大學士單懋謙卒。癸丑，賑博山等州縣水災。乙卯，江、皖各屬蝗。乙丑，賑階、文、西和地震及水災。

九月甲戌，賑直隸水災。壬辰，加上文宗、穆宗尊謚。己亥，重慶等府縣地震，賑之。

冬十月辛丑朔，免曲沃等州縣歉收額賦。乙卯，免奉天旗民站丁地課抵例賑口糧。丁巳，諭水師並習陸戰。癸亥，賑秀山等處水災。己巳，英桂卒。免齊齊哈爾、黑龍江、墨爾根屯糧，並原貸籽種。

十一月乙亥，李揚才伏誅。己卯，冬至，祀天於圜丘。庚辰，停朝賀。壬午，沈葆楨卒。甲申，以劉坤一爲兩江總督，兼南洋大臣。庚寅，詔責崇厚與俄人定伊犂約，擅自回京，所議條約，廷臣集議。壬辰，免山西災重州縣稅契銀。

十二月己酉，懿旨，廷議俄約覆奏，下王大臣等再議，醇親王並預議以聞。乙卯，褫崇厚職，下獄。辛酉，諭修社倉，興社學。己未，免永濟等州縣秋糧。丙寅，祫祭太廟。詔洗馬張之洞會商俄約。戊辰，修山東運河。

是歲，朝鮮、廓爾喀入貢。

六年庚辰春正月己巳朔，停筵宴。辛未，命曾紀澤爲出使俄國大臣，改議條約。甲戌，諭查營伍虛額占役。乙亥，西林苗匪平。丙子，命前工部尚書李鴻藻仍爲軍機大臣。壬午，尋甸匪亂，官軍討平之。己丑，詔中外舉人才，疆吏飭邊備海防。命河北道吳大澂幫辦吉林軍務，通政使劉錦棠幫辦新疆軍務。辛卯，定崇厚罪，論斬。癸巳，戶部奏籌饟十條，詔各省推行。是月，除山西各屬荒地丁銀，免仁和等場荒蕩夏稅。

二月乙巳，永免榆次貢瓜。壬戌，甘肅總兵蕭兆元侵蝕軍糧，論斬。

三月甲戌，賑順直水災。乙亥，左宗棠出屯哈密，金順扼精河，張曜、劉錦棠分進伊犁。己卯，免山西洪洞、忻州各屬荒賦三年或四年。

四月庚子，祀天於圜丘。復設科布多昌吉斯臺、霍呢邁拉扈等八卡倫官兵。丙午，三姓設廠造輪船。甲寅，階州番匪哈力等作亂，伏誅。壬戌，賜黃思永等三百三十三人進士及第出身有差。乙丑，調李長樂爲直隸提督，統武毅四營，鮑超爲湖南提督，召來京。

五月丙子，賑洛陽等縣雹災。乙酉，階州番匪古旦巴等伏誅。丙戌，以徇俄人請，貸崇厚死，仍繫獄。

六月丁酉朔，賑福建水災。癸卯，畀李鴻章全權大臣，與巴西議約。甲辰，禁徵糧浮收勒折。丙辰，賑廣州等處水災。丁巳，免交城等縣荒地缺課。命曾國荃督辦山海關防務。

七月壬申，召左宗棠來京，督辦關外事宜。癸酉，出崇厚於獄。癸未，賑揚州風災。甲申，命前浙江提督黄少春辦理浙江防務。

八月己亥，巴西商約成。戊申，召劉銘傳來京。庚戌，南北洋初置電綫。壬子，江蘇捕蝗。癸亥，朝鮮來告與日本交聘。

九月己巳，命浙江提督吳長慶幫辦山東防務，節制防軍。庚午，免永濟貢柿霜。辛未，允朝鮮派工匠來天津學造器械。壬申，賑蒲城等處災。壬午，給曾國荃病假，命岐元節制各軍。癸未，減涼、肅番族馬貢。己丑，賑資陽、清溪災。庚寅，印度進樂器並所撰樂記，賚以金寶星。癸巳，除拉林旗佃租賦。

冬十月丙午，察木多帕克巴拉胡圖克圖進貢物，以哈達、大緞賜之。己酉，東明河決。辛亥，命前吏部尙書毛昶熙在總理各國事務衙門行走。甲寅，賑圍場海龍城及菏澤水災。甲子，懿旨醇親王管理神機營事務。

十一月乙丑朔，命侍講許景澄爲出使日本大臣。己巳，以全慶爲體仁閣大學士，靈桂以吏部尙書協辦大學士。甲申，冬至，祀天於圜丘。丙戌，江華瑤匪平。癸巳，免永平等屬逋賦。

十二月丙午，命楊昌濬會辦新疆善後。丙辰，免文安被水額賦。庚申，懿旨神機營選弁兵赴天津學製外洋火器。辛酉，濬漕運河道。

是冬，數祈雪。

是歲，朝鮮、廓爾喀入貢。

七年辛巳春正月甲子朔，停筵宴。沈桂芬卒。癸酉，敕各省愼舉孝廉方正。乙亥，達賴喇嘛遣人進哈達、佛香，命獻惠陵，賚以哈達、緞匹。戊寅，免浙江仁和等場荒坍竈蕩，各府州縣衞荒地新墾地六年逋課及額糧。辛卯，越南請官兵助勦積匪，不許。免海陽六年逋賦。壬辰，命左宗棠爲軍機大臣，管兵部，兼總理各國事務衙門行走。除貴筑、興義、八寨水銀等廠逋課。

二月癸巳朔，命李鴻章籌山海關防務，節制諸軍。以曾國荃爲陝甘總督。戊戌，日本使臣宍戶璣來議琉球條款，不協，敕海疆戒備。己酉，修襄陽老龍石堤。辛亥，修濟陽壩工。甲寅，通政司參議劉錫鴻以誣劾李鴻章褫職。

三月甲子，除錦州官田租賦。丁卯，改築焦山都天廟礮臺。己巳，命李鳳苞兼出使義和奧大臣，黎庶昌爲出使日本大臣。辛未，慈安皇太后不豫，壬申，崩於鍾粹宮。癸未，上大行皇太后尊謚曰孝貞慈安裕慶和敬儀天祚聖顯皇后。

夏四月癸巳，雷波夷匪平。己亥，命吳大澂督辦吉林三姓、寧古塔、琿春防務兼屯墾。

免陝西咸寧等六十二廳州縣逋賦。辛丑，頒孝貞顯皇后遺誥於朝鮮。己酉，曾紀澤與俄國改訂新約成。丙辰，永禁明陵私墾。己未，懿旨，恭親王、醇親王會同左宗棠、李鴻章議興畿輔水利。初置琿春副都統。庚申，賑臺北地震災。

五月壬戌朔，日有食之。官軍擊散越南積匪。丁卯，詔疆臣於命盜重獄按月册報，遲逾者罪之。戊寅，罷烏里雅蘇臺屯田。己丑，賑鹽源水災。賞鄭藻如三品卿銜，爲出使美日祕大臣。

六月己亥，彗星見，詔修省。丙辰，萬壽節，停朝賀。己未，命李鴻藻協辦大學士。

秋七月癸亥，賞學行純篤廣東在籍知縣朱次琦、舉人陳澧並五品卿銜。戊子，召劉坤一來京，以彭玉麐署兩江總督兼南洋大臣。賑階州等處地震災。

閏七月壬辰，諭各省統覈釐卡出入，酌定撤留。癸巳，賑兩淮、泰州各場竈災。甲午，免榆社等縣五年逋賦。己亥，命金順督辦交收伊犂事宜，錫綸爲特派大臣，與俄人會商界務。尋命升泰並爲特派大臣。甲辰，命鮑超復裁所部營伍。乙巳，初置呼倫貝爾副都統。庚戌，禁州縣諱飾重獄。是月，賑江蘇、福建、四川水災，陝西雹災。

八月甲子，頒帑金二萬給養霍碩特流民。辛巳，以皇太后疾愈，命刑部停秋決。其緩決屆三次與未屆三次，分別差減之。癸未，孝貞顯皇后奉安，免所過州縣租賦。命劉錦棠爲欽差大臣，督辦新疆軍務，張曜副之。丙戌，除伯都訥磽地賦額。全慶致仕。

九月甲午，賑寧海等縣水災。乙未，允彭玉麐解職，仍巡閱長江。劉坤一罷，以左宗棠爲兩江總督，兼南洋大臣。丙午，葬孝貞顯皇后於定東陵。丁未，汝寧、光州捻匪平。己酉，再減金壇漕額十分之一分四釐。賞附居青海番衆八族青稞歲八百餘石。辛未，孝貞顯皇后神牌祔太廟。丙辰，賑臺灣颶風災。是月，甘肅、臺灣地震。

冬十月己巳，皇太后聖壽節，停筵宴。庚午，昭通匪陸松山等作亂，官軍討斬之。癸酉，以靈桂爲體仁閣大學士，以刑部尚書文煜協辦大學士。甲戌，法人踞越南北境，諭滇、粵合籌弭衅。甲申，詔舉行察典，勿有舉無劾。賑泰和等縣水災。丁亥，安徽已革提督李世忠擅縶貢生吳廷鑑等，裕祿上其狀，詔處斬。

十一月庚寅，免吉林被水官莊及伯都訥地租。丙申，施南會匪楊登峻伏誅。丁酉，濬吳淞淤沙。戊戌，廣西果化土州匪首趙蘇奇伏誅。賑貴縣等處水災。甲辰，賑臺灣、澎湖災。

十二月乙亥，賞恭親王子載潢不入八分公，醇親王子載洸奉恩輔國公。是月，免浙江各府州縣衞荒廢及新種賦課，仁和等場竈課。免安州、任縣、文安澇地額糧。除吉林荒地租賦。

是冬，頻祈雪。

是歲，朝鮮、越南入貢。

八年壬午春正月戊子朔，免朝賀。辛卯，修洞庭西湖隄。自去年十一月不雨至於是月。己亥，雪。庚戌，修滹沱新河及子牙河隄。

二月己未，江蘇文廟火。壬戌，以朝鮮占種吉林邊地開墾歷年，令其領照納租隸籍。癸丑，申嚴門禁，更定稽察守衞章程。壬午，申禁私伐明陵樹木。乙酉，先是江寧疑獄，命麟書、薛允升往勘之。至是訊明，委員胡金傳以酷刑論斬。諭疆吏詳覈重獄，勿寃溢。

三月乙未，命左副都御史陳蘭彬在總理各國事務衙門行走。庚戌，李鴻章母憂，連疏請終制，許之；命百日後駐天津練軍，仍權理通商事務。辛亥，法、越構兵，諭李鴻章、左宗棠、張樹聲、劉長佑籌邊備。乙卯，築浙江海口礮臺。是月，俄人歸我伊犁。

是春，免陽曲逋糧、大城額賦及累年逋賦。

夏四月丙辰朔，永免山西荒地稅糧。戊午，免陝西前歲逋賦。己巳，法人入越南東京。起曾國荃署兩廣總督。甲戌，全慶卒。甲申，朝鮮請遣使來駐京師，不許，惟予已開口岸貿易。

五月丙戌朔，諭金順經畫伊犁，西北邊界以長順勘分，西南以沙克都林札布勘分。戊子，賑汀州風災。壬辰，召劉長佑來京，以岑毓英署雲貴總督。乙巳，初置吉林分巡道。庚戌，直隸蝗。

六月丁巳，翰林院侍讀溫紹棠奏稱時事多艱，請皇太后勵精勤政。詔以皇太后尚未康復，飭之。命整頓八旗官學。乙亥，淸安言俄兵至哈巴河。諭長順詳愼勘界，以杜覬覦。戊寅，朝鮮匪亂，命張樹聲勦平之。尋提督丁汝昌往援，吳長慶率師東渡。癸未，朝鮮焚日本使館，日本以兵船至。命李鴻章赴天津部署水陸軍前往察辦。是月，賑安徽水災，浙江、江西水災。

秋七月乙酉朔，三巖野番就撫。乙巳，懿旨損秋節宮費，賑安徽、浙江、江西三省災。丁未，吳長慶軍入朝鮮，執其大院君李昰應。初置新疆阿克蘇、喀什噶爾分巡道。癸丑，朝鮮亂平。

八月丙辰，諭：「科布多界務，崇厚貽誤於前，曾紀澤力爭於後。茲訂新約，應就原圖指辦，酌定新界。淸安等當與俄官量議推展，期後來彼此相安。」丁巳，諭有司愼覈秋審。甲子，詔雲南布政使唐炯出關視邊防。乙丑，安置李昰應於保定。尋朝鮮國王乞釋歸，不許。丁丑，彗星復見東南，詔內外臣工修省。

九月乙酉，河決山東惠民、商河、濱州。癸巳，鬱林匪亂，官軍剿平之。

是秋，賑四川、浙江、山東、陝西、福建、江西、貴州水災，資州火災，臺灣風災水災。

冬十月乙卯，諭京師嚴緝捕，毋諱飾擾累。壬戌，河決歷城。甲子，諭捕嘓匪。丁丑，王文韶連疏乞罷。溫旨慰留。

十一月丁亥，王文韶仍以養親乞罷，許之。命翁同龢爲軍機大臣。戊子，命潘祖蔭爲軍機大臣。台州匪首王金滿日久逋誅，下所司嚴緝。乙未，允朝鮮互市。辛丑，開天津塌河淀南新河。壬寅，以地震詔臣工勤職察吏。庚戌，詔中外保薦人才。是月，開銅山縣煤鐵鑛。

十二月辛酉，命游百川赴山東勘河工。壬戌，設滬、粵沿海電綫。乙丑，詔中外清理積案。壬申，自上月連祈雪，至是雪。

是冬，賑直隸地震災，四川、陝西雹災。免齊齊哈爾、墨爾根歉地，浙江州縣衞新舊屯地，仁和等場竈蕩額賦。

是歲，朝鮮入貢。

九年癸未春正月癸未朔，停筵宴。丙申，劉錦棠言沙克都林札布與俄使勘分新疆南界，不符舊約，諭長順等按約詰之。尋諭曾紀澤力爭重勘。戊戌，命宗人府丞吳廷芬在總理各國事務衙門行走。庚子，諭蠲免錢糧，民已輸官者，得抵翌年正賦，勿重徵。乙巳，撥鄂漕三萬石備賑順直饑。是月，越南匪覃四娣等降。

二月甲寅，直、魯流民紛集京師，諭有司撫卹。戊午，山東河決歷城，齊河諸縣民埝壞，命游百川等賑撫災民。己未，先是馬蘭鎮總兵景瑞修繕營房，爲營兵匿控，總兵桂昂請兵激變，遣伯彥訥謨祜、閻敬銘查辦。至是覆陳，褫景瑞職，桂昂尋並褫職。禁各省酷吏非刑。命廣西布政使徐延旭出關籌防。戊辰，福建按察使張夢元督辦福建船政。癸酉，高州都司莫毓林聚亂，伏誅。庚辰，刑部言河南胡體洝一獄，原讞舛誤，覆審回護。詔褫巡撫李鶴年、河東河道總督梅啓照職，原審官譴戍有差。

三月戊子，鎮國公溥泰收受禁壆淀地，坐削爵，圈禁一年。法人陷南定。乙未，命唐炯統防軍守雲南邊境。諭倪文蔚保北圻。

是春，免灊山等縣夏糧，陝西被旱丁糧米折。賑濟南、武定水災，臺灣地震災。

夏四月己未，俄撤伊犁駐兵。甲子，諭嚴緝畿輔盜賊。甲戌，劉長佑以病免，授岑毓英雲貴總督。乙亥，賜陳冕等三百八人進士及第出身有差。

五月辛巳，詔李鴻章回北洋署任，部署海防。壬午，命升泰與俄使勘分塔爾巴哈臺西南界。丁亥，湖南會匪方雪敖倡亂，擒斬之。辛卯，禁私鑄錢。庚子，諭岑毓英等選募邊民，與官軍扼守滇、越要隘。戊申，懿旨醇親王會籌法、越事宜。先是，御史陳啓泰奏太常寺卿周瑞清包攬雲南報銷，御史洪良品、給事中鄧承修以事涉樞臣景廉、王文韶，相繼論劾。先後命惇親王、閻敬銘、潘祖蔭、張之萬、麟書、翁同龢、薛允升會同察辦。至是覆陳，瑞清等罪如律，戶部尚書景廉，前侍郎王文韶、奎潤，前尚書董恂，與前雲貴總督劉長佑俱鐫三級，餘處罰有差。

六月庚戌，山東河決，壞歷城、齊東、利津民埝，諭堵塞賑撫並行。越將劉永福及法兵戰於河內，敗之。乙卯，修沁河堤。戊午，法國遣使托利古來議和約。太監王永和盜御用衣物，詔刑部按律擬罪，勿株連。丁卯，濬山東小清河。庚午，山東以水災開辦賑捐事例。是夏，免雲南土司地租，甘肅舊欠糧賦。又免懋功被災、銅仁被水額糧。留漕糧凡十萬石、京餉十六萬兩賑山東災。

秋七月己卯，留京餉二十萬給廣西軍。壬午，諭令吳全美、方耀分巡廉、瓊洋面及欽州邊境。戊子，詔開雲南鑛。辛卯，台州匪首王金滿率衆降，詔免死，與餘衆留營效力。

八月庚戌，法人破順化河岸礮臺，越人停戰議和。壬子，永定河決。乙卯，考察部院官。諭修築沿海隄塘各工，並撫卹災戶。丙寅，詔舉謀勇兼優堪備任使者。己巳，詔彭玉馨赴廣東，會同張樹聲布置防務。

九月辛巳，法、越議和，立新約。丙戌，命何如璋督辦福建船政，倪文蔚爲廣東巡撫，徐延旭爲廣西巡撫。己亥，撥廣西庫銀十萬濟劉永福軍。丁未，唐炯以率行回省褫職，仍留任。

是秋，撥京倉及漕米五萬餘石，庫帑凡十萬，賑順天直隸。留漕五萬石，賑山東。賑熱河、長陽、崞縣等處水災。賑江南災。

冬十月戊辰，詔南北洋及沿江沿海諸省嚴戒備。辛未，河決齊東、蒲臺、利津。丙子，詔李鴻章舉將才。命岑毓英出關駐山西，唐炯回滇籌餉。

十一月辛巳，命署左副都御史張佩綸在總理各國事務衙門行走。壬午，趣徐延旭出關策應。辛卯，嚴內外城門禁。壬辰，越南民變，殺嗣王阮福時，命張樹聲戡定之，尋改命岑毓英往平亂。庚子，懿旨，清江設廠收養災民，命戶部發帑一萬接濟，並給順直、山東各四萬，湖北三萬，安徽二萬。壬寅，法人陷山西，劉永福退走。癸卯，詔以尚書文煜被劾，回奏積俸至三十六萬，命捐銀十萬充公。林肇元坐庫儲空虛奪職。

十二月戊申，祈雪。庚戌，法人進攻北寧，圖犯瓊州。命彭玉馨檄湘楚軍會合吳全美師船嚴防，起楊岳斌往福建會辦海防。官軍大敗法人於諒山。己未，以山東、淮、徐災民聚集淸江等處，命所司撫恤，並隨時資遣。庚申，諭江西籌餉二萬濟王德榜軍。丁丑，追復故總兵陳國瑞世職。

是冬，免順天直隸等州縣秋賦，浙江被災州縣衞所額賦。除山西鳳台等州縣荒地租糧。

是歲，朝鮮、越南入貢。

十年甲申春正月庚寅，岑毓英出鎭南關赴興化，節制邊外諸軍。

二月丁未朔，法人攻興化，官軍擊卻之。岑毓英與徐延旭進圖山西。諭嚴約束，勿擾越境。留江、浙漕米各五萬石賑通州、天津水災。尋撥京倉粟米三萬石賑順天災。丁丑，法人陷北寧，官軍退守太原。戊辰，命湖南巡撫潘鼎新赴廣西籌防。乙亥，法人陷太原，徐延旭、唐炯褫職逮問。

三月丁亥，岑毓英請免節制楚、粵諸軍，不許。以太原陷，提督黃桂蘭、道員趙沃並褫職逮問。戊子，懿旨以因循貽誤罷軍機大臣恭親王奕訢家居養疾，大學士寶鋆原品休致，協辦大學士李鴻藻、景廉俱降二級，工部尙書翁同龢褫職仍留任。命禮親王世鐸，戶部尙書額勒和布、閻敬銘，刑部尙書張之萬並爲軍機大臣。工部侍郞孫毓汶在軍機學習。己丑，懿旨軍機處遇重要事，會同醇親王商榷行之。壬辰，授潘鼎新廣西巡撫，張凱嵩雲南巡撫。總兵陳得貴失守礮臺，副將黨敏宣臨陣退縮，詔並斬於軍前。以怡親王載敦爲閱兵大臣。命貝勒奕劻管總理各國事務衙門事，内閣學士周德潤在總理各國事務衙門行走。癸巳，左庶子盛昱、右庶子錫鈞、御史趙爾巽各疏陳醇親王不宜與聞機務，不報。命刑部侍郎許庚身在軍機學習。甲午，詔李鴻章、左宗棠、曾國荃、岑毓英舉部將中沈毅勇敢有謀略者。己亥，閻敬銘、許庚身並在總理各國事務衙門行走。命潘鼎新赴鎮南關接統徐延旭軍。庚子，法人進據興化。

是春，免仁和荒蕪竈蕩上年逋課，陝西咸寧等處逋賦及雜欠。免穆坪土司馬匹糧草十年。

夏四月丙午，勘分新疆南界事竣。以侍講許景澄充出使法德義和奥大臣。庚戌，先是，法、越戰事亟，法水師將福祿諾屬稅務司德璀琳獻議媾和息兵。李鴻章以聞，許之，敕其籌定。至是，覆陳「當審勢量力，持重待時」。詔集廷議。懿旨醇親王並與議。允吳長慶兵還。辛亥，利津等決口合龍。癸丑，罷開馬頰河，濬宣惠河，修德州運河隄。戊午，命通政使吳大澂會辦北洋事宜，内閣學士陳寶琛會辦南洋事宜，侍講學士張佩綸會辦福建海疆事宜，皆許專奏。尋加佩綸三品卿銜。福祿諾出私議五條，因李鴻章上聞。敕鴻章「力杜狡謀，常存戒懼」。詔戶部裁冗費。庚申，授李鴻章全權大臣，與法使議約。癸亥，免襄城潁江地畝額賦。乙丑，祈雨。丙寅，再發倉米賑順天。戊辰，吳大澂辭北洋會辦。上責其飾詞，不許。壬申，張樹聲以疾請免本職，專治軍事，許之。

五月丙子，命李成謀總統江南兵輪。己卯，岑毓英辭節制粵、楚各軍，許之。丁亥，授文煜武英殿大學士。戊子，額勒和布、閻敬銘並以戶部尚書協辦大學士。己丑，京師久旱，諭有司平糶。賞徽寧太廣道張蔭桓三品卿銜，在總理各國事務衙門學習行走。辛卯，詔中外保薦文武人才。甲午，詔皇太后五旬萬壽，停秋決。丁酉，詔中外大臣「率屬盡職，勿躭逸樂，尙浮華」。戊戌，詔左宗棠仍爲軍機大臣，毋庸常川入直，並管理神機營。免武昌、黃州二衞額糧。壬寅，詔舉宗室及旗、漢世職人才。

閏五月乙巳，命工部尙書福錕、理藩院尙書崑岡、左都御史錫珍、工部侍郎徐用儀、內閣學士廖壽恆並在總理各國事務衙門行走。丁未，命前提督劉銘傳督辦臺灣事務，錫珍、廖壽恆、陳寶琛、吳大澂往天津會商法約。庚戌，命太常卿徐樹銘勘獻縣新開橫河。法人犯觀音橋，潘鼎新擊敗之。辛亥，山東河隄工成。甲寅，以法使言和，調潘鼎新諸軍回諒山，岑毓英軍仍駐保勝。乙卯，自四月不雨，至於是日始雨。頒定蠲緩錢糧章程。庚申，思恩匪首莫夢弼伏誅。丙寅，法艦犯閩海。丁卯，諭曰：「法使延不議約，孤拔要求無理，我軍當嚴陣以待。彼如犯我，併力擊之。敢退縮者，立置軍法。」庚午，授曾國荃爲全權大臣，與法使於上海議約，命陳寶琛會辦。

六月癸酉朔，以鄖西余瓊芳獄事讞不實，下總督卞寶第、巡撫彭祖賢部議，承審各官貶斥有差。甲戌，河決歷城等縣。以乞援守城，追予沈葆楨妻林氏附祀廣信葆楨專祠。丙子，建昌、多倫匪首楊長清伏誅。丁丑，吳長慶卒，旌其子主事保初孝行。己卯，諭直省考察州縣官。壬辰，法人陷基隆。詔集廷臣議和戰。乙未，劉銘傳復基隆。己亥，懿旨，神機營選馬步軍三千，巡捕五營選練軍二千，以都統善慶爲總統，前鋒統領托倫布爲幫統，分防畿東，並抽調直隸練軍協守。命曾國荃、陳寶琛回江寧布防。是月，賑順德、青浦風災，葉縣水災。

秋七月乙巳，命吳元炳勘山東河工、海防。授張之洞兩廣總督。丙午，法人襲馬尾礮臺及船廠，陸軍擊退之。戊申，醇親王奏延煦劾左宗棠，斥爲蔑禮不臣，肆口妄陳，任情顚倒。懿旨坐延煦奪職留任，罰俸一年。詔與法人宣戰，楊昌濬赴福建督師。癸丑，法人毀長門礮臺。丁巳，諭穆圖善、張佩綸毋退駐省城。詔授左宗棠爲欽差大臣，督辦福建軍務，福州將軍穆圖善、漕運總督楊昌濬副之，張佩綸以會辦大臣兼署船政大臣。授曾國荃兩江總督，兼南洋大臣。丙寅，論北寧失守罪，已革道員趙沃、提督陳朝綱並論斬。戊辰，以楊昌濬爲閩浙總督。普賑歷城等縣災民。是月，賑浮梁及齊河、長安等處水災。

八月壬申，命鴻臚寺卿鄧承修在總理各國事務衙門行走。論馬尾戰事功罪，褫何璟職及張佩綸卿銜，下部議，提督黃超羣等頒賞進秩有差。建、邵匪首張廷源等伏誅。甲戌，河決東明。賑南海等縣水災。丙子，授李鴻章直隸總督、北洋大臣。戊寅，懿旨賞醇親王子載灃不入八分輔國公。文煜以病免。命崇厚、崇禮、文錫、文銛輸財助饟。庚辰，賑臺灣風災。丁亥，法人復陷基隆。戊子，命道員徐承祖充出使日本大臣。己丑，詔刑部本年情重各案及秋、朝審官犯，並停查辦。癸巳，蘇元春及法人戰於陸岸，敗之。命楊岳斌幫辦左宗棠軍務。賑星子水災。戊戌，法人犯滬尾，提督孫開華擊敗之。

九月癸卯，逮唐炯下獄廷訊。乙巳，出帑金五萬賚劉永福軍。辛亥，嚴諭南北洋輪船悉援臺灣。壬子，劉銘傳爲福建巡撫，駐臺灣督防，蘇元春幫辦潘鼎新軍務，楊昌濬等分防澎湖，張兆棟、何如璋並褫職。詔免雲南田稅，暫荒緩三年，永荒蠲十年。甲寅，劉銘傳自請治罪，詔原之。戊午，留新漕十萬備山東冬賑。庚申，以滬尾戰勝，予總兵孫開華世職，發帑銀一萬犒軍。授額勒和布體仁閣大學士。乙丑，以刑部尚書恩承協辦大學士。丙寅，賑鳳凰城潦災。庚午，官軍及法人戰於陸岸，又敗之，予蘇元春世職。辛未，新疆改建行省，置巡撫、布政使各一，裁南北路都統、參贊、辦事、領隊諸職。

冬十月壬申朔，懿旨晉封奕劻慶郡王，奕謨固山貝子。癸酉，以劉錦棠爲甘肅新疆巡撫。戊寅，賑江北廳等處水災雹災。辛巳，皇太后五旬聖壽，上率王以下文武大臣等詣慈寧宮慶賀。辛卯，鮑超屢誤師期，切責之。癸巳，以託疾規避，奪提督王洪順職。甲午，張樹聲卒。乙未，朝鮮復亂，吳大澂往察辦，續昌副之。文煜卒。庚子，劉永福及法人戰於宣光，敗績。

十一月丁未，命提督孫開華幫辦臺灣軍務。戊申，逮徐延旭下獄廷訊。壬子，李鴻章調軍發朝鮮。癸丑，普洱地震。丙辰，禁州縣捏報災荒。丁巳，東明決口合龍。戊午，李秉衡赴龍州部署防軍。己未，祈雪。雲南巴蠻降。戊辰，諭各省積穀。

十二月戊寅，官軍敗法人於紙作社。壬午，唐炯、徐延旭並論斬。乙酉，官軍復宣光、興化、山西三省，安平府暨二州五縣。壬辰，祿勸夷匪平。丙申，雨雪。張佩綸、何如璋並褫職遣戍。

是歲，免鎮西廳荒地逋賦，文安四州縣澇地額賦。朝鮮入貢。越南國王阮膺登自殺，法人立其弟爲國王。

十一年乙酉春正月癸卯，命馮子材襄辦廣西關外軍務。乙巳，法人陷諒山。丙午，官軍圍宣光，復美良城。甲寅，法人犯鎮南關，總兵楊玉科死之。乙卯，賜英將戈登卹金。甲子，法艦去臺灣。左宗棠等兵援浙江。乙丑，命李鴻章爲全權大臣，偕吳大澂與日使議朝鮮事。庚午，朝鮮亂平，使來表謝，賚之。

二月甲戌，浙江提督歐陽利見敗法人於鎮海口。戊寅，褫潘鼎新職，以李秉衡署廣西巡撫，蘇元春督辦廣西軍務。辛巳，秦州地震。癸未，馮子材、王孝祺大敗法人於鎮南關外，遂復諒山。予楊玉科等世職。辛卯，法人請和。允之。壬辰，詔停戰撤兵。緬匪平。戊戌，岑毓英奏官軍大捷於臨洮。

三月乙巳，命李鴻章爲全權大臣，與法使議約，刑部尚書錫珍、鴻臚卿鄧承修往津會商。丙午，朝鮮訂約成。庚戌，岑毓英復緬旺與清水、清山諸寨，獲越南叛臣黃協等誅之。癸丑，命吳大澂、依克唐阿會勘吉林東界。丙辰，免永平、張家口、順天等十府州積年民欠租賦。癸亥，命馮子材督辦欽、廉防務。乙丑，免陝西咸寧等處前歲逋糧。

夏四月己卯，祈雨。丙戌，趣岑毓英撤軍，毋爽約開衅。辛卯，諭除江西丁漕積弊。壬辰，趣劉永福撤回保勝軍。天津會訂中法新約成。

五月丁未，懿旨勘修南北海工程。詔整海軍，大治水師，下南北洋大臣等籌議。基隆法兵退，命楊岳斌等部署全臺事宜。除福建光緒初年逋賦。辛亥，許乍丫隨察木多入貢。

癸丑，予蘇元春、馮子材三等輕車都尉，王孝祺、岑毓英雲騎尉，復王德榜原官優叙。辛酉，復祈雨。壬戌，雨。丁卯，以張曜爲廣西巡撫。是月，賑基隆兵災、桐城等縣及鎮筸水災。

六月己巳，詔停秋決。庚午，懿旨命文銛、崇禮、崇厚、文錫修建三海工程。許景澄兼出使比利時大臣。辛未，定內附越南民籍。甲戌，曾紀澤訂煙台約成。丁丑，諭岑毓英察雲南銅鑛。通諭曾國荃等勘東南各鑛。賑裕州水災。癸未，命工部侍郎孫毓汶、順天府尹沈秉成、湖南按察使續昌均在總理各國事務衙門行走。召曾紀澤來京，命江西布政使劉瑞芬充出使英俄大臣，張蔭桓充出使美日秘大臣。法兵去澎湖。命左宗棠等選將吏調輪船策應。辛卯，越南新約成，宣諭中外。詔誡建言諸臣挾私攻訐。追論御史吳峋劾閻敬銘、編修梁鼎芬劾李鴻章俱誣謗大臣，予嚴議。尋各降五級。甲午，授孫毓汶軍機大臣。是月，賑河南、廣東、廣西、江南、安徽、江西水災。

秋七月丁酉朔，設廣西南寧電線達雲南。己亥，懿旨發帑銀六萬賑兩廣水災。庚子，左宗棠連乞病，許之。丙辰，命周德潤往雲南，鄧承修往廣西，會同岑毓英、張凱嵩勘中、越界。壬戌，河決山東長清。甲子，開川、滇銅鐵鑛。是月，賑黔陽、湘潭、輝縣、清江、當塗、汾陽等處水災。

八月丁卯朔，賑奉天水災。己巳，截漕糧十萬石充順直賑需。賑臯蘭等處雹災水災。乙亥，賑長沙等處水災。丁丑，山東歷城、章丘等處水，發帑五萬賑之。以水災故，停三海工作。李鴻章與法使議滇、粵陸路通商。戊寅，釋李昰應歸朝鮮。辛巳，命蘇元春存撫越南入關流民。賑襄城水災。乙酉，左宗棠卒，贈太傅。辛卯，賑福建風災。

九月庚子，懿旨，醇親王總理海軍事務，奕劻、李鴻章會辦，漢軍都統善慶、兵部侍郎曾紀澤幫辦。改福建巡撫爲臺灣巡撫，歸福建巡撫事於閩浙總督。英使來議印度、西藏通商。諭丁寶楨、色楞額等開導藏番毋生事。壬寅，靈桂卒。甲辰，裁伊犂參贊大臣，改設副都統二。裁塔爾巴哈台滿洲領隊大臣，仍留額魯特領隊大臣。甲寅，賑賓川、恩安等處雹災。

冬十月丙寅朔，朝鮮王李熙以伏莽未除，來請鎭撫。李鴻章遣軍防衞之。戊辰，賑朝陽災。庚辰，截來年京餉銀五萬充山東冬賑。辛巳，命奕劻、許庚身與法使互換條約，劉瑞芬於英京互換烟台條約，並議洋藥專條。丁亥，授穆圖善爲欽差大臣，會同東三省將軍辦理練兵，節制副都統以下。甲午，撥年節宮用銀五萬賑給山東災區。嚴紫禁城門禁。

十一月壬寅，祈雪。乙巳，雲南地震。庚申，裁新疆各城回官。癸亥，懿旨，八旗都統釐剔旗營諸弊。授恩承體仁閣大學士，閻敬銘東閣大學士，戶部尚書福錕、刑部尚書張之萬並協辦大學士。以英人滅緬甸，嚴四川邊備。

十二月丙寅，續設三姓、黑龍江陸路電線。丙子，詔內務府禁止浮冒虛糜。己卯，趙莊決口合龍。

是冬，賑潮州、萬縣水災，臺灣風災。免永寧被水丁銀，浙江各州縣衞荒廢並新種地課。減文安、天津窪地糧賦。除徐溝、汾陽被水銀稅。

十二年丙戌春正月乙未朔，停筵宴。庚子，免湖北逋賦。辛丑，山東溞溝決口合龍。免臺灣舊欠供粟。癸卯，免奇台被旱額賦。丙辰，命特爾慶阿等隨同穆圖善練兵。甲子，詔以謁陵，本年會試改三月十日入場。

二月乙丑朔，山東黃河南岸決。甲戌，張曜往勘何王莊決口。己卯，除溆浦積年被水額賦。戊子，設黑龍江綏化廳。辛卯，上奉皇太后謁東陵，免經過州縣稅糧十分之四。

三月乙未，謁諸陵。上詣定東陵。庚子，至自東陵。癸丑，賑廣寧災。是月，留山東新漕十萬石賑何王莊暨章丘、濟陽、惠民被水災民。

夏四月戊子，賜趙以烱等三百三十九人進士及第出身有差。是月，丘北地震及廣西州火，賑之。

五月庚子，臺灣生番歸化四百餘社，七萬餘人。賑臨潼等縣風雹災。壬寅，裁陽江鎮水師總兵，置北海鎮水陸總兵。改高州鎮陸路總兵爲水陸總兵。

六月壬申，懿旨，欽天監於明年正月擇皇帝親政日期。甲戌，修復海鹽石塘。丙子，醇親王暨王大臣等合詞疏請皇太后仍訓政，不許。皇帝親政定於明年正月十五日舉行，命樞臣集議，整齊圜法。庚辰，醇親王暨禮親王等復申訓政之請，尚書錫珍、御史貴賢並以爲言，懿旨勉從之。命醇親王仍措理諸務。

七月甲午，木邦土司請內附，卻之。丁酉，金順卒。辛丑，留江蘇漕米五萬石備順、保賑需。乙巳，錢法議定奏上。允行。甲寅，賑太原等縣水災。

八月壬戌，以色楞額爲伊犂將軍。賑熱河水災。乙丑，禮親王暨廷臣請加上皇太后徽號，懿旨不許。丁卯，再撥江北漕米五萬石賑順天通州水災，並發帑金二萬散給災民，免陝西咸寧等處荒田逋賦。戊辰，以北運河決口漫溢，撥庫帑十萬充永平各府急賑，再發內帑二萬濟之。丙子，增設廣西太平歸順道，移提督駐龍州。增設柳慶鎮總兵駐柳州。庚辰，築懷柔白河漫口。乙酉，御史朱一新奏遇災修省，豫防宦寺流弊，言醇親王巡閱北洋，總管太監李蓮英隨往，恐蹈唐代監軍覆轍。懿旨命回奏。尋奏入，以執謬降主事。

九月辛卯朔，賑奉天、浙江水災。癸巳，賑甘肅雹災水災，留壩、南鄭水災。丁酉，以順直水災減各府各旗莊田租及其他租額。庚子，鮑超卒。乙巳，賑光山雹災。丙午，劉銘傳劉蘇魯馬那邦叛番。甲寅，賑上饒等縣水災。

十一月庚寅朔，壽張決口合龍。乙巳，宥徐延旭、唐炯罪，延旭戍新疆，炯戍雲南。丁未，命曾紀澤在總理各國事務衙門行走。庚戌，再撥京倉粟米三萬石備順天春賑。丙辰，冬至，祀天於圜丘，始親詣。除隆科城額賦。

十二月甲子，減安州、河間、隆平澇地糧賦。丁卯，祈雪。庚辰，懿旨再敕曾國荃等詳議兩江河道治法。丁亥，祫祭太廟。

是歲，朝鮮入貢。

十三年丁亥春正月己丑朔，停筵宴。辛丑，以親政遣官告天地、宗廟、社、稷，祈穀於上帝。癸卯，上始親政，頒詔天下，覃恩有差。壬子，撥江蘇漕米十萬石賑順直災民。懿旨購置機器於天津鼓鑄，一文以一錢爲率，京、外毋得參差。

二月壬戌，雨雪。辛酉，責恭鏜嚴剿馬賊，整頓見有練軍。川、滇接修電線成。戊辰，祭大社、大稷。辛巳，賞唐炯巡撫銜，督辦雲南鑛務。是月，懿旨醇親王以親王世襲罔替，朝廷大政事，仍備顧問。

三月己丑朔，上初詣奉先殿行禮。乙未，上奉皇太后謁西陵，免經過州縣額賦十分之三。己亥，謁陵。甲辰，至自西陵。辛巳，祀先農，親耕耤田，三推畢，加一推，自是歲以爲常。甲寅，劉錦棠請解職省親就醫，不許；給假三月，在任調理。撥直藩庫帑八萬賑所屬饑民。除文安等處無糧地租。

夏四月戊午朔，享太廟。丁卯，命內閣侍讀學士林維源督辦臺灣鐵路及商務。己巳，祈雨。丙子，常雩，祀天於圜丘。

閏四月己酉，免江蘇各州縣衞逋賦逋課。壬子，賑昆明等縣水災。

五月戊午，夏至，祭地於方澤。己未，命前內閣學士洪鈞充出使俄德奧和大臣，大理卿劉瑞芬充出使英法義比大臣。癸未，賑隴州等處水災。甲申，雨。

六月丁亥朔，賑富陽各屬水災。乙巳，賑懷寧等縣水災。丁未，開州大辛莊河溢，灌山東境，截留新漕五萬石賑濮州等處災民。庚戌，賑羅田、石首水災。壬子，賑滙宿、烏什水災。癸丑，賑淩雲風雹災。

秋七月丙辰朔，日有食之。庚申，永定河、潮白河先後並溢。甲子，增設福建澎湖鎮總兵。乙丑，賑南陽等處水災。丁卯，除甘肅積年民欠銀糧暨雜賦。賑洮州等屬雹災。乙亥，增設雲南臨安開廣道。丁丑，黎匪平。辛巳，命道員黎庶昌充出使日本大臣。

八月戊子，祭大社、大稷。甲辰，沁河決。賑平彝水災。丙午，沔陽等州縣被水，留冬漕三萬石賑之。鄭州河決，南入於淮，褫河督成孚職，留任。己酉，撥京倉漕米五萬石賑順天通州各屬。截留京餉漕折銀三十萬賑河南。癸丑，懿旨發內帑銀十萬賑濟水災。

九月乙卯朔，免陝西各府廳州縣前歲逋賦。辛酉，以鄭州河決，豫留明年江北、江蘇河運米糧並運費充賑。辛未，准呼徵胡圖克圖入貢。乙亥，命薛允升赴河南察鄭工。丁丑，李鴻藻往河南會察河工。是月，賑武陟、安縣、雲陽、皖北水災，漢口、龍州水災，建水、通海雹災。

冬十月甲申朔，賑融縣火災。丁亥，馮子材以疾辭職，命留粵辦欽、廉防務。乞休，不許。己丑，賑惠、高、廉、雷、瓊、赤溪、陽江風災。己亥，穆圖善卒。賑給鄭州等災區貧民口糧。壬寅，以善慶爲福州將軍，襄辦海軍事，並管神機營。免順直被水各州縣秋賦。乙巳，賑鎮西廳雪災。戊申，上侍皇太后臨視醇親王疾，自是頻視疾，至於明年七月有瘳。庚戌，賑長安等屬水災。癸丑，賑綏來霜災。

十一月乙卯，授定安欽差大臣，會同東三省將軍辦理練兵，節制副都統以下。辛酉，冬至，祀天於圜丘。壬戌，諭文碩訪呼畢勒罕，依制掣定。壬申，祈雪。

十二月丁亥，命李鴻藻督辦鄭州河工。己丑，除恩隆、百色等處荒田額賦。賑桂林等處火災。壬辰，免陽城等縣災緩稅租。丁酉，雨雪。戊戌，懿旨復閻敬銘、福錕、翁同龢、嵩申、孫詒經、景善、孫家鼐處分。庚子，以皖北被災，撥安徽漕折、蕪湖關常稅共銀十萬，備來年春賑。辛丑，置新疆伊塔道、伊犁府、霍爾果斯廳、塔城廳，設道、府、撫民通判、同知等官。壬寅，石屏、建水地震。己酉，撥山東冬漕五萬石備河南來年冬賑。

是歲，朝鮮入貢。

十四年戊子春正月癸丑朔，上親詣堂子行禮。丙辰，雪。免安徽被淹太和等州縣夏糧。己未，開黑龍江漠河金鑛。庚申，開廣東昌化石綠銅鑛。辛酉，展接騰越至雲南省垣電綫。乙亥，劉錦棠乞疾。慰留，再給假四月。壬午，諭官鑄當十大錢，每文重至二錢以上者，一律行用。是月，撥留京倉及海運漕米凡十三萬石賑順直災。

二月乙酉，賑梧州火災。丙戌，賞裴蔭森三品京堂，督辦福建船政。庚寅，文碩以擅行密疏稿於都察院，褫職。辛亥，祀先農，親耕耤田。是月，詔修葺頤和園，備皇太后臨幸。

三月丙辰，免浙江光緒五年以前逋賦。丙寅，賚班禪額爾德尼轉世呼畢勒罕哈達、念珠、如意。

夏四月庚寅，永定河決口合龍。辛卯，上奉皇太后始幸西苑。甲午，展接廣東電綫自九江至大庾嶺。丁酉，雨雹。辛亥，命張曜幫辦海軍事務。賑惠州等屬水災。

五月乙卯，京師、奉天、山東地震。癸亥，夏至，祀地於方澤。丁卯，祈雨。

六月癸巳，雨。己亥，懿旨，皇帝大婚典禮，明年正月舉行。甲辰，彭玉麐以疾免兵部尚書，巡閱長江水師如故。壬寅，懿旨，明年二月初三日歸政。

七月庚申，以河工貽誤，褫李鴻藻、倪文蔚職，仍留任，李鶴年、成孚並戍軍臺。甲子，永定河復決。丙寅，閻敬銘罷。丁丑，諭吳大澂察覈河工。是月，津沽鐵路成。

八月丁亥，賑奉天各廳州縣，安徽懷寧等縣水災。己丑，詔直省清庶獄。壬辰，賑蒼梧等處水災。丁酉，截留江北漕米備蘇、皖賑。乙巳，醇親王以歸政有日，請解職務。懿旨，海軍署、神機營依前管理，歸政後奏事勿列銜。

九月丙辰，除陝西去年逋賦。甲戌，永定河決口合龍。

冬十月己卯朔，享太廟。癸未，懿旨立葉赫那拉氏爲皇后。癸巳，撥京漕二萬石備順天冬賑。甲午，免水城等處丁糧。賑丹徒旱災、南昌等縣水災。庚子，免朝鮮紅蔘釐稅。

十一月壬戌，滇越邊界聯接中法電綫成。初置北洋海軍提督，以丁汝昌任之。丙寅，冬至，祀天於圜丘。丁卯，免朝賀。戊辰，免靜海積水淀地租。

十二月壬午，賑阿迷、蒙自等處疫災。乙酉，詔光緒十五年舉行恩科鄉試，十六年恩科會試。辛卯，增設吉林水師營總管各官。癸巳，太和門災。甲午，詔修省，敕臣工勤職。

乙未，免陝西前歲民欠錢糧。丁酉，懿旨，以水災停減頤和園工作。御史余聯沅、屠仁守、洪良品各疏請罷鐵路，徐會灃等條奏，同下海軍署與軍機大臣議。旋翁同龢、奎潤、游百川、文治等並言鐵路不當修，亦並下議。命太僕少卿林維垣襄辦臺灣開墾撫番事。庚子，賑威遠廳水災。辛丑，道員徐承祖前使日本，坐浮冒，褫職聽勘，籍其家。丙午，鄭州決口合龍。授吳大澂河東河道總督，復李鴻藻、倪文蔚原官，並優叙，釋成孚、李鶴年還。

十五年己丑春正月丁未朔，停筵宴。庚申，靖遠、皐蘭地震。辛酉，以張之萬爲東閣大學士，徐桐以吏部尚書協辦大學士。海軍署會同軍機議駁停鐵路諸疏，覆請詳議。懿旨：「慶裕、定安、曾國荃、張之洞、黃彭年等，按切時勢，各抒所見以聞。」乙丑，惇親王奕誴薨。上奉皇太后臨奠。丁卯，御史屠仁守上言：「歸政伊邇，時事孔殷，密摺封奏，請仍書皇太后聖鑒，披覽後施行。」懿旨斥其乖謬，罷御史，下部議，原摺擲還。戊辰，御史林紹年請禁督撫報效。懿旨斥之。癸酉，大婚禮成。

二月戊寅，吳大澂請敕議尊崇醇親王典禮，懿旨斥之，通諭中外臣民。己卯，皇太后歸政。上御太和殿受賀，頒詔天下。丙戌，免江、淮光緒初年災熟各項稅糧。己丑，以齊東等州縣水災，撥山東庫帑五萬備賑。壬辰，加上皇太后徽號，頒詔覃恩有差。甲午，朝鮮慶賀歸政，進方物，賚其國王及王妃緞匹。

三月丙午朔，命侍講崔國因充出使美日秘大臣。丁未，彭玉麐辭巡閱職。溫諭慰留。濮州河決。癸丑，以布魯克巴部長歸化，予封號印敕。甲寅，撥黑龍江庫帑二萬加賑呼蘭屬災民。丁巳，皇后祀先蠶。己未，再加上皇太后徽號。庚午，免雲南被匪村寨錢糧。戊辰，上奉皇太后幸頤和園，閱水陸操。允閻敬銘回籍養病。

夏四月戊寅，撥南漕十萬石備山東賑。己卯，賑奉天、吉林災民。辛卯，賞湖南按察使薛福成三品京堂，充出使英法義比大臣。懿旨發內帑銀十萬備山東賑。庚子，賜張建勳等三百三十一人進士及第出身有差。

五月癸丑，停秋決。庚申，賑瀘州火災。

六月丙子，岑毓英卒。丁丑，以王文韶爲雲貴總督。己卯，重修太和門。丁亥，賑周家口火災。壬辰，永定河道缺，李鴻章舉堪任之員。上疑於魁柄下移，予申斥。

秋七月丁未，章丘河決。己酉，除貴州西良山額課。庚午，齊河決。辛未，沁河決。是月，賑莒州、沂水雹災，周家口水災，長安、西鄉、鄜州水災雹災。賑雲南昆陽、太和，安徽霍丘等州縣水災。

八月乙亥，命李鴻章、張之洞會同海軍署籌辦蘆漢鐵路。丁亥，留新漕十萬石備山東賑。壬辰，以四川水災，捐款五萬賑災民。丁酉，天壇祈年殿災。庚子，賑伊犂、綏定等處地震災。辛丑，免貴州被賊府廳州縣衞未徵並民欠稅糧。

九月壬子，重修祈年殿。賑溫州等處風災水災。癸丑，免陝西各屬前歲逋賦。賑咸寧等處水災雹災。乙卯，賑臯蘭等處水災。壬辰，長垣隄決，黃水浸入滑縣。丙寅，諭定安等除東三省練兵弊習。丁卯，定明年祈穀暫於圜丘舉行。

冬十月乙亥，賑陽曲等處雹災水災。戊寅，設西安至嘉峪關電線。賑杭、嘉、湖屬水災。丁亥，以江、浙雨水爲災，各撥庫儲五萬，並發內帑五萬賑濟。以張之洞訂購機器，遽立契約，詔切責之，嗣後凡創設之事，未先奏明，毋輕舉。己丑，撥武昌庫儲十萬備湖北賑需。壬辰，詔各省兩司仍專摺奏事。臺灣社番亂，副將劉朝帶等陣沒，敕劉銘傳剿辦之。甲午，再撥浙江庫儲十五萬賑杭、嘉、湖災。己亥，山東大寨河工合龍。壬寅，撥蘇、皖賑捐餘款修運河。賑綏德等屬雹災水災。

十一月丙辰，允海軍署請，戶部歲撥二百萬開辦鐵路。丁巳，詔汰冗員，删浮費。戊午，撥安徽漕折銀三萬備安慶、寧國、泗州賑需。丙寅，浙江發常平倉穀賑天台、仙居等處難民。

十二月壬申朔，免杭、嘉、湖應徵漕白糧并地丁稅。甲戌，留山東漕米四萬石備賑。丁丑，再撥武昌庫儲五萬備湖北賑需。丁亥，山東西紙坊漫口合龍。癸巳，申禁辦理錮緩積弊。免雲南匪擾村寨錢糧。丁酉，免鄭州、淮寧、尉氏等州縣稅糧。免仁和等縣，杭、嚴衞所糧課。

是歲，朝鮮入貢。

十六年庚寅春正月壬寅朔，停筵宴。辛酉，免直隸十三年以前竈課。丁卯，諭本年萬壽毋庸告祭，停升殿禮，免各省文武大員來京祝嘏。

二月乙酉，張曜言統核山東河工需費二百八十八萬有奇。命所司籌給。壬辰，臺灣內山番社酋有斂等伏誅。是月，免榆林等州縣十三年逋賦。除東川被水官田稅糧。免文安、靜海、霸州淀泊逋租及伯都訥地課。

閏二月壬寅，賑桂林各屬火災。己酉，命太僕寺卿張蔭桓在總理各國事務衙門行走。乙卯，上奉皇太后謁東陵，免所過地額賦十分之三。庚申，上臨奠端慧皇太子園寢。癸亥，至自東陵。乙丑，曾紀澤卒，尋予特謚。諭李鴻章整頓北洋水陸軍，定安等訓練東三省兵。

三月辛未，懿旨，劉銘傳幫辦海軍事務。西寧地震，賑恤之。辛卯，以二旬萬壽，頒詔天下，覃恩有差。乙未，濬餘杭南湖。瞻對番目撒拉雍珠與巴宗喇嘛結野番作亂，官軍勦平之。

夏四月庚寅，彭玉麐卒。庚戌，諭整頓土藥稅釐。命剛毅詳察徐州土藥出產及徵稅實額，嚴定整理章程。丁卯，賜吳魯等三百三十六人進士及第出身有差。

五月己巳朔，日有食之。辛未，色楞額卒，以長庚爲伊犁將軍。丙子，以升泰爲駐藏大臣。己卯，上詣大高殿祈雨。乙酉，御畫舫齋閱侍衞步射，至壬辰皆如之。己丑，雨。築閿鄉沿河石壩。賑淮寧等縣風災。

六月己亥朔，徙齊東各州縣瀕河村民二千餘戶。丁未，開三姓金鑛。戊申，以藏事平，頒給布魯克巴部長敕印。自癸卯至己酉連祈晴。辛亥，近畿霪雨成災，京師六門外增設粥廠，命撥京倉米萬五千石煮賑，並發內帑五萬充賑需。壬子，永定河決口。癸丑，永北屬土司章天錫謀逆，官軍討斬之。丁巳，撥奉天運京粟米，並留江北漕米，備天津災賑。甲子，萬壽節，御乾清宮受賀。

秋七月乙亥，鎮康土族亂，剿平之。詔責李鴻章堵合永定河決口。己卯，發帑五萬兩，大錢五十萬貫，米十萬石，賑順天各屬災。壬午，諭嚴懲領放賑款侵冒剋扣。庚寅，分撥部庫及海關銀凡三十萬，濟永定河工。癸巳，命翰林院侍讀許景澄充出使俄德和奧大臣，道員李經方充出使日本大臣。賑湖北、廣西、陝西、雲南水災。

八月壬寅，再撥京倉米十萬石備順天賑需。乙巳，上詣醇親王邸視疾。己酉，劉錦棠乞歸。仍予假。壬子，以劉銘傳擅興商鑛，章程紕繆，諭止之，予部議。丁巳，留漕米五萬石，撥庫帑十萬，備山東賑。壬戌，以順直水患，諭王公各府京旗莊田並減租。是月，免陝西、江西逋賦。賑陝西水災雹災，雲南水災，臺灣風災。

九月乙亥，戶部言祿米倉虧十五萬石，倉場侍郎興廉、游百川下部議，尋並奪職。丙子，賑琿春、寧古塔潦災。壬午，御史吳兆泰請停頤和園工程，予嚴議。永定河決口合龍。甲申，賑甘肅雹災。壬辰，石埭會匪亂，剿定之。癸巳，撥部帑及倉米於順天備賑。

冬十月丁未，以劉坤一爲兩江總督兼南洋大臣。庚戌，曾國荃卒，贈太傅。辛亥，再撥京倉米五萬石備順天賑。免奉、直、魯、豫商販雜糧稅捐。

十一月乙亥，賑湖南被水州縣災。乙酉，上奉皇太后臨醇親王邸視疾。丁亥，醇親王薨，輟朝七日，上奉皇太后臨邸視殮，皇太后賜奠。命王子鎮國公載灃卽日襲王爵。上成服，懿旨定稱號曰「皇帝本生考」。己丑，懿旨賜謚曰賢。皇帝持服一年。

十二月壬子，懿旨晉封輔國公載洵入八分鎮國公，鎮國將軍載濤不入八分輔國公。乙卯，醇賢親王金棺奉移園寓，上送至適園。壬戌，緩南苑工程。甲子，免浙江各廳州縣場光緒初年逋賦。

十七年辛卯春正月癸巳，四川雷波夷匪就撫。

二月癸卯，留海運漕米十六萬石備順直春撫。己巳，御史高燮曾請舉行日講。詔以有名無實，不納。辛亥，命李鴻章、張曜會閱北洋海軍。劉錦棠以憂去，以陶模爲新疆巡撫。雲南匪亂，陷富民、祿勸縣城，討平之。是月，免湖北、山西十三年以前逋賦。

三月丁卯，諭資遣難民歸籍。己巳，皇后祀先蠶。壬申，修寶坻、通、薊諸州縣河工。丁丑，命李鴻章督修關東鐵路。庚寅，命沙克都林札布會額爾慶額勘察哈巴河。辛卯，劉銘傳以疾免。

夏四月丁酉，立醇賢親王廟。丙午，復建祠。辛酉，頤和園蕆工，上奉皇太后臨幸自此始。

五月丁卯至庚午連雨。辛未，皇后躬桑。壬午，賑淸江等處風災。是月，京畿蝗。總署以各省教案迭出，請飭辦。諭曰：「各國傳教，載在條約，商民教士，各省當力衞其身家。乃者焚毁教堂，同時並起。顯有匪徒布謠生事，各督撫其緝治之，俾勿有所擾害。」

六月戊戌，諭嚴緝會匪。戊申，詔會匪自首與密報匪首因而緝獲者原免之。辛亥，王文韶奏誅附亂參將鮑虎。巧家廳披沙蠻酋祿汶芒伏誅，滇支夷二十一寨就撫。

秋七月癸未，以王文韶言雲南猛參、猛角、猛董土司劃界息爭。予孟定土知府罕忠邦宣撫使銜，土目罕榮高管理猛角、猛董，予土千總准世襲。乙酉，張曜卒。

八月壬辰朔，予樂亭耆儒史夢蘭四品卿銜。癸巳，命奕劻總理海軍事務，定安、劉坤一襄辦。己亥，世祖御製勸善要言譯漢書成，頒行直省學官，朔望與聖諭廣訓一體宣講。寶鋆卒。癸丑，諭疆吏飭營伍，除積習，嚴禁句結包庇。

九月癸未，免陝西前歲逋課。丙戌，初，與國來使，自同治十二年以來，皆見於紫光閣。是月，德使巴蘭德謂視如藩屬，屢以易地為言。至是，奧使畢格哩本來，遂於承光殿覲見。

戊子，雲南北勝土州同改土歸流。

十月丁酉，免隰、楡次等處逋賦及旗租。癸丑，詔班禪額爾德尼呼畢勒罕明年正月坐牀，升泰、蘇呼諾門罕往視，頒寄敕書珍物。甲寅，予宋儒游酢從祀文廟。戊午，熱河朝陽匪亂，提督葉志超、聶士成剿平之。

十一月丁卯，以熱河匪首擒戮，諭民間無論入會否，並許自新，其自拔來歸者宥之。乙亥，命戶部侍郎崇禮、兵部侍郎洪鈞並在總理各國事務衙門行走。己卯，海運倉火。甲申，以喀喇沁旗匪亂，撥庫帑三萬賑撫之。賑漢口火災。

十二月丙申，免河南光緒初年逋賦。乙巳，賑熱河被匪災區。戊申，申諭內務府撙節用費。

是冬，免浙江、陝西本年民欠稅糧。

十八年壬辰春正月丁亥，濬運河。辛卯，撥庫帑五萬於熱河，賑敖罕、奈曼兩旗蒙古。癸丑，英兵入坎巨提，回部頭目逃避色勒庫爾，賑撫之。

三月庚申，閻敬銘卒。

夏四月己酉，葬醇賢親王。是月，臺灣內山番社作亂，剿平之。

五月甲子，陽江匪亂，首逆譚運青伏誅。庚午，祈雨。辛未，賜劉福姚等三百一十七人進士及第出身有差。乙亥，合肥等州縣旱蝗，賑之。是月，上林、賓州匪首莫自閑等伏誅。

六月庚寅，祈雨。丙申，雨。壬寅，命編修汪鳳藻充出使日本大臣。

閏六月己未，永定河決。庚申，賑汾州及歸綏七廳旱災。甲子，留江蘇江北河漕各五萬石於順直備賑。丙寅，阿克達春以奏對失辭，罷山西巡撫。丁丑，以近畿水災，撥部帑十萬備賑。庚辰，恩承卒。是月，京畿蝗。

秋七月辛丑，發庫帑十萬備雲南各屬賑。壬寅，河南蝗。癸丑，諭唐炯整頓銅運。

八月丙寅，命奎煥與英使保爾議印藏商約。甲寅，命福錕為體仁閣大學士，麟書協辦大學士。留山東新漕備賑。

九月庚寅，撥江北漕米五萬石備鎮江各屬賑。己亥，福建德化匪首陳拱伏誅。壬寅，免陝西前歲民欠錢糧。

十月乙卯朔，留江南漕米三萬石備江寧諸縣賑。庚申，醴陵匪首鄧海山伏誅。己巳，賑莎車水災。免直隸通州等處糧租雜課。

十一月乙酉朔，免直隸通州等處逋賦。辛卯，賑臺灣等處潦災。辛丑，諭李鴻章、孫家鼐等察賑，被災州縣有玩視民瘼者，嚴劾以聞。壬寅，免江蘇各廳州縣衞逋賦。庚戌，發庫帑十萬賑太原等屬水旱霜雹災。癸丑，發內帑二萬賑順直各屬災民。

十二月乙卯朔，詔王大臣承辦皇太后六旬慶典，會同戶、禮、工部，內務府博稽舊典，詳議以聞。丙寅，召劉錦棠來京。丁卯，再發京倉米四萬石，賑順天災民。乙巳，懿旨，辦理慶典，一切撙節，內外臣工例貢免進獻。特頒內帑賑濟順直災區，每歲準此，畀順天府、直隸總督永濟窮黎。每省各賞銀二萬，自明年甲午始，俱發內帑畀各省疆吏散給之。諭已故貝勒那爾蘇爲僧格林沁孫，惓念前勞，追封親王，後不得援例。丙子，賞徽寧池太廣道楊儒四品京堂，充出使美日祕大臣。

是歲，朝鮮入貢。

十九年癸巳春正月乙酉朔，詔以明歲皇太后六旬聖壽，今年舉行恩科鄉試，翌年舉行甲午恩科會試。丙戌，免長洲等州縣冬漕米石。己亥，免長沙等州縣逋賦。甲辰，詔明年應來京祝嘏蒙古與內札薩克王、公、台吉等，除有年班外，俱止來京。癸丑，以口外七廳及大同等府災，命直、晉免收運商糧稅，撥部帑十萬賑之。

二月戊午，留江蘇漕米五萬石備賑安州等處。戊辰，見德使巴蘭德於承光殿。癸酉，留京餉五萬賑陝西北山等處災民。

三月辛卯，命以兩湖漕米六萬餘石變價賑山西災。

夏四月丙子，祈晴。己卯，以阿拉善札薩克和碩親王多羅特色楞游牧連年荒旱，頒帑三萬賑之。

五月乙酉，北新倉火。乙未，以伊克昭盟長札薩克固山貝子札那吉爾第游牧連年荒旱，頒帑一萬賑之。

六月乙卯，命直省擇保精曉天文、醫理、卜筮、數學及嫻於堪輿者，上之內務府。戊午，撥部帑三萬備賑醴陵等處災。庚申，見德使紳珂於承光殿。癸亥，祈晴。丁卯，普安匪首劉燕飛等伏誅。癸酉，京師雨災，詔於六門外等六處各設粥廠，撥京倉米萬石充賑。乙亥，再撥奉天粟米、江南北漕米備順直賑需。永定河決，南北汛並溢。丙子，免安徽積年逋賦，暨潛山等縣衞前欠夏糧。

秋七月甲申，諭順天府平糶。甲辰，近畿積潦漸消，諭遣就食貧民歸籍。

八月辛亥，賜故總督曾國荃孫廣漢四五品京堂。除華僑海禁，自今商民在外洋，無問久暫，概許回國治生置業，其經商出洋亦聽之。丁卯，採購奉、豫、魯省雜糧分備順直賑。

九月癸未，山東截留新漕六萬石賑瀕河州縣災民。再撥江南北漕米十萬石改折，復留江蘇漕米八萬石充賑順直，分半給之。癸卯，發京倉米三萬石賑順天。是月，免陝西各屬逋賦及額賦。

冬十月己酉朔，修太倉四州縣海塘。壬子，賞四川布政使龔照瑗三品京堂，充出使英法義比大臣。己未，命戶部歲納內務府銀五十萬。乙丑，免通州等處糧賦。

十一月己丑，申私錢之禁，有銷毀改鑄或載運者，所司訪緝嚴治之。戊子，甘肅、新疆地震。辛卯，命許振禕與李鴻章會勘永定河。甲午，免大興等縣秋稅。

十二月辛亥，命吏部侍郎徐用儀在軍機大臣上學習行走。壬子，詔京察嚴考覈。戊午，除內地人民出海禁。辛酉，賑安仁疫災。壬戌，免歸化等七廳租賦。丁卯，免烏拉捕東珠。壬申，撥京東倉米五萬石備順天春賑。癸酉，刑部奏革員周福清於考官途次函通關節，擬杖流，改斬監候。

二十年甲午春正月己卯朔，懿旨，六旬慶辰，晉封妃嬪名號，增恭親王護衞，奕劻晉封親王，醇親王載灃等賞賚有差。自中外大臣、文武大員、蒙古王公等以次恩錫。丙申，許振禕會勘永定河工程，命與李鴻章會籌。允歲增修費四萬，並撥部帑三十萬充經費。己亥，庫車地震。免鎮、迪各屬逋賦。庚子，重申科場禁例。辛丑，免鄂倫春貢貂。壬寅，滇緬續約成。

二月辛亥，詔殿廷考試閱卷大臣公慎校取勿濫。濬通惠河，築閘壩。甲子，命李鴻章閱海軍。甲戌，禁州縣非時預徵及濫用非刑。允許振禕請，盧溝橋置河防局，倣裘曰修成法，設浚船百二十艘。

三月戊寅朔，日有食之。諭疆吏毋濫保屬官。戊子，詔停秋決。

是春，免新疆各屬逋賦，雲南各屬額賦雜課。

夏四月戊申，韶州南雄匪亂，剿平之。己酉，漵浦匪首諶北海伏誅。甲寅，大考翰、詹，擢文廷式等六人一等，餘升黜有差。辛酉，見義使巴爾迪等於承光殿。辛未，賜張謇等三百十一人進士及第出身有差。壬申，諭直省清理京控積案。

五月丁亥，以畿輔多盜，諭嚴捕務。戊子，詔駐藏辦事大臣、幫辦大臣三年任滿得請覲，著爲令。丁酉，初，朝鮮以匪亂乞師，李鴻章檄提督葉志超、總兵聶士成統兵往。上慮兵力不足，因諭綏靖藩服，宜圖萬全，尚須增調續發，以期必勝。壬寅，除免江蘇海運漂沒漕糧。乙巳，召劉銘傳來京。裁鄂倫春總管，升布特哈總管爲副都統。

六月己酉，詔停道、府捐。癸丑，京師霪雨，祈晴。乙卯，見日使小村壽太郎於承光殿。戊午，命翁同龢、李鴻藻與軍機、總署集議朝鮮事。壬戌，停海軍報效。乙丑，諭：「湖南京漕折價，備順天賑。向有濟荒經費，亦報解存儲。」皆自今歲始，歲以爲常。丁卯，命南澳鎮總兵劉永福赴臺灣。戊辰，召劉錦棠來京。辛未，上二旬萬壽，御殿受賀筵宴。命徐用儀爲軍機大臣。壬申，召免出使日本大臣汪鳳藻回國。

秋七月乙亥朔，日本侵朝鮮，下詔宣戰。戊寅，命李瀚章毀南海舉人康祖詒所著書。己卯，諭遣道員袁世凱往平壤撫輯。丙辰，命臺灣布政使唐景崧、南澳鎮總兵劉永福助邵友濂籌防。辛巳，諭李鴻章擴充海軍，慎選將才，精求訓練，通籌熟計以聞。乙酉，免賓川等州縣田租。丙戌，敕神機營兵防近畿，駐通州，旋移南苑。戊子，命端郡王載漪、敬信練旗兵，以滿洲火器營、健銳營、圓明園八旗槍營暨漢軍槍隊充選。載漪尋管神機營。諭停不急工程。允吳大澂請，統湘軍赴朝鮮督戰。丁酉，賑會同、會樂二縣災。己亥，命葉志超總統駐平壤諸軍。敬信、汪鳴鑾均在總理各國事務衙門行走。癸卯，重訂中外保護華工約。

八月丙午，吳大澂督軍出關，自請幫辦海軍，不許。丁未，始釋奠於先師。己酉，劉錦棠卒。戊午，上皇太后徽號，頒詔覃恩有差。壬戌，李鴻章以師久無功，褫三眼孔雀翎、黃馬褂。丙寅，懿旨發內帑三百萬備軍需。命四川提督宋慶幫辦北洋軍務。丁卯，命承恩公桂祥統率馬步各營往駐山海關。戊辰，奉天援軍統領高州鎮總兵左寶貴及日人戰於平壤，敗績，死之。己巳，命吳大澂軍駐樂亭。庚午，懿旨，六旬慶辰停止頤和園受賀。撥京倉米三萬石賑順天各屬水災。

九月甲戌朔，懿旨起恭親王奕訢直內廷，管總署、海軍署事，並會同措理軍務。乙亥，命宋慶節制直、奉諸軍。罷葉志超總統。丁丑，諭在籍提督曹克忠募津勇駐山海關。召王文韶來京。調黃少春爲長江水師提督。庚辰，命兵部侍郎王文錦等辦理團練。辛巳，免陝西咸寧等處旱荒田賦。壬午，海軍副將鄧世昌及日人戰於大東溝，死之。癸未，召張之洞來京。丁亥，賑瑞昌等縣潦災。戊子，以臨敵潰散，罷葉志超、衞汝貴統領，以聶士成統兩軍。庚子，日兵渡鴨綠江。辛丑，陷九連城。壬寅，命長順率吉林軍往奉天助剿，豐紳統三省練軍防東邊。

冬十月甲辰朔，諭裕祿飭金州戰備。乙巳，命提督唐仁廉募勇二十營，會定安、裕祿防剿。丁未，詔山西各省入衞。戊申，詔恭親王督辦軍務，各路統帥聽節制。命王大臣等分辦巡防、團防，廣西按察使胡燏棻駐天津督糧饟，許專奏。召劉坤一來京，以張之洞署兩江總督兼南洋大臣。寧夏鎮總兵衞汝貴以臨敵退縮，褫職逮問。己酉，命翁同龢、李鴻藻、剛毅並爲軍機大臣。壬子，日人陷金州，副都統連順棄城遁。徐邦道及日人戰，敗績。丙辰，賑東省瀕河貧民，並撥帑撫卹。丁酉，各國使臣呈遞國書，賀皇太后六旬萬壽，上見之於文華殿。壬戌，日人陷岫巖州，豐陞阿、聶桂林皆棄城走。額勒和布、張之萬罷軍機。定安以臨敵無功，奪欽差大臣、漢軍都統，暫留辦東三省練兵。依克唐阿以督兵畏葸褫職，戴罪圖功。丁卯，日人襲旅順船塢，總辦龔照璵遁煙台，黃仕林、趙懷業、衞汝成繼之，徐邦道與張光前、姜桂題、程允和奔復州依宋慶。諭李秉衡嚴防威海。吳大澂請自任山海關防務，並俟各軍會合，規復朝鮮。諭曰：「臨事而懼，古有明訓。切勿掉以輕心，致他日言行不相顧。」以旅順失守，責李鴻章調度乖方，褫職留任。壬申，奪丁汝昌海軍提督，暫留任。宋慶自請治罪，特原之。詔各路將帥嚴約束，禁擾累民間，犯者立正軍法。褫葉志超職。

十一月癸酉朔，褫龔照璵職，尋逮問。己卯，以金州陷，褫副都統連順職，程之偉並褫職，趙懷業逮京治罪。庚辰，懿旨恭親王奕訢復爲軍機大臣。辛巳，免順直被水州縣額賦。丙戌，日本陷復州。戊子，日本兵集金、復二州。諭宋慶率諸軍決戰。豐陞阿、聶桂林自岫巖奔析木城，聞敵至，師復潰，日人取析木城。以程文炳爲陸路提督。己丑，宋慶及日人戰於海城，敗績，退保田莊台。庚寅，依克唐阿及日人戰於鳳凰城，侍衛永山死之。命榮祿在總理各國事務衙門行走。壬辰，豐陞阿、聶桂林逮問。癸巳，逮葉志超、丁汝昌治罪。戊戌，褫提督程允和、張光前、總兵姜桂題職，俱留營效力。

十二月癸卯，停是月紫光閣、保和殿筵宴。褫提督衞汝成職，逮問。甲辰，御史安維峻以論李鴻章，坐妄言褫職，戍軍台。命劉坤一爲欽差大臣，關內外各軍均歸節制。褫提督黃仕林職，逮問。壬子，命張蔭桓、邵友濂以全權大臣往日本議和，尋召還。丙辰，撥江蘇漕米十二萬石備順直春賑。丁巳，章高元及日人戰於蓋平，敗績。奉軍復戰，提督楊壽山死之，城陷。辛酉，懿旨，劉坤一駐山海關籌進止。趣吳大澂率師出關，會宋慶進勦。以近畿米貴，運豫、魯雜糧平糶。癸亥，衞汝貴處斬。甲子，命宋慶、吳大澂襄辦劉坤一軍務。乙丑，再撥京倉米三萬石備順天春賑。己卯，日本陷榮成。庚午，命王文韶襄辦北洋軍務。

是歲，朝鮮入貢。

清史稿卷二十四

本紀二十四

德宗本紀二

二十一年乙未春正月癸酉朔，停筵宴。乙亥，日兵寇威海。丁丑，我海軍與戰於南岸，敗績。己卯，吳大澂始出關視師。辛巳，威海陷，守將戴宗騫死之。改命聶士成統兵入關。丁亥，詔責李鴻章。庚寅，劉公島陷，水師熸，丁汝昌及總兵劉步蟾死之。諭張之洞、松椿防海、贛、清江水陸要衝，保清、淮通運。辛卯，授李鴻章爲頭等全權大臣，使日本。壬辰，見各國使臣於文華殿。陶模言喀什噶爾、莎車、和闐等屬戶民，英印度部收買爲奴，應由公家贖放，從之。丙申，葉志超、龔照璵俱論斬。己亥，日本陷文登、寧海，偪煙台。宋慶等及日人戰於太平山，敗績，走。

二月乙巳，宋慶、吳大澂敗日人於亮甲山，參將劉雲桂、守備趙雲奇戰死。賑錦州、寧遠災民。丁未，命聶士成總統津、沽海口防軍。乙酉，日兵薄遼陽，長順、唐仁廉擊卻之。庚戌，日兵陷牛莊，吳大澂退走，日人遂襲營口。癸丑，馬玉崑敗日人於田莊台。甲寅，復戰，敗績。丙辰，日兵陷田莊台。吳大澂奔錦州，宋慶退雙台。丁巳，以吳大澂師徒撓敗，切責之。戊午，恭親王等奏撤海軍署。免上元、江寧等處，淮安等衞賦課。賑直隸水災。庚申，分神機營兵駐喜峯口。癸亥，命吳大澂解軍務幫辦來京，湘、鄂諸軍以魏光燾領之。乙丑，撥庫帑十萬加賑薊州等處災民。戊辰，知州徐慶璋集民團固守遼陽，命裕祿濟饟械。己巳，賑玉田、灤州、樂亭水災。日人狙擊李鴻章，彈傷其頰。庚午，日人犯澎湖。

三月壬申朔，命吳大澂回湖南巡撫任。癸酉，濟陽高家紙坊河決。乙亥，日兵陷澎湖。戊子，褫提督蔣希夷職，逮問。癸巳，命郭寶昌隨同劉坤一辦防務。己亥，李鴻章與日本全權伊藤博文、陸奧宗光馬關會議。和約成，定朝鮮爲獨立自主國，割遼南地、臺灣、澎湖各島，償軍費二萬萬，增通商口岸，任日本商民從事工藝製造，暫行駐兵威海。

夏四月戊申，撥京倉米石備順天平糶。己酉，天津海溢，王文韶自請罷斥，不許。諭曰：「非常災異，我君臣惟當修省惕厲，以弭天災。」甘肅撒回叛，陷循化廳，雷正綰剿之。庚戌，命道員聯芳、伍廷芳赴煙台與日本換約。乙卯，諭曰：「和約定議，廷臣交章謂地不可棄，費不可償，當仍廢約決戰。其言固出忠憤，而未悉朝廷苦衷。自倉卒開釁，戰無一勝。

近者情事益迫，北可逼遼、瀋，南可犯畿疆。瀋陽爲陵寢重地，京師則宗社攸關。況慈闈頤養廿餘年，使徒御有驚，藐躬何堪自問？加以天心示警，海嘯成災，戰守更難措手。一和一戰，兩害兼權，而後幡然定計。其萬難情事，言者所未及詳，而天下臣民皆當共諒者也。茲將批准定約，特宣示前後辦理緣由。我君臣惟期堅苦一心，痛除積弊。」戊午，諭軍機大臣及諸臣工，和局已成，勿再論奏。留山東運糧十萬石備寧河等處賑。命裕祿接濟寧、錦等屬賑需。己未，賞前宿松縣知縣孫葆田五品卿銜。辛酉，達賴喇嘛受戒畢，賚哈達、念珠等物。癸亥，撥湖北漕米三萬石，備寧、錦等屬賑。乙丑，京師平糶。命李經方爲臺灣交地全權委員。丙寅，賜駱成驤等二百八十二人進士及第出身有差。丁卯，召唐景崧來京。

五月辛未朔，賑臨漳等縣水災。庚辰，蔣希夷論斬。乙酉，見俄使喀希尼、法使施阿蘭於文華殿。壬辰，日本歸我遼南地。丁酉，免湖南新化，雲南阿迷、保山、昆明上年被災田賦。賑長武等縣水災雹災。庚子，唐景崧休致。

閏五月辛丑朔，撥山東庫帑二萬助賑奉天。壬寅，撫恤江、浙運漕稽候船戶萬餘人。甲辰，大學士福錕致仕。乙巳，命直隸提督聶士成總統淮軍駐津、沽，江西布政使魏光燾總統浙軍駐山海關，四川提督宋慶總統毅軍駐錦州，俱聽北洋大臣調度。癸丑，吳大澂罷。戊午，予惠潮嘉道裕庚四品京堂，充出使日本大臣。丁卯，諭曰：「近中外臣工條陳時務，如修鐵路，鑄鈔幣，造機器，開鑛產，折南漕，減兵額，創郵政，練陸軍，整海軍，立學堂，大抵以籌餉練兵爲急務，以恤商惠工爲本源，皆應及時興舉。至整頓釐金，嚴覈關稅，稽察荒田，汰除冗員，皆於國計民生多所裨補。直省疆吏應各就情勢，籌酌辦法以聞。」

六月甲戌，孫毓汶以疾免。丁丑，賑熱河飢民。乙酉，軍機大臣徐用儀罷。以麟書爲武英殿大學士，崑岡以禮部尚書協辦大學士。命錢應溥爲軍機大臣，翁同龢、李鴻藻均兼總理各國事務衙門行走。戊子，賑鍾祥等處水災。

秋七月甲辰，沁河決。乙巳，滎澤河決。丁未，詔李鴻章入閣辦事。授王文韶直隸總督兼北洋大臣。戊申，賑商州、清澗等處水災雹災。己酉，予宋儒呂大臨從祀文廟。壽張、齊東河決。豐陞阿遣戍軍台。戊午，賑鎮安等縣水災。辛酉，江西巡撫德馨有罪褫職。色勒庫爾地震。壬戌，以回衆猖獗，褫總兵湯彥和職，楊昌濬、雷正綰並褫職留任。丁卯，已革提督黃仕林論斬。

八月壬申，賑富川、容縣水災。丙子，賑階、文、西寧等州縣水災。己卯，四川總督劉秉璋以不能保護教堂褫職。丙戌，命工部郎中慶常以五品京堂充出使法國大臣。癸巳，免雲南威遠被災田賦。

九月庚子，賑梧州府屬火災。留山東新漕備瀕河諸縣災賑。乙巳，留湖北冬漕三萬石備鍾祥等縣賑需。丁未，命魏光燾統軍援甘肅。戊申，免望都差徭，及退出圈地額賦五成，著爲令。己酉，免陝西前歲民欠，暨華州開渠占地錢糧。壬子，見英使歐格訥於文華殿。乙卯，賑甘肅被擾各地難民。戊午，賑臨湘蛟災。撥帑三萬購倉穀，備常德、衡州旱災。壬戌，見和使克羅伯於文華殿。癸亥，命宗人府府丞吳廷芬兼總理各國事務衙門行走。丙寅，後藏班禪額爾德尼來京謁陵，進方物。揭陽、潮陽、普寧等縣地震。

十月辛未，楊昌濬罷，以陶模署陝甘總督。辛巳，李鴻章與日使互換歸遼條約。甲申，長麟、汪鳴鑾並以召對妄言褫職。己丑，初設新建陸軍，命溫處道袁世凱督練。丙申，免江川被災田賦二年。賑鶴慶等州縣水旱災。

十一月乙酉朔，山東趙家口合龍。丁未，免盛京被淹官莊額賦。戊申，留河南漕折八萬備內黃等縣工賑。己酉，以湖北布政使王之春充俄皇加冕賀使。庚戌，免奉天被兵各屬旗民兩年田賦，並積年逋賦。癸丑，劉永福免。癸亥，甘肅提督李培榮以赴援西寧逗留褫職。乙丑，調董福祥爲甘肅提督，仍總統甘軍，前敵諸將均歸節制。賑保山蛟災。

十二月戊寅，壽張決口合龍。庚辰，撥庫帑六萬備湖北春賑。癸巳，改命李鴻章使俄，邵友濂副之。是月，免陝西前歲逋賦、奉天上年葦稅及官莊稅糧。賑盛京、萍鄉災。發帑各十萬，賑湖南、雲南、陝西各屬災。

二十二年丙申春正月丙申朔，停筵宴。丁酉，以特遣李鴻章使俄，諭止邵友濂、王之春毋往。己亥，賑長沙各府水旱災。乙卯，見各國公使於文華殿。庚申，命馮子材仍回廣東，督辦欽、廉防務。

二月庚午，移塔爾巴哈台額魯特領隊大臣駐布倫布拉克，伊犂察哈爾營領隊大臣駐博羅塔拉。壬申，始議郵政與各國聯會。開龍州鐵路。劉銘傳卒。丁亥，戶部火。

三月戊戌，額勒和布致仕。癸卯，開杭州商埠。丁未，命王文韶、張之洞督辦蘆漢鐵路。辛酉，回匪竄珠勒都斯。癸亥，命董福祥駐西寧，專任勦撫，魏光燾還駐河州，尋命回陝西巡撫任。

夏四月壬申，五台山菩薩頂災。乙亥，免昆明、丘北被災夏糧。辛巳，命榮祿往天津閱新建陸軍。戊子，授崑岡體仁閣大學士，榮祿以兵部尚書協辦大學士。

五月丁酉，諭李秉衡查州縣糧賦，浮收者覈減之。免恩安被災額賦。辛丑，鄭州文廟災。是月，上數奉皇太后臨醇王邸視福晉疾。癸卯，醇賢親王福晉葉赫那拉氏薨，輟朝十一日，上奉皇太后臨邸視殮，越日復往奠祭。懿旨，醇賢親王福晉薨逝，應稱曰「皇帝本生妣」。乙巳，上成服。壬子，免安徽歷年逋賦。甲子，綏鄂倫春牲丁進貂貢。

六月丙寅，諭奎順撫恤青海蒙民。丁卯，河決利津。戊辰，免浙江歷年各場積欠竈課鹽課。庚午，賑浙江風災。壬申，醇賢親王福晉金棺奉移，上躬詣臨送。甲戌，上奉皇太后如醇王園寓臨奠福晉金棺。己卯，諭整頓長江水師。壬午，命裕祿兼充船政大臣。丙戌，松潘番亂，官軍剿平之。丁亥，允王大臣請，神機營練兵處倣西制練兵。辛卯，永定河溢。是月，賑大東溝海溢災，安徽、湖北蛟災。

秋七月甲午朔，日有食之。丁酉，順天東南各屬水，命孫家鼐等速籌賑需。乙巳，留南漕十萬石於天津備賑。

八月乙丑，以關內外回匪漸平，諭陶模、董福祥安輯降衆，搜捕餘匪。己巳，川軍剿瞻對，疊克要隘，進逼中瞻。庚辰，諭鹿傳霖：「瞻對用兵，乃暫時辦法。事定後仍設番官否，當再審詳。不得因此苛責喇嘛，轉生他衅，慎勿鹵莽而行。」己丑，諭刑部訊獄應速結，毋任延宕。壬辰，禁各省濫用非刑。

九月丙申，福錕卒。免陝西前歲逋賦。己亥，東陵蟲災。丙午，賞盛宣懷四品京堂。先是，王文韶、張之洞請立招商輪船總公司，舉盛宣懷督辦。至是，旨下，並准專奏。大學士張之萬致仕。丁未，見德使海靖、比使費葛於文華殿。庚戌，命李鴻章在總理各國事務衙門行走。癸丑，李秉衡言勘明黃河尾閭，擬由舊黃河東岸挑濬新河，仍導歸舊河入海。

諭以大舉興辦，務期一勞永逸，以副委任。

是秋，賑河南、奉天、湖北、安徽、山東、山西、吉林、黑龍江水災，湖南蛟災，及陝、甘水災雹災，新疆蝗災雹災，廣東洋面風災。

冬十月壬戌朔，賑湖北江、漢水災。癸亥，辦河州冬賑。甲子，增設蘇州、杭州、沙市、思茅四關。丙寅，諭陶模選廉明賢吏，和輯漢、回，偶有爭執，專論是非，準情理以劑其平，並分別撫恤被兵區域。論平回功，予董福祥騎都尉世職，授陶模陝甘總督，饒應祺新疆巡撫，予奎順、魏光燾優敍，其餘甄敍有差。甲戌，永定河決口合龍。戊寅，定朝鮮設領事，不立條約，不遣使，不遞國書，以總領事一人駐其都城。庚辰，命左都御史楊儒充出使俄奧荷大臣，道員羅豐祿充出使英義比大臣，黃遵憲充出使德國大臣，伍廷芳充出使美日祕大臣。癸未，免武清等州縣秋賦雜課。乙酉，賑華州等處水災。己丑，以徐桐爲體仁閣大學士，李鴻藻以禮部尚書協辦大學士。

十一月戊申，冬至，祀天於圜丘。己酉，免朝賀。辛亥，免河、洮等處被災賦課。丁巳，命工部侍郎許景澄充出使德國大臣。是月，賑山東、四川水災。

十二月乙丑，初，鹿傳霖屢奏瞻對宜剿，擬收回後改設漢官。上慮失達賴心，命鹿傳霖、文海等詳議。至是，疏陳瞻民向化，藏番震懾各情。因諭剴切勸導達賴，期於保藏、保川兩無窒礙。賑四川東鄉等屬災。丙子，免遼陽各村屯糧賦，綏德等州縣逋糧。

二十三年丁酉春正月辛卯朔，停筵宴。丁酉，免山東光緒初年逋賦。辛亥，留湖北漕米充工賑。乙卯，見美、法、英、德、荷、比、俄、義、日本及日、奧諸國公使於文華殿。二月壬戌，命戶部侍郎張蔭桓使英。庚午，河決歷城、章丘。己卯，命崇禮、許應騤在總理各國事務衙門行走。

三月癸巳，詔汰冗兵。甲辰，懿旨發內帑十萬賑四川，五萬賑湖北，並以庫帑十萬加賑四川夔、綏、忠三屬。辛亥，免銅仁、青谿被水田賦。丁巳，初設海參葳委員。

夏四月乙亥，李秉衡奏減山東錢漕。

五月丙申，詔棍噶札拉參胡圖克圖嘉穆巴圖多普准轉世爲八音溝承化寺胡圖克圖。甲辰，張之萬卒，贈太保。丁未，上詣本生妣醇賢親王福晉園寢，周年釋服。壬子，予呂海寰四品京堂，充出使德荷二國大臣。

六月己卯，賑崇陽等縣水災。

是夏，見奧使齊幹、俄使烏爾他木斯科、英使竇納樂、日使矢野文雄於文華殿。

秋七月庚寅，李鴻藻卒。丙申，命廖壽恆在總理各國事務衙門行走。辛丑，復故陝西固原提督雷正綰原官。甲辰，免岷州衞二十四寺進贏，並展緩馬貢。甲寅，平遙普洞邨山陷入地中。

八月己巳，靖西地震。壬申，命翁同龢以戶部尙書協辦大學士。癸未，弛科布多札哈沁寶爾吉鑛禁，許蒙、漢民人開採。乙酉，以鹿傳霖於德爾格忒土司措理失宜，罷改土歸流議，釋土司昂翁降白仁靑暨其家屬，仍回德爾格忒管土司事。

九月戊子，鹿傳霖罷。己丑，命德爾格忒撤兵。戊戌，見挪威使柏固於文華殿。甲辰，達賴喇嘛請還瞻對地。諭恭壽等會商以聞。丙午，利津決口合龍。乙卯，復故陝甘總督楊昌濬官。

是秋，賑陝西雹災水災，湖南北、江西、廣東、安徽、雲、貴水災，新疆蝗災。

十月戊午，廣西巡撫史念祖坐事褫職。壬申，曹州匪戕害德國教士，命李秉衡察勘之。戊寅，德以兵輪入膠澳。壬午，免樂亭等州縣被災額賦。是月，賑廣東風災，陝西雹災，湖南、江南水災。

十一月辛卯，撥江北漕米三萬石，備徐、海各屬賑。甲午，詔罷三瞻改土歸流議，仍隸達賴喇嘛。辛丑，諭安撫江蘇各屬饑民。丁未，英使竇納樂入見。癸丑，冬至，祀天於圜丘。甲寅，免朝賀。昭烏達盟旗匪平。

十二月甲子，利津河決。己巳，免安州澇地租。乙亥，三巖野番就撫，改設土千戶，隸巴塘。罷朱窩、章谷兩土司歸流議。戊寅，詔各省保護教堂教士。免狄道、巴燕戎格等處額賦。

二十四年戊戌春正月乙酉朔，日有食之。元旦受禮改於乾清宮，停宗親宴。戊子，詔各省大吏定議籌餉練兵，速覆以聞。庚寅，定經濟特科及歲舉法。命中外保薦堪與特科者。乙未，免建水被旱夏糧。己酉，見各國公使於文華殿。壬子，免石屏、昆明夏糧。

二月甲子，命廖壽恆在軍機大臣上學習行走。丙寅，免青海阿里克番族馬貢銀。乙巳，留江北漕米一萬石賑徐州災。丁丑，命神機營選練先鋒隊。庚辰，詔武科改試槍礮，停默寫武經。

三月丁亥，詔立義倉。戊子，俄使巴布羅福覲見。乙巳，除新化被水額賦。是月，開直隸北戴河至秦王島、湖南岳州、福建三都澳口岸。

閏三月乙卯，召張之洞來京。丙辰，麟書卒。庚申，以德人入卽墨文廟，毀聖賢像，下總署察問。乙丑，臨恭親王邸視疾。甲戌，上侍皇太后幸外火器營教場，閱火器、健銳、神機三營及武勝新隊操，凡三日。丁丑，以湖北沙市焚毀教堂，諭張之洞回任。續賑徐、海災。戊寅，見德親王亨利於玉瀾堂。己卯，還宮。免新興被旱額賦。庚辰，見法使畢勝於文華殿。壬午，安徽鳳、潁、泗災。

是春，以膠州灣租借於德意志，旅順口、大連灣、遼東半島租借於俄羅斯。

夏四月壬辰，恭親王奕訢薨，輟朝五日，素服十五日，臨邸賜奠。懿旨特諡曰忠。守衞園寢增設丁戶，每祭祀官經理之。孫貝勒溥偉襲。甲午，懿旨，恭忠親王功在社稷，應配饗太廟。詔中外臣工當法恭忠親王，各攄忠悃，共濟時艱。己亥，授榮祿爲文淵閣大學士，剛毅爲兵部尙書協辦大學士。乙巳，詔定國是，諭：「中外大小諸臣，自王公至於士庶，各宜發憤爲雄。以聖賢義理之學植其根本，兼博采西學之切時勢者，實力講求，以成通達濟變之才。京師大學堂爲行省倡，尤應首先舉辦。軍機大臣、王大臣妥速會議以聞。」丙午，詔各省立商務局。賜夏同龢等三百四十二人進士及第出身有差。己酉，翁同龢罷。選派宗室王公出洋遊歷。近支王、貝勒等，上親察之；公以下及閒散人員，由宗人府保薦。召王文韶來京。裁督辦軍務處。庚戌，召見工部主事康有爲，命充總理各國事務衙門章京。辛亥，前藏達賴喇嘛貢方物。

五月癸丑朔，詔陸軍改練洋操，令營弁學成者教練，於北由新建陸軍，於南由自强軍派往。各疆臣限六閱月，舉併餉練兵及分駐地，妥議以聞。其軍械槍礮，各省機器局酌定格式，精求製造。甲寅，賑棲霞火災。丁巳，詔自下科始，鄉、會、歲、科各試，向用四書文者，改試策論。命孫家鼐以吏部尚書協辦大學士，王文韶以戶部尚書爲軍機大臣兼總理各國事務衙門行走。授榮祿直隸總督兼北洋大臣。庚申，趣盛宣懷蘆漢鐵路刻日興工，並開辦粵漢、寧滬各路。甲子，詔以經濟歲舉歸併正科，歲、科試悉改策論，毋待來年。丁卯，詔立京師大學堂，命孫家鼐管理。賞舉人梁啓超六品銜，辦理譯書局。戊辰，詔興農學。諭曰：「振興庶務，首在鼓勵人材。各省士民著有新書，及創新法，成新器，堪資實用者，宜懸賞以勸。或試之實職，或錫之章服。所製器給券，限年專利售賣。其有獨力創建學堂，開闢地利，興造槍礮廠者，並照軍功例賞勵之。」辛未，免祿勸被水田糧。癸酉，詔八旗兩翼諸營，均以其半改習洋槍、擡槍。以奕劻等管理驍騎營，崇禮等管理護軍營。甲戌，詔改直省各屬書院爲兼習中西學校，以省書院爲高等學，郡書院爲中等學，州、縣書院爲小學。其地方義學、社學亦如之。乙亥，命裕祿爲軍機大臣。丙子，諭各省州縣實力保護教堂。丁丑，命三品以上京堂及各省督撫、學政舉堪與經濟特科者。頒士民著書、製器暨創興新政獎勵章程。命中外舉製造、駕駛、聲光化電人材。戊寅，詔各省保護商務。免海康、遂谿上年被災額賦。賑長安等州縣水災雹災。

六月癸未朔，詔改定科舉新章。丙戌，賑徐、海災。己丑，詔頒張之洞著勸學篇，令直省刊布。命康有爲督辦官報。壬辰，命榮祿會同張之洞督辦蘆漢鐵路。鬱林、梧州土匪、會匪相結爲亂，陷容、興業、陸川三縣，官軍剿平之。丙申，饒應祺進回部貢金。丁酉，命翰詹、科道輪班召對。部院司員條列時事，堂官代陳。士民得上書言事。設鑛務鐵路總局於京師，王文韶、張蔭桓專理之。庚子，湖南設製造槍礮兩廠。辛丑，賑寧羌火災，洵陽等縣水災雹災。癸卯，命伍廷芳賑古巴華民。乙巳，諭曰：「時局艱難，亟須圖自強之策。中外臣工墨守舊章，前經諭令講求時務，勿蹈宋、明積習，訓誡諄諄。惟是更新要務，造端宏大，條目繁多，不得不廣集衆長，折衷一是。諸臣於交議之事，當周諮博訪，詳細討論。毋緣飾經術，附會古義，毋膠執成見，隱便身圖。倘面從心違，致失朝廷實事求是本旨，非朕所望也。朕深惟窮變通久之義，創建一切，實具萬不得已之苦衷。用申諭爾諸臣，其各精白乃心，力除壅蔽，上下一誠相感，庶國是以定，而治道蒸蒸矣。」諭南北洋大臣籌辦水師及路鑛學堂。諭各省廣開通商口岸。命黃遵憲以三品京堂充駐朝鮮大臣。

是夏，廣東九龍半島、山東威海衞俱租借於英吉利。

秋七月甲寅，詔停新進士朝考，並罷試詩賦。賑奉天被賊各廳縣災。丙辰，詔於京師設農工商總局，以端方、徐建寅、吳懋鼎督理，並加三品卿銜。命出使大臣設僑民學堂於英、美、日本各國。丁巳，河決山東上中游，濟陽等六縣同時並溢。己未，詔定於九月十五日奉皇太后幸天津閱兵。移沙市關監督、荆宜施道、江陵縣並駐沙市鎭。壬戌，賑南陽水災。乙丑，詔裁詹事府，通政司，大理、光祿、太僕、鴻臚諸寺，歸併其事於內閣、禮、兵、刑部兼理之。裁湖北、廣東、雲南巡撫，以總督兼管之。河東河道總督併於河南巡撫。兼裁各省糧道、鹽道。庚午，以抑格言路，首違詔旨，奪禮部尚書懷塔布、許應騤，侍郞堃岫、徐會灃、溥頲、曾廣漢等職。賞上書主事王照四品京堂。辛未，頒曾國藩州縣清訟事宜及功過章程於各省，並增道府功過。諭疏導京師河道溝渠，平治道塗。諭各省實行團練。賞內閣侍讀楊銳、中書林旭、刑部主事劉光第、江蘇知府譚嗣同並加四品卿銜，參預新政。賑建水水災。癸酉，罷李鴻章總理各國事務衙門行走。以裕祿爲禮部尚書，在總理各國事務衙門行走。乙亥，置三、四、五品卿，三、四、五、六品學士。丙子，賑泰和水災。丁丑，召袁世凱來京。諭曰：「國家振興庶政，兼采西法，誠以爲民立政，中西所同，而西法可補我所未及。今士大夫昧於域外之觀，輒謂彼中全無條教。不知西政萬端，大率主於爲民開智慧，裕身家。其精者乃能淑性延壽。生人利益，推擴無遺。朕夙夜孜孜，改圖百度，豈爲崇尚新奇。乃眷懷赤子，皆上天所畀，祖宗所遺，非悉使之康樂和親，未爲盡職。加以各國環相陵逼，非取人之所長，不能全我之所有。朕用心至苦，而黎庶猶有未知。職由不肖官吏與守舊士夫不能廣宣朕意。乃至胥動浮言，小民搖惑驚恐，山谷扶杖之民，有不獲聞新政者，朕實爲歎恨。今將變法之意，布告天下，使百姓咸喻朕心，共知其君之可恃。上下同心，以成新政，以强中國，朕不勝厚望焉。」諭各省撤驛站，設郵政。嚴米糧出口禁。
八月壬午朔，命戶部編定歲出入表頒行之。諭出使大臣徵送僑民歸國備任使。命袁世凱以侍郎候補，專任練兵事宜。丙戌，見日本侯爵伊藤博文、署使林權助於勤政殿。賑射洪等縣水災，略陽等縣水災雹災。丁亥，皇太后復垂簾於便殿訓政。詔以康有爲結黨營私，莠言亂政，褫其職，與其弟廣仁皆逮下獄。有爲走免。戊子，詔捕康有爲與梁啓超。庚寅，戶部侍郎張蔭桓、翰林院侍讀學士徐致靖、御史楊深秀暨楊銳、林旭、劉光第、譚嗣同並坐康有爲黨逮下獄。辛卯，上稱疾，徵醫天下。召榮祿來京。命逮文廷式，捕孫文。壬辰，詔復設詹事府，通政司，大理、光祿、太僕、鴻臚諸寺。禁官民擅遞封章。罷時務官報。各省祠廟毋改學堂。命吏部侍郎徐用儀在總理各國事務衙門行走。癸巳，撥江漕八萬石改折，備徐、海賑。賑高州水災。甲午，楊深秀、楊銳、林旭、劉光第、譚嗣同、康廣仁俱處斬。謫張蔭桓新疆。徐致靖禁錮。命榮祿爲軍機大臣。以裕祿爲直隸總督兼北洋大臣。乙未，以康有爲大逆不道，構煽陰謀，頒硃諭宣示臣下。罷巡幸天津閱操。命榮祿管兵部事，兼節制北洋諸軍及宋慶軍。丁酉，籍康有爲、梁啓超家。命趙舒翹會同王文韶督辦礦路總局。諭蘇、浙新漕運京，罷改折議。留山東新漕米石備賑。戊戌，賞袁昶三品京堂，在總理各國事務衙門行走。庚子，李端棻以濫保褫職，戍新疆。褫王照職，籍其家，逮捕。辛丑，賞前御史文悌知府。壬寅，黃遵憲以疾免，賞李盛鐸四品京堂充出使日本大臣。陳寶箴以濫保奪湖南巡撫任。癸卯，詔疆臣飭吏治，培人才，開財源，修武備，舉劾牧令，整齊營規。詔言責諸臣指陳國計得失，其淆亂是非事攻訐者罪之。乙巳，懿旨復鄉、會試及歲、科考舊制，罷經濟特科，罷農工商局。丙午，端方進所編勸善歌，詔頒行。懿旨命疆臣保衞民生，愼選循良，整飭保甲團練。凡水利蠶桑，及製造販運，資民間利賴者，以時敎導之。申聯名結會之禁。授榮祿爲欽差大臣。己酉，命裕祿會辦蘆漢等處鐵路。設上海、漢口水利局。

九月辛亥朔，懿旨，一切政治關國計民生者，無論新舊，仍次第推行。建言諸臣章奏務裨時局，毋妄意揣摩。癸丑，發內帑二十萬賑山東水災。甘肅、新疆地震。丁巳，廣西匪平。己未，命軍機大臣會大學士及部院議治河之策。辛酉，初，强劫盜案，不分首從。至是，命樞臣暨法司詳議區別。代州地震。壬戌，免陝西咸寧等處逋課。戊辰，復武鄉、會試及童試舊制，惟營用武進士及投標武舉令習槍礮。復置湖北、廣東、雲南巡撫，河東河道總督。免裁糧道等缺。己巳，命許景澄在總理各國事務衙門行走。甲戌，復刑名解勘舊制，除軍務省分及情事重大者，仍就地正法，餘不准行。丙子，命胡燏棻在總理各國事務衙門行走。己卯，權停福州船廠製造。庚辰，命李鴻章往勘山東黃河。是月，賑直、陝、川、鄂、蘇、滇、晉、新等各省災。

冬十月辛巳朔，享太廟，禮親王世鐸攝行，是後郊廟祀典皆遣代，至辛丑冬自西安還京，始親詣。丙戌，命道員張翼督辦直隸暨熱河礦務，立公司。賑順天各屬災。丙申，賑韓城等縣災。己亥，命戶部撥帑八萬備安徽賑。辛丑，追奪翁同龢職。前湖南巡撫吳大澂坐事褫職。濟陽決口合龍。壬寅，懸賞購捕康有爲、梁啓超、王照。甲辰，允榮祿請，以宋慶、聶士成、袁世凱、董福祥所部分立四軍，別募萬人爲中軍。乙巳，見俄使格爾思於勤政殿。命胡燏棻督辦津鎭鐵路，以張翼副之。丁未，賑羅平水災雹災。

十一月癸丑，諭張汝梅辦山東災賑。賞桂春三品京堂，命在總理各國事務衙門行走。甲寅，命啓秀爲軍機大臣，趙舒翹、聯元並在總理各國事務衙門行走。丁巳，留河南漕折於滑縣備賑。撥庫帑二十萬於江蘇備賑。己巳，命溥良察山東賑。庚午，命裕庚在總理各國事務衙門行走。辛未，命疆臣均兼總理各國事務大臣銜。壬申，賑吐魯番等處水災蝗災。丁丑，以稱疾停年節升殿筵宴。戊寅，罷直隸練軍。

十二月丙戌，湖北巡撫曾鉌坐事免。癸巳，命馬玉崑往河南辦理防勦。罷胡燏棻津蘆路督辦，以許景澄代之。丁酉，免漢陽等州縣被災額賦。壬寅，改湖北漢口同知爲夏口撫民同知。戊申，發內帑五萬於淸、淮備賑。

二十五年己亥春正月庚戌，撫恤豫、皖被賊州縣災民。丙辰，詔清庶獄。庚申，免渦陽等州縣被賊稅糧。辛酉，止各國駐京公使覲賀。壬戌，再撥部帑五萬於安徽備賑。丙寅，召李秉衡來京。

二月甲申，申諭各省辦積穀、清訟、團練、保甲。丁亥，命武勝新隊名曰虎神營。舉行京師保甲。戊戌，膠州灣德兵藉詞護教，入沂州境。命呂海寰告德國外部，止其進兵。以新建陸軍訓練有效，予袁世凱優敍。庚子，命副都統壽山募練十六營，爲鎭邊新軍。甲辰，德兵至蘭山。丁未，陷日照城。

三月乙卯，諭有漕各廳州縣，自今冬始，改徵本色運京師。丁丑，召蘇元春來京。

夏四月癸未，諭曰：「近因時事艱難，朝廷孜孜求治，疊諭疆臣整頓一切。旋據覆陳練兵、籌餉、保甲、團練、積穀各事，雖匪空言，尙虛確效。用再諭令所籌諸務，速卽興辦。仍將有無成效，據實以聞。」申諭疆臣切實校閱營伍。又諭察勘荒田，勸導民墾，勿任吏胥訛擾，亦毋遽擬升科。義人以兵艦來，圖登三門灣，諭嚴戒備。己丑，命剛毅往江南諸省覈庫藏出納實數。癸巳，命聶士成軍馬步四營駐熱河，實邊防。丙申，諭劉坤一等集重兵爲備，義兵登陸，卽迎擊之。丁酉，命按察使李光久督辦浙江防剿，長順往吉林稽察練兵。乙巳，詔：「關稅、釐、鹽諸課，歲有常經，疆吏瞻徇，不能力除積弊。大學士、軍機大臣其詳覈會議以聞。」

五月壬子，命吳廷棻在總理各國事務衙門行走。甲寅，神機營兵廠藥庫火。乙卯，命太僕少卿裕庚充出使法國大臣。乙丑，命正定鎮總兵楊玉書統練軍駐熱河。除安化、武岡、新寧被水田賦。己巳，岳州開商埠，移岳常澧道駐之，兼岳州關監督。

六月戊子，免迪化等屬逋賦。丁酉，諭整飭海軍，除積弊。庚子，賑廬陵等縣水災。

秋七月庚戌，以法人租借廣州灣，命蘇元春往會勘。乙卯，訂朝鮮通商條約。丁巳，開秦皇島商埠。己巳，命剛毅往廣東清釐財政。庚午，命蘇元春赴淮、徐練兵，聽榮祿節制。

八月丁亥，甘肅海城回亂，官軍剿平之。己亥，詔各省宣講聖諭廣訓。甲辰，錦州、廣寧匪亂，剿平之。

九月丁未，以旱詔求直言。庚戌，詔清訟獄，緩徵輸。諭疆吏整躬率屬，持公道，順輿情。己未，副都統壽長以廢弛營務，褫職譴戍，榮和褫職逮問。辛酉，命李徵庸充督辦四川商礦大臣。甲戌，義人兵艦續至，諭直、魯、江、浙嚴防。

是秋，賑浙江、湖南、甘肅水災，陝西旱災。

冬十月庚寅，命李秉衡巡閱長江水師。丙申，命李鴻章爲通商大臣，考察商埠。壬寅，免陝西咸寧等處前歲逋賦。

十一月癸丑，命太僕寺卿徐壽朋充出使韓國大臣。甲寅，廖壽恆罷軍機大臣，命趙舒翹在軍機大臣上學習行走。免北流被賊上年逋賦。壬戌，再暴康有爲、梁啓超罪狀，懸賞嚴捕。戊辰，孫家鼐以疾免。己巳，以戶部尙書王文韶協辦大學士。

十二月甲戌朔，詔停年節升殿筵宴。丙子，舉行察典，敕毋冒濫。乙酉，免榆林等處被災田糧。己丑，罷蘇元春江南練兵，回廣西提督任。乙未，命陳澤霖募勇駐江北操練，爲武衞先鋒右軍。丁酉，詔以端郡王載漪之子溥儁爲穆宗嗣，封皇子。命崇綺直弘德殿，授皇子溥儁讀。壬寅，詔來年三旬壽辰，停朝賀筵宴，止文武大吏來京祝嘏。特舉恩科，明年庚子鄉試，次年辛丑會試。其正科鄉、會試，遞推於辛丑、壬寅年舉行。

是冬，賑山西、雲南、陝西、甘肅、山東等屬災。

是歲，廣州灣租借於法郎西，並開滇越鐵路。

二十六年庚子春正月甲辰朔，詔以三旬慶辰，加宗支近臣恩賚。己酉，命醇親王載灃直內廷，命侍講寶豐直弘德殿。停本年秋決。壬子，先是，知府經元善聯名上書諫立嗣。至是，詔嚴捕治罪，尋籍其家。戊子，詔大索康有爲、梁啓超，燬所著書，閱其報章者並罪之。壬戌，三嚴夷平，增設巴塘等處土官各職。癸亥，總署與法人議廣州灣租約，訂期九十九年。甲子，留南漕三萬石賑河北災民。是月，拳匪起山東，號「義和拳會」，假仇教爲名，劫殺相尋，蔓延滋害。

二月丙子，河決濱州。乙酉，免昆明等州縣被災額賦。戊戌，定墨國條約。

三月戊申，命李盛鐸使日本，賀其太子聯姻；呂海寰使德，賀其太子加冠。壬子，濱州決口合龍。癸丑，以旱詔中外慮囚。甲寅，賞高賡恩四品京堂，直弘德殿。丁巳，命內閣學士桂春充出使俄國大臣，尋命兼使奧國。撥部帑十萬賑山東、貴州各屬水災。己未，靖遠夷就撫，置諸夷土官。壬戌，命袁世凱集新兵二十營，增立一軍，名爲武衞右軍先鋒隊。

夏四月乙酉，善聯罷，以許應騤兼管船政大臣。庚寅，義和拳入京師，詔步軍統領等會議防禁以聞。辛卯，免宣威、嵩明被水秋賦。丙申，賑重慶等處水旱災。丁酉，總署言拳會造言煽惑，人心浮動，易肇衅端。諭所司妥議。授李鴻章兩廣總督。庚子，免新化等州縣被水額賦。是月，拳匪焚毁保定鐵路，副將楊福同往鎮攝，行及淶水，被戕。

五月癸卯，拳匪毁琉璃河、長辛店車站局廠。命聶士成護蘆保、津蘆兩路，防禦之。甲寅，命載漪管總理各國事務衙門，啓秀、溥興、那桐同時兼行走，罷廖壽恆。乙卯，拳匪殺日本使館書記杉山彬於永定門外。丁巳，諭令馬玉崑赴京西剿拳匪。大沽戒嚴。己未，拳匪擾五城，坊市流血。詔步軍統領神機營、虎神營、武衛中軍會巡，大臣巡察街陌，分駐九門監啓閉。召李鴻章、袁世凱入衛。庚申，榮祿以武衛中軍護各國使館。命李端遇、王懿榮爲京師團練大臣。召李秉衡及馬玉崑統兵來京。是夕，拳匪焚正陽門城樓，闤市灰燼。庚申，詔剛毅、董福祥募拳民精壯者成軍，自餘遣散。辛酉，詔各省以兵入衛。外軍攻大沽口，提督羅榮光不能禦，走天津，死之，大沽遂陷。裕祿以捷聞，詔發內帑十萬犒師。壬戌，命徐桐、崇綺會同奕劻、載濂等商軍務。癸亥，命許景澄、那桐往告各國公使速出京。自庚申至於是日，皇太后連召王大臣等入見，諮衆論。載漪持戰議甚堅。載勛、載濂、載瀾、徐桐、崇綺、啓秀、溥良、徐承煜等，更相附和。榮祿依違其間。獨許景澄、袁昶言匪宜剿，衅不可開，殺使臣，悖公法，辭殊切直。故有是命。甲子，拳匪戕德使克林德於崇文門內。乙丑，詔以中外釁啓，飭戰備。罷崇禮步軍統領，以載勛代之。發倉米開糶濟民食。庚午，召鹿傳霖來京。

六月辛未朔，諭順天府五城平糶，瘞敎民暴骸。癸酉，命倉場侍郎劉恩溥往天津募水會强壯者，編立成軍，與通州、武清、東安團民駐直隸，濟之餉械。發倉於通州開糶。長萃等言津通道阻，請暫停漕運，不許。乙亥，諭各省護敎士回國，敎民悔悟自首者許自新。己卯，南漕運阻，命淸江浦置局，採買運京。壬午，調李鴻章爲直隸總督兼北洋大臣，趣兼程來京。乙酉，詔展緩本年恩科鄉試，明年三月八日舉行，會試八月八日舉行，庚子正科鄉試及會試以次遞推。外兵襲天津，聶士成戰於八里臺，死之。戊子，以呂本元爲直隸提督。天津陷，裕祿、宋慶、馬玉崑並退守北倉。庚寅，命顧璜、張仁黼會辦河南團防。下戶部尚書立山於獄。辛卯，詔緝戕害德使凶犯。額勒和布卒。丙申，上三旬萬壽，東華門不啓，羣臣朝賀皆自神武門入。免疏附、拜城被災額賦。賑福建水災。

秋七月庚子朔，命李秉衡幫辦武衞軍事，張春發、陳澤霖、萬本華、夏辛酉諸軍並聽節制。壬寅，殺吏部侍郎許景澄、太常寺卿袁昶。乙巳，調馬玉崑爲直隸提督。丁未，命榮祿以兵護各國公使往天津。己酉，外兵據北倉。庚戌，陷楊村，直隸總督裕祿自殺。壬子，授李鴻章全權大臣，與各國議停戰。外兵襲蔡村。癸丑，李秉衡戰於蔡村，敗績。外兵進占河西塢。甲寅，增祺言蓋平、熊岳先後失守。丙辰，殺戶部尚書立山、兵部尚書徐用儀、內閣學士聯元。李秉衡戰敗於張家灣，死之。丁巳，外兵陷通州。命剛毅幫辦武衞軍事。己未，德、奧、美、法、英、義、日、俄八國聯兵陷京師。庚申，上奉皇太后如太原，行在貫市。壬戌，次懷來。命榮祿、徐桐、崇綺留京辦事。癸亥，廣東布政使岑春煊率兵入衞，遂命扈蹕。甲子，次沙城堡。懿旨命岑春煊督理前路糧臺。丁丑，次雞鳴驛，下詔罪己，兼誡中外羣臣。丙寅，次宣化。命萬本華、孫萬林、奇克伸布軍聽馬玉崑節制，駐後路。丁卯，詔求直言。免蹕路所過宛平、昌平等處錢糧一年。

八月庚午朔，次左衞。辛未，次懷安。壬申，次天鎭。詔奕劻還京，會李鴻章議和。癸酉，次陽高。甲戌，次聚樂鎭。太監張天順騷擾驛站，處斬。乙亥，次大同。命劉坤一、張之洞會議和局。以載漪爲軍機大臣。戊寅，賞隨扈王公暨大小臣工津貼銀兩。己卯，次懷仁。命京師部、院、卿寺堂官暨內廷行走者，除留京外，均率司員赴行在。辛巳，次廣武鎭。命程文炳統軍駐潼關。壬午，次陽明堡。諭榮祿收集整理武衞中軍。癸未，次原平鎭。諭廷雍督剿直屬拳匪。甲申，次忻州。丙戌，次太原，御巡撫署爲行宮。免蹕路所過天鎭、陽高等州縣今歲額賦。丁亥，西安等府旱。戊子，諭榮祿約束武衞中軍。癸巳，詔有司勸𢿂民安業，拳民被脅者令歸農。乙未，賑四川各屬災。

閏八月庚子朔，賑麗水等縣水災。辛丑，追悼德使克林德，命崑岡往奠之。論庇拳啓釁罪，削莊親王載勛、怡親王溥靜、貝勒載濂、載瀅爵。罷載漪、載瀾、剛毅、趙舒翹、英年職，並下府部議。命鹿傳霖爲軍機大臣。壬寅，以日書記杉山彬被戕，遣那桐使日本致祭賻。毓賢罷。乙巳，詔幸西安。丁未，啓蹕。是日，次徐溝。戊申，次祁縣。己酉，次平遙。庚戌，次介休。辛亥，次靈石。壬子，次霍州。召榮祿赴行在。甲寅，詔改陝西巡撫署爲行宮。乙卯，次平陽。丙辰，次史村驛。諭北五省嚴捕自立會黨。戊午，次聞喜。己未，詔以西幸，陵寢壇廟久疏對越，命奕劻遴近支王貝勒代享太廟及祭東西陵，太常寺派員祭壇廟。尋令今歲除夕、來歲元旦祀典，並遣代行。趣近省解京餉給在京官弁俸糧。授奕劻全權大臣，會李鴻章議和約，劉坤一、張之洞仍會商。辛酉，次臨晉。癸亥，次蒲州。諭江蘇等省解款百萬濟京城俸饟。免蹕路所過太原、陽曲等屬今歲額賦。乙丑，次潼關。賑福州水災。丁卯，次華陰。命敬信、溥興管理虎神營。戊辰，次華州。

九月己巳朔，次渭南。壬申，至西安府，御巡撫署爲行宮。甲申，以裕鋼爲駐藏辦事大臣。丙子，予殉難祭酒王懿榮世職，並旌其妻謝氏、子婦張氏。乙卯，李鴻章奏誅附匪逞亂道員譚文煥。壬午，德人陷紫荊關，布政使升允退軍滹圖億。尋奏德兵退易州，上以其張皇，切責之。己丑，罷保德貢黃河冰魚。庚寅，削載漪爵，與載勛、溥靜、載瀅並交宗人府圈禁。載瀾、英年鐫級。趙舒翹奪職留任。剛毅病故，免議。毓賢戍極邊。壬辰，予闔家自焚黑龍江將軍延茂、祭酒熙元、侍讀寶豐、崇壽等卹。乙未，賑陝西荒。丙申，免陝西咸寧等縣逋賦。戊戌，免雲南各廳州縣暨土司被災逋賦。

冬十月戊申，皇太后聖壽節，停筵宴。庚戌，詔董福祥不諳外情，遇事鹵莽，奪提督，仍留任。辛亥，發內帑四十萬賑陝西飢民，趣江、鄂轉漕購糧以濟。癸丑，授王文韶爲體仁閣大學士，崇禮、徐郙並協辦大學士。丁巳，諭廓爾喀、前後藏及各土司暫勿貢獻。癸亥，開秦、晉實官捐例賑旱災。

十一月壬申，免長安額賦十之五。乙亥，清平苗匪王老九等作亂，官軍剿擒之。庚辰，命楊儒爲全權大臣，與俄議交收東三省事。辛巳，以長沙等府旱災，開賑捐事例。壬午，免蹕路所經山西各州縣額賦十之二。癸未，命盛宣懷爲會辦商務大臣。乙酉，命徐壽朋赴京隨辦商約。癸巳，安徽開籌餉捐例。丙寅，增祺坐擅與俄人立交還奉天暫行約，予嚴議，尋褫職。

十二月甲辰，詔免明年元旦禮節。丁未，詔議變法，軍機大臣、大學士、六部、九卿、出使大臣、直省督撫參酌中西政要，條舉以聞。庚戌，諭直省大小官吏保護外僑，違者重譴。嚴立會仇教之禁，犯者問死刑。壬子，命左都御史張百熙充專使英國大臣。甲寅，留京大臣奏京師盜風甚熾，權用重典，允之。庚申，賞張佩綸編修，隨李鴻章辦交涉。壬戌，詔復寃陷諸臣立山、徐用儀、許景澄、聯元、袁昶職。再論縱匪肇亂首禍諸臣罪，奪載瀾爵職，與載漪並謫新疆禁錮。褫剛毅職。英年、趙舒翹並褫職論斬。追褫徐桐、李秉衡職。啓秀、徐承煜褫職聽勘。董福祥褫職解任。癸亥，下詔自責。以當時委曲苦衷示天下。並誡中外諸臣激發忠誠，去私心，破積習，力圖振作。

二十七年辛丑，行在西安。春正月戊辰朔，詔以救濟順直兵災，開實官捐例。罷多倫諾爾歲貢海龍諸皮。庚午，賜載勛自盡。辛未，毓賢處斬。癸酉，英年、趙舒翹並賜自盡。剛毅、徐桐、李秉衡並論斬，以前沒免。乙亥，啓秀、徐承煜處斬。庚辰，免仁和等縣荒廢田糧。辛巳，免新會貢橙。

二月己亥，撥部帑百萬於山西備賑。壬子，廣東郎中黎國廉等進方物，升敍有差。

三月戊辰，免蹕路所過暨被災陝西咸寧等處稅糧。己巳，詔立督辦政務處，奕劻、李鴻章、榮祿、崑岡、王文韶、鹿傳霖並爲督理大臣，劉坤一、張之洞遙爲參預。甲戌，免雲南臨安等處逋糧。丁丑，論拳匪仇教保護不力罪，奪已故總督裕祿、駐藏大臣慶善原職，褫浙江巡撫劉樹棠職，布政使榮銓、副都統晉昌褫職戍極邊，道員鄭文欽、知縣白昶、都司周之德並處斬，餘褫謫有差。撥山東漕米五萬石賑直隸災民。壬午，諭免自京來行在各署司員停補扣資。

夏四月丁酉，賞在京王公百官半俸，旗、綠營兵丁一月錢糧。辛丑，命馬玉崑剿近畿餘匪，瞿鴻禨在軍機大臣上學習行走。丁未，命瞿鴻禨兼政務處大臣。己酉，賑直隸旱災。壬子，詔開經濟特科，命中外舉堪與試者。免各省例貢，除茶葉藥材及關祭品者，一切食物悉罷之。癸丑，命載灃充德國專使大臣。庚申，詔從各國議，停順天、奉天、黑龍江、直隸、山西、河南、陝西、浙江、江西、湖南諸省考試五年。壬戌，命張百熙等修京師譯路。癸亥，停吉林今歲貢。

五月乙丑，命那桐充日本專使大臣。展山西本年恩、正兩科鄉試。癸未，賞道員蔡鈞四品京堂，充出使日本大臣。甲午，賑墨爾根等處災。

六月丙申，命副都統廕昌充出使德國大臣，尋命爲荷蘭兼使。賞知府許台身道員，充出使韓國大臣。庚子，萬壽節，停朝賀筵宴。癸卯，詔置外務部，以總理各國事務衙門改設之，命奕劻總理，王文韶爲會辦大臣，瞿鴻禨任尚書並會辦大臣，徐壽朋、聯芳爲侍郎。庚戌，各國聯軍去京師。壬子，發內帑五萬於江西備賑。賑棲霞火災。

秋七月甲子朔，命鄧增節制隨扈諸軍。免陝西、河南、直隸譯路所過地額賦。乙丑，詔除漕務積弊，河運海運並改徵折色，在京倉採運收儲。世鐸罷直軍機。己巳，河決章丘、惠民。己卯，詔改科舉自明年始，罷時文試帖，以經義、時務策問試士，停武科。予羅豐祿三品京堂，充出使俄國大臣。戊子，全權大臣奕劻、李鴻章與十一國公使議訂和約十二款成。己丑，展陝西鄉試於明年舉行。壬辰，詔永罷實官捐例。諭各省建武備學堂。癸巳，諭各省裁兵勇，改練常備、續備、警察等軍。

八月甲午朔，以回鑾有日，遣官告祭西嶽、中嶽。譯路所經名山大川、古帝王陵寢、先儒名臣祠墓，並由疆吏遣官致祭。乙未，詔直省立學堂。戊申，廢內外各署題本，除賀本外，均改爲奏。壬子，命盛宣懷爲辦理商稅大臣。癸丑，詔以變法圖强示天下，並以劉坤一、張之洞條奏命各疆吏舉要通籌。丁巳，車駕發西安。己未，升允奏臨潼知縣夏良材誤供應，請褫職。皇太后命從輕議。升允自請處分，原之。

九月己酉，李鴻章卒，贈太傅，晉一等侯爵。命王文韶署全權大臣，袁世凱署直隸總督兼北洋大臣。

是秋，發帑十五萬賑陝西、安徽災，留漕款十萬、漕米六萬石備安徽、江蘇賑。又賑兩湖、安徽、雲南水災，江蘇潮災。

冬十月癸巳朔，日有食之。甲午，次開封。惠民決口合龍。丙申，賞道員張德彝三品卿銜，充出使英國大臣，旋命兼使義比。壬寅，皇太后聖壽節，停朝賀。壬子，懿旨撤溥儁皇子名號。丙辰，詔展會試於癸卯年。其明年順天鄉試及癸卯科會試，權移河南貢院舉行。

十一月丙子，特予故大學士李鴻章建祠京師。戊子，命貽穀督晉邊墾務。章丘決口合龍。庚寅，上奉皇太后至自西安。辛卯，詔以珍妃上年殉節宮中，追晉貴妃。命翰、詹、科道及各署司員，按日預備召見。

十二月癸巳朔，命王文韶仍督辦路鑛，瞿鴻禨副之，袁世凱督辦關內外鐵路事宜，胡燏棻會辦。丙申，申諭中外臣工，重邦交，安民教。以比匪誤國，附和權貴，褫左副都御史何乃瑩、侍講學士彭清藜、編修王龍文、知府連文沖、曾廉職。丁酉，賑蹕路所過三十里內貧民。己亥，祀天於圜丘。自戊戌年八月至於是月，始親詣。庚子，祭大社、大稷。遣睿親王魁斌等告祭方澤、朝日壇、夕月壇，恭親王溥偉、貝子溥倫詣東西陵告祭。壬寅，命袁世凱參預政務處。甲辰，命鎭國將軍載振充英國專使，賀其君加冕，尋晉貝子銜。免蹕路所過河南州縣額賦十之三。賑廣西火災。辛亥，兩宮見各國公使於乾清宮。免雲南銅廠積年民欠。甲寅，以瞿鴻禨爲軍機大臣。授孫家鼐體仁閣大學士。乙卯，兩宮見各國公使暨其夫人等於養性殿。丁巳，免山西州縣歷年逋賦倉穀。庚申，祫祭太廟。辛酉，上始復御保和殿，筵宴蒙古王公暨文武大臣。免浙江仁、錢等州縣，杭嚴、嘉湖二衞未墾地畝糧賦。

二十八年壬寅春正月庚午，享太廟。辛未，祈穀於上帝。癸酉，四川提督宋慶卒，晉封三等男爵。丁丑，命張翼總辦路鑛事宜，王文韶、瞿鴻禨爲督理，呂海寰會盛宣懷議商約。戊寅，罷河東河道總督。命各省大吏淸釐屯地，改屯饟爲丁糧，撤衞官歸營，屯丁、運軍並罷。諭各省立農工學堂。戊子，罷詹事府、通政使司。

二月壬辰朔，命張德彝充日斯巴尼亞專使，賀其君加冕。癸巳，諭各省亟立學堂暨武備學堂，開館編纂新律。甲午，廣西游匪戕法兵官，剿辦之。丁酉，釋奠於先師。戊戌，祭大社、大稷。庚戌，劉坤一乞疾，慰留。

三月辛酉朔，交收東三省條約成。甲子，見義使嘎釐納於乾清宮。乙丑，祀先農，親耕耤田。丙寅，上奉皇太后謁東陵，免蹕路所過州縣額賦十之三。己巳至庚午，謁諸陵。甲戌，幸南苑，駐蹕團河行宮。壬午，至自東陵。癸未，皇后祀先蠶。

是春，免宣威、昆明及齊齊哈爾、墨爾根旗屯災賦。免榆林等處逋賦，西安等廳縣秋糧十之二。

夏四月壬辰，見俄使雷薩爾於乾清宮。甲午，常雩祀天。丙申，命沈家本、伍廷芳參訂現行法律。戊戌，李經羲以陳奏失辭，免雲南巡撫，下部議。壬寅，命許珏充出使義國大臣，吳德章充出使奧國大臣，楊兆鋆充出使比國大臣。癸卯，皇后躬桑。甲辰，裁銀、緞疋、顏料三庫，罷管庫大臣。乙卯，免灤平被災地課。

五月壬戌，授袁世凱直隸總督兼北洋大臣。免雙城逋賦。甲子，見各國公使等於樂壽堂。丙寅，廣西匪陷廣南之皈朝，雲南官軍擊走之，復其城。丙子，夏至，祭地於方澤。戊寅，見美使康格等於乾清宮。

六月己丑朔，免鶴慶、賓川被災雜賦。丙申，命孫寶琦充出使法國大臣，胡惟德充出使俄國大臣，梁誠充出使美日祕大臣。庚戌，見美使康格及博覽會長巴禮德於乾清宮。辛亥，命張之洞爲督辦商務大臣。癸丑，賑四川南充、簡等屬災。

秋七月庚午，頒行學堂章程。

八月甲申，移雲南迤西道駐騰越，兼監督關務。戊戌，袁世凱請裁陋規加公費，命他省倣行。癸卯，河決利津、壽張等處。己酉，見德使葛爾士等於仁壽殿。庚戌，河復決惠民。

九月癸巳，兩江總督劉坤一卒，追封一等男，贈太傅。命張之洞署兩江總督兼南洋大臣。免天津被兵新舊額賦。丁酉，見法使賈斯那等於仁壽殿。甲辰，見各國公使於仁壽殿。壬子，命袁世凱充督辦商務大臣，伍廷芳副之，兼議各國商約。

是秋，發庫帑三十萬，續撥義賑十二萬，並於四川備賑。又賑山東、廣東、雲南、福建、貴州等屬水災。

冬十月戊子，中英商約成。己丑，湖南都司劉長儒坐不保護教士處斬。是月，賑山、陝各屬災。雲南劍川、鶴慶州，新疆疏勒等廳縣俱地震。

十一月戊午，詔自明年會試始，凡授編、檢及改庶常與部屬中書用者，胥肄業京師大學堂，俟得文憑，始許散館及奏留。分省知縣亦各入課吏館學習。己未，以有泰爲駐藏大臣。

辛酉，發內帑、部帑各五萬於山東備賑。壬戌，調魏光燾爲兩江總督兼南洋大臣。丙寅，免臨潼被水地課五年。庚辰，冬至，祀天於圜丘。是月，見法使呂班、美使康格於乾清宮。

十二月癸卯，命袁世凱充督辦電務大臣。辛亥，旌殉親異域使俄大臣楊儒子錫宸孝行。是月，免江、浙各廳州縣衞額賦，宜良被水租糧。

二十九年癸卯春正月丁巳朔，停筵宴。以明歲皇太后七旬聖壽，詔開慶榜，本年爲癸卯恩科鄉試，來年爲甲辰恩科會試，其正科鄉、會試併於下屆舉行。乙丑，見美使康格等於乾清宮。丁卯，命榮慶同管大學堂事。己巳，見各國公使等於養性殿。丁亥，免鎮西、疏附被災糧賦。

二月壬子，惠民決口合龍。

三月丙辰朔，日有食之。庚申，見德親王亨利、公使葛爾士等於乾清宮。詔以謁陵取道鐵路，禁攤派差徭，扈從並免供給。辛酉，裁官學滿、漢總裁及教習。癸亥，祀先農，親耕耤田。上奉皇太后謁西陵。乙丑，幸保定府駐蹕，免蹕路所過州縣額賦十之三。己巳，榮祿卒，贈太傅，晉一等男。罷印花稅及一切苛細雜捐，科派侵漁者論如律。庚午，命奕劻爲軍機大臣。癸亥，幸南苑。甲戌，幸團河駐蹕。庚辰，命奕劻、瞿鴻禨會戶部整理財政。立銀錢鑄造總廠於京師。命載振、袁世凱、伍廷芳參訂商律。辛巳，至自南苑。是月，免陝西庚子年逋賦。

夏四月己亥，見各國公使於仁壽殿。己酉，雲南匪陷臨安府城。庚戌，免蹕路所過州縣旗租。辛亥，命崇禮爲東閣大學士，敬信協辦大學士。

五月癸亥，命鐵良會袁世凱練京旗兵。戊辰，戶部火。甲戌，命楊樞充出使日本大臣。乙亥，雲南倮夷平。壬午，賜王壽彭等三百一十五人進士及第出身有差。

閏五月甲申朔，命馮子材會岑春煊辦理廣西軍務。丙戌，命張之洞會張百熙、榮慶釐定大學堂章程。庚寅，滇軍復臨安府城，石屏匪首周雲祥伏誅。壬辰，自四月不雨，至於是日雨。丙申，廣西巡撫王之春、提督蘇元春並褫職，以柯逢時爲廣西巡撫，劉光才爲廣西提督。己亥，御試經濟特科人員於保和殿。壬寅，命馬玉崑巡緝近畿盜賊。甲辰，中英續訂商約成。

六月壬戌，予考取特科袁嘉穀等升敍有差。癸亥，逮蘇元春下獄。丁卯，世鐸等請加上皇太后徽號。懿旨以廣西兵事方殷，民生困苦，不許。丁丑，河決利津。是月，見日使內田康哉等、義使嘎釐納等於仁壽殿。山東煙台水災，賑之。

秋七月乙酉，開廈門、鼓浪嶼爲各國公地。辛卯，賞鄭孝胥四品京堂，督辦廣西邊防，得專奏。崑岡致仕。戊戌，初置商部，以載振爲尙書。

八月壬子朔，王公百官豫請來年皇太后七旬萬壽報效廉俸申祝，懿旨止之。癸丑，免靈州瀕河地糧。丁卯，日本商約成。庚寅，見各國公使於仁壽殿。壬申，以敬信爲體仁閣大學士，裕德協辦大學士。丁丑，見法使呂班、德使穆默於仁壽殿。

九月丙申，命榮慶在軍機大臣上學習行走。調那桐爲外務部尙書兼會辦大臣。丁酉，命那桐與奕劻、瞿鴻禨整理戶部財政，榮慶充政務處大臣。戊戌，命孫家鼐、張百熙並充政務處大臣。

是秋，賑湖北、陝西等屬水災，懷柔雹災，雲南各屬水旱災雹災；鎭西、綏來蝗災凍災。

十月辛亥朔，見荷使希特斯於乾清宮。戊午，以英秀接收阿勒台借地，率議展緩，命瑞洵往按之。丙寅，置練兵處，命奕劻總理，袁世凱、鐵良副之。甲戌，命岑春煊總統廣西諸軍。乙亥，賞楊晟四品卿銜，充出使奧國大臣。丙子，袁世凱劾張翼擅售開平煤鑛暨秦王島口岸於外人。詔褫職，責令收回。

十一月丙午，諭曰：「興學育才，當務之急。據張之洞同管學大臣會訂學章所稱，學堂、科舉合爲一途，俾士皆實學，學皆實用。著自丙午科始，鄉、會中額，及各省學額，逐科遞減。俟各省學堂辦齊有效，科舉學額分別停止，以後均歸學堂考取。」丁未，改管學大臣爲學務大臣，以孫家鼐任之。

十二月丙辰，廣西匪首覃志發等伏誅。戊午，詔內務府再減宮廷用費，罷一切不急工作。己巳，置翰林學士撰文，並增員缺，更定品級。丙子，以日、俄搆兵，中國守局外中立例，宣諭臣民。己卯，授榮慶軍機大臣。是月，免安州被潦、昆明被旱地畝租糧。

是冬，賑甘肅、雲南各州縣水災，南州、新化蛟災，瀘州火災。

三十年甲辰春正月癸未，移廣西鹽道駐梧州，兼關監督。河決利津王莊。甲申，見美、英、法、德、日、義、比、荷、葡各使康格等於乾清宮。己丑，雲南提督張春發有罪，褫職戍軍臺。甲午，以皇太后七旬聖壽，上御太和殿，頒詔天下，覃恩有差。己亥，雲南普洱鎮總兵高德元坐玩寇殃民處斬。己酉，詔停本年秋決。

二月庚戌朔，日有食之。己未，見葡使白朗穀於乾清宮。丙寅，利津決口合龍。

三月庚辰朔，見德使穆默等於乾清宮。癸未，御史蔣式瑆以疏劾奕劻語無根據，責還本官。戊子，下王照於獄。庚寅，免楡林等州縣逋課。丁未，張德彝與英訂保工條約成。

夏四月辛亥，見德親王阿拉拜爾、公使穆默於乾清宮。乙亥，蘇元春戍新疆。是月，免鄧川上年災糧，新化被蛟，呼蘭、綏化等屬被兵逋賦。

五月辛巳，命道員袁大化辦理安徽鑛務。乙酉，熱河行宮災。丙戌，懿旨特赦戊戌黨籍，除康有爲、梁啓超、孫文外，褫職者復原銜，通緝、監禁、編管者釋免之。戊戌，廣西叛勇陷柳城，斬統領祖繩武於軍前。己亥，旌九世同居邢台貢生范鳳儀。癸卯，賜劉春霖等二百七十三人進士及第出身有差。乙巳，懿旨，本年七旬壽節停筵宴，將軍、督撫等毋來京祝嘏，併免進獻。罷粵海、淮安關監督，江寧織造。

六月己酉，諭曰：「時艱民困，官吏壅蔽，下情不通。甚至州縣錢糧浮收中飽，以完作欠，百弊叢生，大負朝廷恤民之意。各督撫速將糧額幾何，實徵幾何，正耗收米或折色幾何，具列簡明表册。此外有無規費，一一登明聲敍，毋飾毋漏，據實奏聞。」壬子，命鐵良往江南考求製造局廠，籌畫所宜，並察出入款目，及各司庫局所利弊。戊午，趣岑春煊赴桂、柳督師。癸亥，青海住牧盟長車琳端多布等，請藉年班齎貢物赴京祝嘏。懿旨嘉獎，仍卻之。癸酉，永定河決。丙子，河決利津薄莊。

秋七月戊寅，見比使葛飛業於乾清宮。罷福建水師提督，歸併於陸路提督，移駐厦門。甲申，永定河北下汛復決。戊子，發內帑十萬賑四川水旱災。壬辰，英兵入藏境，達賴逃，褫其名號，命班禪額爾德尼攝之。甲午，甘肅黃河決，臯蘭被災，命崧蕃賑濟。乙未，停九江進瓷器。丙申，命李興銳署兩江總督兼南洋大臣。是月，賞湯壽潛四品卿銜，督辦浙江鐵路。

八月丁未朔，裁併內務府司員。癸亥，賞唐紹儀副都統銜，往西藏查辦事件。辛未，見義使嘎尼納於仁壽殿。癸酉，見墨使鄺華於乾清宮。

九月丙子朔，見英使薩道義於乾清宮。癸未，敬信以疾免。己亥，李興銳卒，命周馥署兩江總督兼南洋大臣。以英兵入藏，達賴求救，命德麟安撫之。英兵旋退。敕唐紹儀爲議約全權大臣。癸卯，改湖北糧道爲施鶴兵備道。

是秋，免吉林被兵、雲南水旱兵災逋賦，武威、金州額賦。賑雲南、順天、福建、甘肅、江西水災，山西、浙江、廣東等處災。

冬十月丙午，呂海寰續訂中葡商約成。以裕德爲體仁閣大學士，世續協辦大學士。庚戌，見奧、美、德、俄、比諸使齊幹等於皇極殿。永定河決口合龍。壬子，上奉皇太后御仁壽殿，賜近支宗藩等宴，率王、貝勒、貝子、公等進舞。甲寅，皇太后聖壽節，上詣排雲殿進表賀。辛酉，見英、日、法、韓諸使薩道義等於皇極殿。丙寅，懿旨禁各省藉新政巧立名目，苛細私捐。一切學堂工藝有關教養者，當官爲勸導，紳民自籌，毋滋苛擾。除浙江墮民籍，准入學堂，畢業者予出身。

十一月乙亥朔，命蔭昌仍充出使德國大臣，曾廣銓充出使韓國大臣。四川打箭鑪地震。丁丑，見義使巴樂禮於乾清宮。壬午，廣西匪首陸亞發伏誅。戊子，定新軍官制。甲辰，諭增祺賑撫東三省難民。

十二月戊申，見義使巴樂禮、荷使希特斯、葡使阿梅達等於皇極殿。甲寅，裁江安糧道，改江南鹽道爲鹽糧道。丁巳，發內帑三十萬賑奉天難民。壬戌，直隸始行公債票。丙寅，罷漕運總督，置江淮巡撫。丁卯，立貴冑學堂。戊辰，置黑龍江巡道兼按察使銜，蘭綏海兵備道，呼蘭、綏化二府。辛未，修四川都江堰。

是冬，裁湖北、雲南巡撫，湖南、陝西糧道。免石屏、趙州秋糧，陳留等州縣逋賦，朝邑被水額賦。

三十一年乙巳春正月丁丑，見德、英、日本、法、荷、比、義、日、葡、墨、美、韓、奧諸使於乾清宮。達賴喇嘛請於庫倫建廟諷經，不許。命仍還藏，善撫衆生。癸巳，鐵良言察閱諸省營伍，湖北陸軍爲最優，詔嘉獎。江南各軍統領懲罰有差。命唐紹儀充出使英國大臣。

二月乙巳，懿旨發內帑三十萬撫恤東三省難民。庚戌，命長庚、徐世昌考驗改編三鎭新軍。丙寅，景陵隆恩殿災。庚午，見美使康格於海晏堂。壬申，賑阿拉善游牧。癸酉，免陝西前歲逋糧。

三月乙亥，奉天饑。俄兵入長春，據之。丙子，巴塘番人焚毁法國教堂，駐藏幫辦鳳全剿捕，遇伏死。飭四川提督馬維騏剿之。命柯逢時管理八省土膏統捐事宜。丁丑，見德親王福禮留伯、公使穆默於乾清宮。己卯，詔督撫舉堪勝提鎮官者。己丑，雲南省城開商埠。庚寅，罷新置江淮巡撫，改淮揚總兵爲江北提督。癸巳，諭更定法律。死罪至斬決止，除凌遲、梟首、戮屍等刑。斬、絞、監候者以次遞減。緣坐各條，除知情外，餘悉寬免。刺字諸例並除之。甲午，以禁止刑訊，變通笞、杖，淸查監獄覊所，諭督撫實力奉行。乙未，犍爲匪徒作亂，官軍剿平之。丙申，命周馥往江北籌畫吏治、海防、河工、捕務。

夏四月甲辰，以俄艦至南洋，諭所在預防，並禁商人運煤接濟。更定竊盜條款。凡應擬笞、杖者改罰工作。乙巳，諭各省府州縣立罪犯習藝所。丙午，賞劉永慶侍郎銜，署江北提督，鎭、道以下歸節制。丁未，裁廣東糧道，置廉欽兵備道。己酉，命程德全署黑龍江將軍。壬子，德兵艦突至海州測量，飭嚴詰。

五月丁亥，見日使賈思理、美使柔克義於乾清宮。癸巳，見墨使胡爾達於皇極殿。庚子，王文韶罷軍機大臣，命徐世昌在軍機大臣上學習行走，兼政務處大臣，鐵良、徐世昌會辦練兵事。

六月丙午，見俄使璞科第於仁壽殿。免中牟等州縣逋賦。甲寅，予考試留學生金邦平等進士舉人出身有差。命載澤、戴鴻慈、徐世昌、端方往東西洋各國考察政治。戊午，詔置盛京三陵守護大臣。裁盛京戶、禮、兵、刑、工五部侍郎。己未，以世續爲體仁閣大學士，那桐協辦大學士。癸亥，裁廣東巡撫。庚午，黔匪陷都勻之四寨，官軍克復之。

七月丙子，罷御史巡視五城及街道廳，改練勇爲巡捕。乙酉，續派紹英爲出洋考察政治大臣。己丑，以巴塘兵事，開實官捐一年。丙申，賞廷杰侍郎，往奉天辦墾荒事務。常德、湘潭開商埠。丁酉，命鐵良在軍機大臣上學習行走，尋兼政務處大臣。

八月壬寅，諭：「各省工商抵制美約，旣礙邦交，亦損商務。疆吏當剴切開導，以時稽察之。」甲辰，詔廢科舉。丙午，裁奉天府尹、府丞，改置東三省學政。命劉式訓充出使法日大臣，黃誥充出使義國大臣，周榮曜充出使比國大臣。榮曜旋罷，改任李盛鐸。丁未，免奉天北路被兵額賦。辛亥，發內帑三萬於江蘇備急賑。癸丑，詔各省學政專司考校學堂，嗣後學政事宜，歸學務大臣考核。戊午，新疆巡撫潘效蘇坐侵款褫職，戍軍台。己未，命袁世凱、鐵良校閱新軍秋操。壬戌，命汪大燮充出使英國大臣，楊晟充出使德國大臣，李經邁充出使奧國大臣。甲子，開海州商埠。乙丑，改命李經方爲商約大臣。丁卯，載澤等啓行，甫登車，有人猝擲炸彈。事上，詔嚴捕重懲。己巳，巴塘亂平，匪首喇嘛阿澤、隆本郎吉等伏誅。

九月丙子，以三品京堂周榮曜署充關書，侵盜鉅帑，褫職逮治，籍其貲。庚辰，初置巡警部，以徐世昌爲尙書。庚寅，北新倉火。辛卯，論肅清廣西功，晉岑春煊太子少保銜，李經羲優敍。丙申，見德使穆默於勤政殿。戊戌，命尙其亨、李盛鐸會同載澤等赴各國考察政治。

是秋，賑貴州、雲南各屬水災，太康風災，鎭番暨巴燕戎格雹災風災。

冬十月癸卯，見日本公使內田康哉等於勤政殿。置吉林哈爾濱道。丙辰，蘆漢鐵路成。英兵入藏，索賠款一百二十餘萬。諭國家代給，以恤番艱。壬戌，訂鑄造銀幣及行用章程。乙丑，以陸徵祥充出使荷國大臣，兼理海牙和平會事。戊辰，置考察政治館，擇各國政法宜於中國治體者，斟酌損益，纂訂成書，取旨裁定。詔：「近有不逞之徒，造爲革命排滿之說，假借黨派，陰行叛逆。各疆臣應嚴禁密緝。首從各犯，論如謀逆例。」

十一月庚午朔，陝、洛會匪平。辛未，裕德卒。丙子，罷駐韓使臣，改置總領事。己卯，詔置學部，以國子監歸併之，調榮慶爲尙書。乙未，中日新約成。

十二月辛亥，授那桐體仁閣大學士，榮慶協辦大學士。癸亥，置京師內外城巡警總廳。罷工巡局。命徐世昌、鐵良並爲軍機大臣。是月，免盛京各旗、陝西各屬被兵逋賦，安州積澇、韓城水沖地租。

是冬，賑會澤潦災，荊州水災，英吉沙爾水災雹災。

三十二年丙午春正月丙子，綏布特哈貢貂。丁丑，見德、英、法、美、日本、荷、義、俄、奧、比、葡、墨諸使穆默等於乾清宮。丁亥，漳浦匪首張嬰伏誅。壬辰，徐郙以察典罷。甲午，命瞿鴻禨協辦大學士。

二月戊辰，詔各省保護教堂及外人身家。乙丑，見德使穆默等於勤政殿。是月，頒帑十萬助賑日本災。

三月戊辰朔，以忠君、尊孔、尚公、尚武、尚實五大綱爲教育宗旨，宣詔天下。庚午，罷選八旗秀女。丙子，命汪大燮往賀日君婚禮。丙戌，開江蘇通州商埠。丁酉，美國舊金山地震，頒帑十萬賑華民。是月，奧使顧新斯基、義使巴樂禮等、德使穆默等、法使呂班先後覲見。

是春，免浙江仁和等場與各州縣，杭、嚴、衢三所竈課及荒地山塘雜課，雲南、湖南、新疆災糧，陝西逋賦。

夏四月戊戌朔，命陸徵祥往瑞士議紅十字會公約。己亥，裁各省學政，改置提學使。

庚子，見日本公使內田康哉於勤政殿。癸丑，命鐵良充督辦稅務大臣，唐紹儀副之。丁巳，發湖南庫帑十萬賑水災。

閏四月丙戌，以暘雨失時，偏災屢告，懿旨飭君臣上下交儆。戊子，唐炯以衰疾解雲南鑛務。

五月戊戌，發庫帑五萬賑廣東水潦災。癸卯，河南沁河溢，賑災民。是月，見法使巴思德、義親王費爾迪安德等於乾清宮。

六月丁卯，德國減直隸駐兵，歸我廊坊、楊村、北戴河、秦王島、山海關地。庚辰，沅陵匪首覃加位伏誅。

是夏，免浪穹舊逋，莎車復荒額賦，甘肅、雲南被災逋賦。賑武陟水災，朝陽火災。

秋七月戊戌，置川滇邊務大臣，以趙爾豐任之，賞侍郎銜。沁河決口合龍。庚子，江蘇水陸各營旗防軍改編巡防隊。辛丑，考察政治大臣載澤等還京，上封事。命醇親王、軍機政務處大臣、大學士、北洋大臣公閱，取進止。乙巳，奉天開商埠大東溝，置海關，以東邊道兼監督。戊申，諭曰：「載澤等陳奏，謂國勢不振，由上下相暌，內外隔閡。官不知所以保民，民不知所以衞國。而各國所由富强，在實行憲法，取決公論。時處今日，惟有倣行憲政，大權統於朝廷，庶政公諸輿論。預備立憲基礎，內外臣工切實振興。俟數年後規模粗具，參用各國成法，再定期限實行。」己酉，諭立憲預備，須先釐定官制，命大臣編纂，奕劻、孫家鼐、瞿鴻禨總司核定，取旨遵行。調端方爲兩江總督兼南洋大臣。甲子，發江蘇庫儲十萬賑徐、海、淮西水災。

八月丁亥，除臨川水沖地額賦。庚寅，見日本王爵博恭、公使林權助於仁壽殿。是月，賑安徽水災，廣東風災，湖州澇災。

九月癸卯，見各國公使等於仁壽殿。丙午，賜游學畢業陳錦濤等各科進士、舉人出身有差。甲寅，詔更定官制。內閣、軍機處、外務、吏、禮、學部、宗人府、翰林院等仍舊。改巡警部爲民政部，戶部爲度支部，兵部爲陸軍部，刑部爲法部，工部併入商部爲農工商部，理藩院爲理藩部。各設尙書一人，侍郎二人，不分滿、漢。都察院都御史一人，副都御史二人。改六科給事中爲給事中，大理寺爲大理院。增設郵傳部、海軍部、軍諮府、資政院、審計院。以財政處歸度支部，太常、光祿、鴻臚三寺歸禮部。太僕寺、練兵處歸陸軍部。各部尙書俱充參預政務處大臣。命世續爲軍機大臣，林紹年軍機大臣上學習行走，鹿傳霖、榮慶、徐世昌、鐵良並罷軍機，專理部務。乙卯，發廣東庫儲十萬賑香港及潮、高、雷、欽、廉屬風災。丁巳，改政務處爲會議政務處。戊午，命曾廣銓以三品京堂充出使德國大臣。

冬十月癸酉，皇太后聖壽節，停筵宴。癸未，見英使朱邇典、比使柯霓雅於乾清宮。乙酉，裁併廣東陸路、水路提督爲廣東提督。丁亥，見日本公使林權助等於勤政殿。戊子，瀏陽、醴陵匪首王永求、陳顯龍倡亂，官軍擒斬之。己丑，撥漕折三十萬備賑江蘇。辛卯，立官報局於京師。

十一月己亥，留廣東京餉十萬備賑。壬寅，免廣西錦鑛出井稅。甲辰，撥陝西官帑八萬助賑江蘇。戊申，詔升孔子爲大祀，所司議典禮以聞。癸丑，詔各省議幣制。丁卯，建曲阜學堂，發內帑十萬濟工。是月，見墨使胡爾達於勤政殿，德使雷克司、法使巴思德、英使朱邇典於乾清宮。

十二月癸亥朔，日有食之。丁卯，加京官養廉。甲戌，改駐各國公使爲二品實官。

是冬，賑普寧、趙州、羅平、師宗災，江寧、揚州水災。免灤平、安州澇災糧賦，永城額賦，陝西咸寧等處逋賦，永平、太和、昆明災地欠糧。

三十三年丁未春正月甲辰，見各國公使於乾清宮。庚戌，裁各部小京官。

二月甲子，有泰以貽誤藏事褫職，謫戍軍臺。壬申，留蘇漕十五萬備賑。

三月丙申，見日本公使林權助等於勤政殿。戊戌，長春、哈爾濱闢商埠。己亥，改盛京將軍爲東三省總督，裁吉林、黑龍江將軍，改置奉、吉、黑三巡撫，授徐世昌欽差大臣，爲東三省總督。壬寅，命府尹孫寶琦充出使德國大臣。壬子，命天津道梁敦彥充出使美墨祕古大臣。丙申，命陸徵祥充保和會專使大臣，李經方充出使英國大臣，錢恂充出使荷國大臣。丁巳，崑岡卒。

是春，免中衞被水及楡林等屬逋賦，雲南旱災等州縣逋糧及額賦。

四月甲子，裁各省民壯捕役，改設巡警。綏來地震。乙丑，御史趙啓霖坐汚衊親貴褫職。辛未，更定東三省官制，奉天、吉林、黑龍江各設行省公署，以總督爲長官，巡撫爲次官，置左右參贊，分領承宣、諮議兩廳，分設交涉、旗務、民政、提學、度支、勸業、蒙務七司，各置司使，及提法使、督練處等官。己卯，祈雨。辛巳，以江北水災，嚴米糧出口禁。丁亥，定陸海軍官制，陸軍部設兩廳十司，軍諮處五司，海軍部六司。戊子，命衍聖公孔令貽稽察山東學務。

五月癸巳，巴塘等屬喇嘛脅河西蠻作亂，官軍討平之。乙未，命王士珍以侍郎銜署江北提督。丙申，西陵禁山火。丁酉，瞿鴻禨罷。己亥，授鹿傳霖軍機大臣。命醇親王直軍機。辛丑，王文韶罷，命張之洞協辦大學士。癸卯，崇禮卒。丁巳，改按察使爲提法使，置巡警、勸業道，裁分守、分巡各道，酌留兵備道，及分設審判廳，備司法獨立，增易佐治員，備地方自治，期十五年內通行。戊午，詔：「憲法，官民均有責任，凡知所以預備之方、施行之序者，許各條舉，主者甄採以聞。」安徽候補道徐錫麟刺殺巡撫恩銘，錫麟捕得伏誅。

六月辛酉，命李家駒充出使日本大臣。丙寅，復御史趙啓霖官。壬申，自四月不雨至於是日雨。授張之洞體仁閣大學士，鹿傳霖協辦大學士。乙酉，停萬壽筵宴。永定河決。是夏，免新化被水額賦，伊通被賊逋課，雲南旱災等州縣銀米。賑雲南饑及直隸水災。

秋七月辛卯，詔中外臣工議化除滿、漢。甲午，改考查政治館爲憲政編查館。其軍機大臣、大學士、參預政務大臣會議事，於內閣行之。壬寅，懿旨遣楊士琦赴南洋各埠考察，獎勵華僑。免趙州、祿豐被災額賦。賑順天等屬災民，及瀏陽、邵陽蛟災。甲辰，詔以匪徒謀逆，往往假革命名詞，巧爲煽誘。各督撫當設法解散。獲犯擬罪，分別叛逆、盜匪科論，被脅及家屬不知情者勿株連。命張蔭棠爲全權大臣，與英人議藏約。敬信卒。己酉，定限年編練陸軍三十六鎭。丙辰，命張之洞、袁世凱並爲軍機大臣，以袁世凱爲外務部尙書。丁巳，命楊士驤署直隸總督兼北洋大臣。戊午，李經邁以母病免，命雷補同充出使奧國大臣。己未，河決孟縣。

八月辛酉，上不豫，詔各省薦精通醫理者。命汪大燮使英國，達壽使日本，于式枚使德國，俱充考察憲政大臣。壬戌，置京師高等審判廳。己巳，置總檢察廳。庚申，立資政院，以貝子溥倫、孫家鼐爲總裁。乙亥，命伍廷芳充出使美國大臣，薩蔭圖充出使俄國大臣。

己卯，詔以各省駐防習爲游惰，命各將軍等授田督耕，歸農後，一切歸有司治理。庚辰，裁奉天驛站，設文報局。壬午，詔中外臣工研究君主立憲政體。諭定自治章程。甲辰，見德使雷克司、日使阿部守太郎於仁壽殿。諭神機營衞隊及官兵歸陸軍部管轄。

九月辛卯，詔議定滿、漢禮制、刑律，考定度量權衡畫一制度章程。是日，以烟習未除，敕責莊親王載功、睿親王魁斌、都御史陸寶忠、副都御史陳名侃解職，迅速戒斷。並諭內外文武，限三月淨盡，否卽嚴懲。癸巳，命沈家本、俞廉三、英瑞充修訂法律大臣。己亥，命各省立諮議局，公舉議員，並籌設州、縣議事會。壬寅，日本以水災來告糴，輸江、皖、浙、鄂諸省米糧六十萬石濟之。甲辰，命各省立調查局，各部、院設統計處。予游學畢業生章宗元等進士、舉人出身有差。戊申，湖北按察使梁鼎芬言挽回時局，莫亟於禁賄賂，絕請託，劾奕劻、袁世凱等夤緣比附，貪私誤國。廷旨以有意沽名，斥之。是月，免雲南旱傷等州縣稅糧。賑懷寧等縣水災。

冬十月乙丑，命派孫家鼐、榮慶、陸潤庠、張英麟、唐景崇、寶熙、朱益藩進講經史及國朝掌故。永定河合龍。戊辰，皇太后聖壽節，停筵宴。壬申，見日使林權助等於勤政殿。丙戌，哲布尊巴丹胡圖克圖進方物。

十一月庚寅，廣西匪踞南關礮臺，責張鳴岐督剿，尋復之。戊申，嚴聚衆開會演說之禁。諭各省整頓學堂，增訂考核勸戒法。壬子，見俄使璞科第等於乾清宮。以內外臣工條議幣制，用兩用元，互有利害，諭各督撫體察籌議以聞。發帑五十萬濟廣西軍。

十二月戊午朔，復分置廣東陸路提督、水師提督。癸亥，裁吉林副都統，置交涉、民政、度支三司使暨提法使、勸業道。予進士館游學畢業學員楊兆麟等進敍有差。壬申，裁山東糧道，置巡警、勸業二道。甲戌，諭熱河圍場辦屯墾，裁駐防官兵。乙亥，命呂海寰充督辦津浦鐵路大臣。丙子，那桐兼督辦稅務大臣。辛巳，賞總稅務司赫德尚書銜。丙戌，再停布特哈貢貂一年。

是冬，免雲南被旱、直隸被潦暨陝西逋賦。賑雲南等屬蛟災，四川水災，廣東風災水災。

三十四年戊申春正月丁亥朔，授醇親王載灃爲軍機大臣。庚寅，見各國公使於乾清宮。己亥，以京師銀價驟高，物直踊貴，發帑五十萬，命順天府尹貶價收錢，並令各省廠鑄當十銅元，定額外加鑄三成一文新錢，以資補救。甲寅，建蘭州黃河鐵橋。丙午，見奧使顧新斯基於勤政殿。是月，免雲南昆明等縣逋賦，浙江仁和等場竈課，湖南邵陽額賦。

二月戊午，祭大社、大稷，是後祀典不克親行，皆遣代。庚申，賞趙爾豐尚書銜，爲駐藏大臣，仍兼邊務大臣。癸亥，詔增給滿大臣暨各旗官十成養廉，更定御前大臣以下等員津貼。丙寅，諭京、外淸庶獄。甲戌，京師勸工陳列所災。丙子，諭以「禁烟議成，英人許分年減運，見已實行遞減。相約試行三年，限滿再爲推減。轉瞬期至，其何以答友邦。民政、度支二部迅訂稽核章程，責成督撫飭屬將減種、減食，切實擧辦以聞」。丁丑，召達壽還，命李家駒爲考察憲政大臣，胡惟德充出使日本大臣。壬午，黃誥罷，調錢恂爲出使義國大臣，以陸徵祥爲出使荷國大臣。

三月壬辰，命恭親王溥偉、鹿傳霖、景星、丁振鐸充禁烟大臣，立戒烟所，專司查驗。丙午，廓爾喀貢方物。甲寅，以湛深經術，賜湘潭舉人王闓運檢討。是月，免雲南被災新舊額賦。

夏四月丙辰，見日使林權助等於勤政殿。綏遠城將軍貽穀有罪褫職，逮下刑部獄，尋籍其家。命信勤充墾務大臣，兼署綏遠城將軍。丁巳，裁安徽安廬滁和道。己未，越匪陷河口，命劉春霖以三品京堂幫辦雲南邊防，前敵諸軍歸節制。戊辰，裁貴州糧道、貴西道。己巳，見各國公使希特斯等於仁壽殿，賜宴。庚辰，雲南官軍敗匪於田房，復四隘，旋克大小南溪及河口，發帑犒軍。

五月乙酉朔，滇匪平。丁亥，裁巴塘、裏塘土司，置流官。壬辰，上疾復作，命直省薦精通醫理者。癸巳，錄中興功臣多隆阿、向榮、江忠源、羅澤南、駱秉章、張國樑、李續賓、彭玉麐、楊岳斌、鮑超、李孟羣、程學啓、劉松山、馮子材等後，升敍有差。甲午，修曲阜孔子廟。癸卯，襄河決，颶風爲災。庚戌，郎中曹元弼進所著禮經校釋，賞編修。癸丑，廣東大雨，東西北三江並溢，衝決圍隄。

六月丁巳，前祭酒王先謙進所著尙書孔傳參正、漢書補注、荀子集解、日本源流考，賞內閣學士銜。甲子，免廣西礦地出井、出口兩稅五年。庚午，予進士館遊學畢業學員黎湛枝等進敍有差。甲戌，命張之洞兼督辦粵漢鐵路。乙亥，允達賴喇嘛入覲。丙子，以美國減收賠款，命唐紹儀充專使致謝，兼赴東西洋考察財政。議免釐加稅。乙卯，授楊士驤直隸總督兼北洋大臣。辛巳，法部主事陳景仁等請三年後開國會。詔以景仁倡率生事，褫職交管束。

是夏，免雲南水旱雹災，奉天水災荒地額賦。賑江蘇風雹災，湖北水災。發部帑五萬賑察哈爾蒙旗及兩翼牧羣災，又部帑十萬賑廣東廣州、肇慶、陽江各屬水災。

秋七月壬辰，裁黑龍江愛琿等三副都統，增置璦琿道、呼倫貝爾道。丙申，釋蘇元春回。己亥，免鐵路公私稅三年。庚子，以各省設政聞社斂財結黨，陰擾治安，諭所在嚴禁。辛丑，修浙江海塘。癸卯，廣西巡勇叛變，戕殺統將，張人駿督剿之。丙午，命三品卿銜胡國廉總理瓊、崖墾礦事。庚戌，置雲南交涉使。是月，山東、安徽蝗。

八月甲寅朔，憲政編查館、資政院上憲法、議院、選舉各綱要，暨逐年籌備事宜。詔頒行京、外官署，依限舉辦，每六閱月，臚列成績以聞。辛未，命姜桂題總統武衞左軍。戊寅，見俄使廓索維慈、荷使希特斯等於仁壽殿。己卯，命廕昌、端方校閱秋操。庚辰，馬玉崑卒，晉二等輕車都尉。辛巳，命廕昌充出使德國大臣。壬午，遣御前大臣博迪蘇往保定迎勞達賴喇嘛。

九月癸未朔，予先儒顧炎武、王夫之、黃宗羲從祀文廟。乙酉，美軍艦游歷至厦門，遣貝勒毓朗、梁敦彥往勞問。己丑，開寧夏渠墾田。庚寅，達賴喇嘛至京，尋於仁壽殿覲見。癸巳，頒畫一幣制。丙申，允郵傳部請，試辦本國公債。戊戌，予進士館畢業陳雲誥等敍進有差。庚子，見英使朱邇典等於仁壽殿。癸卯，予游學畢業陳振先等出身，進士館畢業葉光圻等敍進各有差。己酉，裁四川成緜龍茂道，增置巡警、勸業兩道。辛亥，詔以前籌備憲政事宜尚有未盡，諭各部院依前格式，各就職司所繫，分期臚列奏明，交編查館覆核，取旨遵行。

是秋，免雲南會澤被水逋賦，楚雄等縣及湖南漵浦被水額糧。發帑十萬賑湖北、湖南災民。復賑甘肅災，廣東風災水災，廣西、浙江、黑龍江、福建水災。

冬十月甲寅，見日使伊集院彥吉於勤政殿。廣州、肇慶等屬颶風爲災，諭施急賑。戊午，賜達賴宴於紫光閣。壬戌，皇太后聖壽節，停筵宴。達賴祝嘏，進方物，懿旨加封誠順贊化西天大善自在佛，歲賜廩餼萬金，遣歸藏。

壬申，上疾甚。懿旨，醇親王載灃之子溥儀在宮中教養，復命載灃監國爲攝政王。癸酉，上疾大漸，崩於瀛臺涵元殿，年三十有八。遺詔攝政王載灃子溥儀入承大統，爲嗣皇帝。皇太后懿旨，命嗣皇帝承繼穆宗爲嗣，兼承大行皇帝之祧。宣統元年正月己酉，上尊諡曰同天崇運大中至正經文緯武仁孝睿智端儉寬勤景皇帝，廟號德宗，葬崇陵。

論曰：德宗親政之時，春秋方富，抱大有爲之志，欲張撻伐，以湔國恥。已而師徒撓敗，割地輸平，遂引新進小臣，銳意更張，爲發奮自强之計。然功名之士，險躁自矜，忘投鼠之忌，而弗恤其罔濟，言之可爲於邑。洎垂簾再出，韜晦瀛臺。外侮之來，釁自內作。卒使八國連兵，六龍西狩。庚子以後，怫鬱摧傷，奄致殂落，而國運亦因此而傾矣。嗚呼，豈非天哉！

清史稿卷二十五

本紀二十五

宣統皇帝本紀

宣統皇帝名溥儀，宣宗之曾孫，醇賢親王奕譞之孫，監國攝政王載灃之子也，於德宗爲本生弟子。母攝政王嫡福晉蘇完瓜爾佳氏。光緒三十二年春正月十四日，誕於醇邸。三十四年冬十月壬申，德宗疾大漸，太皇太后命教養宮內。癸酉，德宗崩，奉太皇太后懿旨，入承大統，爲嗣皇帝，嗣穆宗，兼承大行皇帝之祧，時年三歲。

攝政王載灃奉太皇太后懿旨監國。軍國機務，中外章奏，悉取攝政王處分，稱詔行之，大事並請皇太后懿旨。詔行三年喪。

甲戌，尊聖祖母慈禧端佑康頤昭豫莊誠壽恭欽獻崇熙皇太后爲太皇太后，兼祧母后皇后爲皇太后。先是，太皇太后並亦違豫。是日，崩。

乙亥，申嚴門禁。丁丑，尊封文宗祺貴妃爲祺皇貴太妃，穆宗瑜貴妃爲瑜皇貴妃，珣貴妃爲珣皇貴妃，瑨妃爲瑨貴妃，大行皇帝瑾妃爲瑾貴妃。戊寅，停各省進方物。己卯，誥誡羣臣，詔曰：「軍國政事，由監國攝政王裁定，爲大行太皇太后懿旨。自朕以下，一體服從。嗣後王公百官，儻有觀望玩違，或越禮犯分，變更典章，淆亂國是，定卽治以國法，庶無負大行太皇太后委寄之重，而慰天下臣民之望。」庚辰，頒大行皇帝遺詔。安慶兵變，剿定之。

十一月乙酉，頒大行太皇太后遺誥。詔四時祭饗祝版，醇賢親王稱曰「本生祖考醇賢親王」，嫡福晉稱曰「本生祖妣醇賢親王嫡福晉」。賑湖南澧州等屬水災。戊子，皇太后懿旨，皇帝萬壽節，俟釋服後，改於每年正月十三日舉行慶賀禮。庚寅，以卽位前期告祭天地、宗廟、社稷、先師孔子，告祭大行太皇太后、大行皇帝几筵。辛卯，帝卽位於太和殿，以明年爲宣統元年。頒詔天下，罪非常所不原者咸赦除之。詔遵大行太皇太后懿旨，仍定於第九年內，宣統八年頒布憲法，召集議員。鑄宣統錢。己亥，頒「中和位育」扁額於文廟。壬寅，內閣等衙門會奏監國攝政王禮節總目，詔宣布之。定守衞門禁章程，命貝勒載濤、毓朗、尙書鐵良總司稽察。以副都統崑源管理察哈爾牧羣。定軍機處領班章京爲從三品官，幫領班章京爲從四品官。福建龍溪、南靖等縣水災，發帑銀四萬兩賑之。乙巳，詔各省督撫督率司道考察屬吏，秉公甄別。不肖守令罔恤民瘼者，重治之。立變通旗制處，命貝子溥倫、鎮國公載澤、那桐、寶熙、熙彥、達壽總其事。諭內外臣工尚節儉，戒浮華。丙午，遣官告祭孔子闕里、歷代帝王陵寢、五嶽、四瀆。戊申，皇太后懿旨，罷頤和園臨幸。加恩慶親王奕劻以親王世襲罔替，貝勒載洵、載濤加郡王銜，皇太后父公桂祥食雙俸，大學士以次，錫賚有差。辛亥，冬至，祀天於圜丘，莊親王載功代行禮，自是壇廟大祀皆攝。

十二月壬子朔，加上穆宗毅皇帝、孝靜成皇后、孝德顯皇后、孝貞顯皇后、孝哲毅皇后尊謚。頒宣統元年時憲書。甲寅，立禁衛軍，命貝勒載濤、毓朗、尚書鐵良專司訓練。裁湖南鎮溪營游擊、乾州協守備，減留乾州協各營兵。旌殉節故直隸提督馬玉崑妾于氏。賑黑龍江、墨爾根、布特哈、黑水、大賚等城廳水災。免直隸河間等八州縣被災地畝糧租。丁巳，祈雪。命張之洞兼督辦川漢鐵路大臣。庚申，致仕大學士王文韶卒，贈太保。追予故雲貴總督張亮基謚。民政部上調查戶口章程表式。壬戌，袁世凱罷，命大學士那桐爲軍機大臣。癸亥，以梁敦彥爲外務部尚書兼會辦大臣。那桐免步軍統領，以毓朗代之。乙丑，詔定西陵金龍峪爲德宗景皇帝山陵，稱曰崇陵。丁卯，復祈雪。己巳，度支部上清理財政章程。壬申，命張勳所部淮軍仍駐東三省，辦理剿撫事宜。癸酉，義大利地震災，出帑銀五萬兩助賑。憲政編查館奏，京旗初選、複選事宜，應歸順天府辦理。乙亥，諭各省清釐緩錢糧積弊。丁丑，復祈雪。是日，雪。免陝西各州縣光緒三十二年逋賦。戊寅，又雪。憲政編查館上核覆城鄉地方自治，並另擬選舉章程，詔頒行之。始製寶星，賜外務部總理、會辦大臣及出使各國大臣。庚辰，設奉天各級審判廳、檢察廳。辛巳，裁江西督糧道，設巡警、勸業兩道。

宣統元年己酉春正月壬午朔，以大行在殯，不受朝賀。癸未，免江蘇長洲等二十八廳州縣荒廢田地，暨昭文、金壇、丹徒、崑山、新陽、靖江、溧陽等七縣漕屯銀米。戊子，置呼倫貝爾沿邊卡倫。庚寅，欽差大臣東三省總督徐世昌以病請免，不許。辛卯，皇太后聖壽節，停筵宴，不受賀。甲午，免雲南阿迷州被災逋賦。乙未，度支部奏改定幣制，請仍飭會議。下政務處覆議。開廣西富川縣錫礦。丁酉，禁置買奴婢。戊戌，以近年新設衙門，新建省分，調用人員，請加經費，不能綜覈名實，命中外切實考覈裁汰，毋漫無限制。美利堅國開萬國禁煙會議於江蘇上海，端方涖會。乙亥，陳璧被劾罷，以徐世昌爲郵傳部尚書。調錫良爲欽差大臣、東三省總督，兼管三省將軍事。以李經羲爲雲貴總督。壬寅，命雲南交涉使高而謙赴澳門勘界。民政部上整頓京師內外警政酌改廳區章程。癸卯，上大行太皇太后尊謚，翼日頒詔天下。戊申，詔籌備立憲事宜，本年各省應行各節，依限成立，不得延誤。諭核定新刑律，來年頒行。復已革廣西提督蘇元春原官。罷福建厦門貢燕。己酉，上大行皇帝尊謚廟號，翼日頒詔天下。庚戌，重整海軍，命肅親王善耆、鎮國公載澤、尚書鐵良、提督薩鎮冰籌畫，慶親王奕劻總司稽查。罷鐵良專司訓練禁衞軍大臣。

二月壬子，修德宗實錄。癸丑，諭京、外問刑衙門清訟獄，釐剔弊端。戊午，農工商部奏，和蘭將訂新律，收華僑入籍，請定國籍法。下修訂法律大臣會外務部議。庚申，免浙江仁和等場竈課錢糧。乙丑，宣示實行預備立憲宗旨，詔曰：「國是已定，期在必成。內外大小臣工，皆當共體此意，翊贊新猷。言責諸臣，亦應於一切新政得失利病，剴切敷陳。」丁卯，命熙彥、喬樹枏、劉廷琛、吳士鑑、周自齊、勞乃宣、趙炳麟、譚學衡與榮慶、陸潤庠、張英麟、唐景崇、寶熙、朱益藩分日進講。講義令孫家鼐、張之洞核定。庚午，憲政編查館上統計表式。甲戌，申鴉片烟禁。丙子，免雲南宣威州被災村莊銀米。

閏二月甲申，詔嚴預備立憲責成，戒部臣、疆臣因循敷衍，放棄責任。以服制倫紀攸關，詔自今內外遭父母喪者，滿、漢皆離任聽終制。命前內閣學士陳寶琛總理禮學館。免浙江仁和等三十二州縣並杭、嚴二衞，杭、衢、嚴三所荒廢田地山塘丁漕銀米。丙戌，軍機大臣、大學士那桐丁母憂，詔奪情，百日孝滿改署任，仍入直。戊子，置庫倫理刑司員。免廣東新鑛井口稅。予死事安徽礮營管帶官陳昌鏞優卹。辛卯，監國攝政王班見王公百官於文華殿。增設海參崴總領事。頒行度支部印花票稅。置直省財政監理官。丙申，裁湖北黃州、荊門、鄖陽、宜昌、施南、德安副將、參將、游擊、都司、中軍守備各官。出使大臣伍廷芳與美國訂立公斷專約成。丁酉，修崇陵。戊戌，立法政貴胄學堂，命貝勒毓朗總理。乙巳，旌賞年逾百歲甘肅固原州回民李生潮，賜御書匾額。己酉，以大行在殯，止年班內外札薩克蒙古汗、王、貝勒、貝子、公、台吉、塔布囊等，及呼圖克圖喇嘛，西藏堪布，察木多帕克巴拉，回子伯克，土司、土舍，廓爾喀等毋來京。

三月辛亥，增設浙江巡警道、勸業道。甲寅，復前河南巡撫李鶴年原官。庚申，皇太后懿旨，度支部每歲交進年節另款銀二十八萬兩，自今停進。辛酉，奉移德宗景皇帝梓宮於西陵梁格莊行宮。甲子，以輪船招商局歸郵傳部管轄。乙丑，復裁奉天巡警道。增設洮昌等處兵備道，臨長海等處分巡兵備道。改奉錦山海關道爲錦新等處兵備道兼山海關監督，東邊道爲興鳳等處兵備道。升興京廳爲興京府。丙寅，免梓宮經過宛平、良鄉、涿州、房山、淶水五州縣本年額賦十分之五，易州十分之七，並賞民間平毀麥田銀每畝一錢。己巳，詔復前戶部尙書立山、兵部尙書徐用儀、吏部左侍郎許景澄、內閣學士聯元、太常寺卿袁昶原官，並賜謚。命陸軍協都統吳祿貞督辦吉林邊務。裁山西雁平道。辛未，以前外務部左參議楊樞充出使比國大臣。亞東、江孜、噶大克開埠設關。丙子，增置奉天輝南直隸廳。戊寅，四川總督趙爾巽、駐藏大臣趙爾豐助欵興學，下部優敍。趙爾巽捐廉贍族，賞御書

「誼篤宗親」匾額。

夏四月庚辰，以各國遣使來弔，命貝子銜鎮國將軍載振使日本，法部尚書戴鴻慈使俄羅斯報謝，他國命駐使將事。甲申，度支部立幣制調查局，鑄通行銀幣。乙酉，普免光緒十四年訖光緒三十三年直省逋賦。癸巳，裁吉林琿春、三姓、寧古塔、伯都訥、阿勒楚喀各城副都統。置琿春兵備道，三姓兵備道。升改增置綏芬、延吉、五常、雙城、賓州、臨江諸府，伊通直隸州，楡樹直隸廳，寶清、綏遠二州，琿春、濱江、東寧三廳，富錦、穆稜、和龍、樺川、臨湖、汪清、額穆諸縣。尋復設舒蘭、阿城、勃利、饒河四縣。甲午，命內閣、部院、翰林、科道會議德宗升祔大禮。乙未，祈雨。丙申，甘肅蘭州、涼州、鞏昌、碾伯、會寧各屬災，發帑銀六萬兩賑之。壬寅，裁奉天左右參贊，承宣、諮議兩廳。甲辰，復祈雨。戊申，諭禁烟大臣切實考驗，毋許瞻徇敷衍。外省文武職官學堂，責成督、撫、將軍、都統等嚴查禁。

五月己酉朔，日有食之。辛亥，廷試游學畢業生進士黃德章等一百二十人，授官有差。壬子，于式枚言，各省諮議局章程與普魯士國地方議會制度不符。下憲政編查館妥議。癸丑，陳啓泰卒，以瑞澂爲江蘇巡撫。允浙江紳士爲故兵部尚書徐用儀、吏部右侍郎許景澄、太常寺卿袁昶於浙江西湖立祠。甲寅，復祈雨。陝甘總督升允以疏陳立憲利弊罷，以長庚代之。乙卯，命廣福署伊犁將軍。丁巳，聯豫、溫宗堯奏陳西藏籌辦練兵興學事宜。己未，命世續署外務部會辦大臣。楊士驤卒，以端方爲直隸總督兼辦理通商事務大臣，張人駿爲兩江總督兼辦理通商事務大臣，孫寶琦署山東巡撫。辛酉，以乍丫地方釐屬四川，命畫歸邊務大臣管轄。甲子，諭農工商部趣各省興舉農林工藝各政。乙丑，復祈雨。是日雨。戊辰，復前協辦大學士、戶部尚書翁同龢原官。己巳，唐紹儀免奉天巡撫，以侍郎候補。辛未，立游美學務處。癸酉，河南省改編營制。甲戌，賑雲南南寧州地震災。丙子，詔立軍諮處，以貝勒毓朗領之。攝政王代爲統率陸海軍大元帥，貝勒載洵、提督薩鎭冰俱充籌辦海軍大臣。賑湖南澧州水災。丁丑，命貝勒載濤管理軍諮處事務。

六月甲申，慶親王奕劻免管理陸軍部事。賑湖北漢陽等府水災。乙酉，伊犁始編練陸軍。丙戌，授程德全奉天巡撫，陳昭常吉林巡撫，周樹模黑龍江巡撫。丁亥，開甘肅臯蘭縣、新城、西固城渠，以工代賑。己丑，賑雲南彌勒縣嶍峨等處地震災。免雲南太和縣屬上年被災田糧。庚寅，復已故降調兩廣總督毛鴻賓原官。追予禦賊殉難已故江蘇常州府通判岳昌於常州府建祠。賑奉天安東水災。甲午，呂海寰罷，以徐世昌充督辦津浦鐵路大臣，沈雲沛副之。更奉天錦新道名錦新營口等處分巡兵備道。乙未，吉林大水，發帑銀六萬兩賑之。賑湖南澧州、安鄉、常德、岳州等廳州縣水災。丁酉，湖北荊州、漢陽兩府潦，發帑銀六萬兩，並命籌銀二十萬兩急賑之。辛丑，除熱河新軍營房占用圈地額租。壬寅，賑浙江錢塘等十一縣水災。癸卯，罷張勳東三省行營翼長，命赴甘肅提督任。甲辰，命伍廷芳、錢恂俱來京，以署外務部右丞張蔭棠爲出使美墨秘古四國大臣，署外務部右參議吳宗濂爲出使義國大臣。趙爾巽奏平四川寧遠淺水倮夷。乙巳，賞京師貧民棉衣銀，後以爲常。丙午，命李準爲廣東水師提督。

秋七月戊申朔，裁湖南常德、寶慶、永順、岳州、澧州、臨武、桂陽、宣奉、永州、武岡、沅州、綏靖、辰州、嶺東各協、營，暨撫標、提標副將、參將、游擊、都司、守備等官。癸丑，浚遼河。丙辰，籌辦海軍大臣上擬訂海軍長官旗式章服圖說，管理軍諮處上酌擬軍諮處暫行章程。賑江西萍鄉等縣水災。丁巳，停秋決。法部上補訂高等各級審判廳試辦章程及擬定外省審判廳編制大綱。開四川重慶江北廳龍王洞煤鐵鑛。戊午，免雲南魯甸、鎭雄二廳被災田畝銀米。甲申，南洋籌設勸業會，命南洋大臣、兩江總督張人駿爲會長，各省籌辦協會，出品免稅釐。辛酉，德宗景皇帝梓宮奉移山陵，免所過各州縣旗租，並賞籽種銀。甲子，裁河南糧鹽道，增置巡警、勸業二道。戊辰，諭直省整飭積穀。卹以死建言頤和園八品苑副永麟。庚午，增設南洋各島領事。壬申，學部立圖書館於京師。洪江會匪姚芒山伏誅。丙子，湖北平糶。

八月丁丑朔，考察憲政大臣李家駒進日本司法制度考等書。辛巳，開黑龍江墨爾根嫩江甘河煤鑛。甲申，改吉林濱江道爲西北路道，西路道爲西南路道，並前設之東北路道、東南路道俱名分巡兵備道。乙酉，賑福建福州風災，熱河開魯、平泉兩州縣水災。丙戌，藏番不靖，趙爾豐剿定之。命候補內閣學士李家駒協理資政院事。戊子，京張鐵路工成。除浙江鎭海縣開浚河道乏廢民竈田地銀米。己丑，開湖南平江金鑛，新化銻鑛，常寧鉛鑛。庚寅，予救父捐軀湖北黃陂縣舉人陳鴻偉孝行，宣付史館。丁酉，大學士孫家鼐、張之洞並以病乞休。詔慰留之。戊戌，農工商部奏試行勸業富籤公債票。己亥，大學士張之洞卒，贈太保，入祀賢良祠。命戴鴻慈在軍機大臣上學習行走。以廷杰爲法部尚書，葛寶華爲禮部尚書。庚子，調誠勳爲熱河都統，以溥良爲察哈爾都統。癸卯，京師開廠煮粥濟貧民，發粟二千五百石有奇，已改設教養局、習藝所者仍給之，歲以爲常。乙巳，修訂法律大臣進編訂現行刑律，下憲政編查館核議。丙午，詔以九月初一日爲各省召集議員開議之期，特申誥誡。諭曰：「諮議局議員於地方利弊當切實指陳，妥善計畫。勿挾私心以妨公益，勿逞意氣以紊成規，勿見事太易而議論稍涉囂張，勿權限不明而定法或滋侵越。各督撫亦當虛心採納，裁度施行，以期上下一心，漸臻上理。至開局以後，各督撫尤應遵照定章，實行監督，務使議決事件不稍踰越權限，違背法律。共攄忠愛，以圖富强，朕實有厚望焉。」是月，載洵、薩鎭冰出洋考查海軍。

九月丁未朔，始製爵章頒賜。辛亥，和蘭保和會條約成，分別批准畫押。癸丑，命趙爾巽兼署成都將軍。乙卯，內閣會奏德宗升祔大禮。詔穆宗毅皇帝、德宗景皇帝同爲百世不祧之廟，宜以昭穆分左右，不以昭穆分尊卑。定德宗升祔太廟中殿，供奉西又次楹又五室穆位。前殿於文宗顯皇帝之次，恭設坐西東向穆位。奉先殿準此。永爲定制。丁巳，賞陸軍貴冑學堂畢業學生子爵成全等侍衞，及進敍有差。己未，資政院上選舉章程。壬戌，德人遊歷雲南，爲怒夷所害，捕誅之。甲子，豫河安瀾。賑廣東省城及南海各縣水災。乙丑，錫林果勒盟阿巴嘎、阿巴哈那爾、浩齊特、烏珠穆沁災，發帑銀三萬兩賑之。賑雲南鎮雄等州縣水災。丙寅，黃河安瀾。授鹿傳霖體仁閣大學士，吏部尚書陸潤庠協辦大學士。賞游學畢業生項驤等舉人。辛未，升翰林院侍講學士爲正四品，侍讀、侍講從四品，撰文秘書郎、修撰正五品，編修、檢討從五品。頒爪哇僑民捐立學堂扁額。癸酉，南河安瀾。是月，韓人安重根戕日本前朝鮮統監伊藤博文於哈爾濱。

冬十月丁丑朔，四川西昌、會理交界二板房夷匪爲亂，官軍剿平之。成都將軍馬亮卒。庚辰，葬孝欽顯皇后於菩陀峪定東陵，免梓宮經過州縣地方額賦，並賞平毀麥田籽種銀。乙酉，孝欽顯皇后神牌祔太廟，翼日頒詔天下。丙戌，定成都將軍勿庸統轄松潘、建昌。以玉崑爲成都將軍。丁亥，直隸總督端方坐違制奪職。調陳夔龍爲直隸總督，兼辦理通商事務大臣，瑞澂署湖廣總督，寶棻爲江蘇巡撫。以孫寶琦爲山東巡撫，丁寶銓爲山西巡撫。己丑，詔第一、二屆籌辦憲政事宜，內外諸臣應竭誠負責，並命憲政編查館稽核所奏成績，有因循敷衍、措置遲逾者，甄劾以聞。庚寅，憲政編查館上釐定各省提法使官制章程。開庫倫哈拉格囊圍金鑛。延祉以疾免，命三多署庫倫辦事大臣。辛卯，江蘇溧陽、金壇、荆溪、宜興、丹徒、丹陽、震澤等縣災，發帑銀三萬兩賑之。癸巳，民政部奏，援案請賞米石，核定各廠院實需數目，收養貧民，詔行之。賑雲南大姚、文山等縣水災。甲午，大學士孫家鼐卒，贈太傅，入祀賢良祠，賞銀治喪。詔以已故五品卿銜山西卽用知縣汪宗沂經學卓越，宣付史館。賞食餉閑散宗室、覺羅人等一月錢糧，暨孤寡半月錢糧，八旗、綠、步各營官兵半月錢糧，歲以爲常。丁酉，免雲南元江州屬被水田畝銀米。庚子，東明黃河安瀾。癸卯，除廣東緝匪花紅，自今文武官有再收花紅者以贓論。復前禮部尙書李端棻原官。甲辰，停今年吉林珠貢。乙巳，順天紳士請爲已故戶部尙書立山、內閣學士聯元立祠，許之。

十一月戊申，免直隸武清等十一廳縣額賦旗租，開州、東明、長垣等三州縣額賦。己酉，上兼祧母后皇太后徽號曰隆裕皇太后，翼日頒詔天下。癸丑，民政部上府廳州縣自治選舉章程。癸亥，復前福建巡撫張兆棟原官。設黑龍江瑷琿沿邊卡倫二十，自額爾古訥河訖於遜河口。乙丑，置督辦鹽政大臣，以載澤爲之，產鹽省分督撫爲會辦鹽政大臣，行鹽省分督撫俱兼銜。丙寅，授陸潤庠體仁閣大學士，戴鴻慈以尙書協辦大學士。辛未，以貝勒毓朗爲步軍統領。癸酉，都察院上互選規則。乙亥，學部上女學服色章程。予絕學專家已故候選同知直隸州知州華蘅芳，與其弟故直隸州州判世芳，及已故二品封職徐壽俱宣付史館。

十二月己卯，詔求直言。辛巳，增置奉天安圖、撫松二縣。壬午，賞游學專門詹天佑等工科、文科、法科進士，工科、格致科舉人。癸未，免山東青城等八十九州縣及衞所鹽場本年錢糧。乙酉，德宗景皇帝神牌升祔奉先殿。賞一產三男河南柘城縣民婦張劉氏、通許縣民婦田厲氏米布。賑廣東佛山等十三廳縣災。丙戌，定太醫院院使爲四品。戊子，錄咸豐、同治年間戡定髮、捻、回諸匪功臣後，敍官有差。除琿春軍隊營房占用旗戶地畝租。庚寅，趙爾豐奏四川德格土司多格生吉納土，改設流官，賞土舍都司世襲。壬辰，慶親王奕劻免管理陸軍貴胄學堂，以貝勒載潤代之。癸巳，增置熱河隆化縣。乙未，憲政編查館上禁煙條例，頒行之。復故前湖南巡撫陳寶箴原官。丙申，憲政編查館上禁買賣人口條款。戊戌，法部上法官懲戒章程。己亥，憲政編查館上京師地方自治選舉章程。庚子，升太醫院左右院判爲五品。壬寅，憲政編查館上府廳州縣地方自治章程，並府廳州縣議事會議員選舉章程。癸卯，憲政編查館上法院編制法，並法官考試任用、司法區域分劃、及初級暨地方審判廳管轄案件各暫行章程。

二年庚戌春正月丙午朔，不受朝賀。己酉，廣州新軍作亂，練軍討平之。辛亥，詔以人心浮動，黨會繁多，混入軍營，句引煽惑，命軍諮處、陸軍部、南北洋大臣新舊諸軍嚴密稽查，軍人尤重服從長官命令，如有聚衆開會演說，並嚴查禁。移吉林大通縣駐松花江南岸，更名方正縣。乙卯，廣東革命黨王占魁等伏誅。丁巳，達賴喇嘛患川兵至，出奔。諭聯豫等仍遣員迎護回藏。辛酉，詔奪阿旺羅布藏吐布丹甲錯濟寨汪曲卻勒朗結達賴喇嘛名號。鹽政處上督辦鹽政試行章程。癸亥，協辦大學士戴鴻慈卒，贈太子少保銜，賞銀治喪。呂海寰等上中國紅十字會章程，命盛宣懷充會長。監察御史江春霖以論慶親王奕劻誤國，斥回原衙門。命郵傳部尚書徐世昌協辦大學士，內閣學士吳郁生在軍機大臣上學習行走。甲子，管理軍諮處貝勒載濤請赴日本、美、英、法、德、義、奧、俄八國考察陸軍。辛未，英國舉行萬國刑律改良會，法部奏遣檢察廳長徐謙往與會。甲戌，詔：「預備立憲，宜化除成見，悉泯異同。自今滿、漢文武諸臣陳奏事件，一律稱臣，以昭畫一而示大同。」

二月乙亥朔，聯豫請以新噶勒丹池巴羅布藏丹巴代理前藏事務。丙子，禁洋商湖南購運米石。辛巳，鐵良以疾免，以廕昌爲陸軍部尚書，梁敦彥爲稅務處會辦大臣。免浙江仁和、海沙、鮑郎、蘆瀝四場暨江蘇橫浦、浦東二場荒蕪竈蕩宣統元年逋課。壬午，免陝西榆林等四州縣舊欠，榆林府倉糧米草束。乙酉，以內閣侍讀學士梁誠爲出使德國大臣。丁亥，民政部上修正報律，下憲政編查館核奏。己丑，復發帑銀三萬兩賑安徽災。壬辰，免吉林五常廳、樺甸縣宣統元年逋賦。甲午，聯豫奏拉里僧俗暨工布番兵投誠歸化。丙申，葛寶華卒，調榮慶爲禮部尚書，以唐景崇爲學部尚書。己亥，予故湖北提督夏毓秀優卹。癸卯，憲政編查館上行政綱目。籌辦海軍大臣奏各司名目職掌。

三月乙巳朔，王士珍以疾免，命雷震春署江北提督。己酉，雲南威寧邪匪襲昭城，官軍剿滅之，匪首李老么伏誅。辛亥，湖南民饑倡變，諭擒首要，散脅從。壬子，湖南巡撫岑春蓂罷，命楊文鼎暫代之。遣楊士琦赴南洋充勸業會審查總長。丁巳，祈雨。庚申，雨。追復故海軍提督丁汝昌原官。廢秋審覆審舊制。諭沿江各省督撫平糶。河南巡撫吳重熹免，以寶棻代之。調程德全爲江蘇巡撫。壬戌，予遺愛在民故太常寺卿袁昶安徽蕪湖縣建祠。癸亥，裁奉天巡撫。授廣福伊犁將軍。甲子，革命黨人汪兆銘、黃復生、羅世勳謀以藥彈轟擊攝政王，事覺，捕下法部獄。庚午，旌殉夫烈婦山東曲阜孔令保妻潘氏，宣付史館。

夏四月甲戌朔，詔資政院於本年九月一日開院，欽選宗室王、公世爵、宗室、覺羅各部院官暨碩學通儒議員八十八人，前期召集。丙子，裁福建督糧道，增設巡警道、勸業道。

丁丑，命載濤充專使大臣，往英國弔祭。戊寅，賞游學畢業生吳匡時等七人工科進士、法政科舉人有差。庚辰，憲政編查館修訂法律大臣進現行刑律，命頒行之。詔曰：「此項刑律，爲改用新律之預備。內外問刑衙門，當悉心講求，依法聽斷。毋任意出入，致枉縱。」癸未，詔：「各省增設巡警、勸業兩道，原期保衞治安，振興實業。督撫於已補人員悉心考覈，如不能勝任，或於缺不宜，卽奏明另補，毋迴護瞻徇。」乙酉，聯豫請西藏曲水、哈拉烏蘇、江達、山南、碩般多及三十九族地方各設委員一人，並停藏番造槍、造幣兩廠。前出使義大利大臣錢恂進和會條約譯詮。丁亥，以江北鹽梟、會匪出沒靡常，諭雷震春剿撫之。己丑，度支部上幣制兌換則例。詔：「國幣單位，定名曰圓。暫就銀爲本位，以一圓爲主幣，重庫平七錢二分。另以五角、二角五分、一角三種銀幣，及五分鎳幣，二分、一分、五釐、一釐四種銅幣爲輔幣。圓、角、分、釐，各以十進，著爲定制。」以聯芳爲荆州將軍。庚寅，定續選納稅多額十人爲議員。辛卯，命郵傳部侍郎汪大燮充出使日本大臣。癸巳，梁敦彥以疾免，以鄒嘉來署外務部尚書兼會辦大臣。除湖北石首縣文義洲地方租課、蘆課。丙申，湖南巡撫岑春蓂褫職。

五月丙辰，升四川寧遠阿拉所巡檢爲鹽邊廳撫夷通判。戊午，湖南常德府水潦災，發帑銀二萬兩賑之。李經羲奏雲南永昌府屬鎮康土州改流官，增置永康州。免雲南陸涼州被旱銀糧。辛酉，賑江北海州等處水災。癸亥，都察院代遞諮議局議員孫洪伊等並直省旗籍代表等呈請速開國會。詔仍俟九年籌備完全，再行降旨定期召集議員，宣諭之。甲子，免湖南苗疆佃民欠租，湖南鳳凰、乾州、永綏、保靖、瀘溪、麻陽、古丈坪七廳縣積欠屯租穀石。己巳，賑湖北災。辛未，裁奉天同江廳河防同知。

六月壬午，黑龍江災，發帑銀二萬兩賑之。乙酉，汪大燮進考查英國憲政編輯各書。己丑，命籌辦海軍事務大臣貝勒載洵充參預政務大臣。壬辰，命外務部侍郎胡惟德充稅務處幫辦大臣。丙申，詔：「各省督撫勞於行政，亟於籌款，而恆疏於察吏。不知吏治不修，則勞民傷財，亂端且從此起，新政何由而行？其各慎選牧令，爲地擇人，斯爲綏靖地方至計。」戊戌，詔各部院、各督撫嚴劾貪官汙吏，並諭貴戚及中外大臣敦品勵行，整躬率屬。己亥，命載澤、壽勳會阿穆爾靈圭、載潤查辦前鋒營暨內務府三旗護軍營，釐定章程以聞。是月，山東萊陽紳民相仇，匪首曲思文聚衆萬餘，圍攻城邑，劫殺官兵，海陽亦因徵收錢糧激變，旋並平定之。

秋七月甲辰，裁福建督糧道，置勸業道。瑞興免，以志銳爲杭州將軍。乙巳，瑞澂、楊文鼎奏湘省匪勢蔓延，擬行淸鄉法，從之。戊申，詔農工商部會同各督撫等調查鑛產，熟籌開辦。庚戌，詔趣各督撫查造官民荒田及氣候土宜圖册，並興舉工藝實業，報農工商部奏聞。壬子，農工商部立度量權衡用器製造廠。癸丑，貝勒載濤奏考察各國軍政，軍人犯罪，統歸軍法會議處審斷，非普通裁判所得與聞。諭照行之。甲寅，世續、吳郁生免軍機大臣，以毓朗、徐世昌爲軍機大臣。命唐紹儀署郵傳部尚書。毓朗免步軍統領並專司訓練禁衞軍大臣。命烏珍兼署步軍統領。設各省交涉使。新疆陸軍營官田熙年以擅殺釀變伏誅。丙辰，安徽皖南、南陵、宿州、靈壁等屬潦災，發帑銀四萬兩賑之。丁巳，法部上秋審條款。庚申，前江西提學使浙路總理湯壽潛，以劾盛宣懷爲蘇浙路罪魁禍首，奪職。辛酉，賑皖北飢民。以忠瑞爲科布多辦事大臣。聯魁免新疆巡撫，以何彥昇代之。改各省按察使爲提法使。甲子，大學士鹿傳霖卒，贈太保，入祀賢良祠，賞銀治喪。乙丑，命外務部參議上行走沈瑞麟充出使奧國大臣，外務部右丞劉玉麟充和蘭萬國禁煙大會全權委員。戊辰，奉天開葫蘆島港。己巳，置黑龍江訥河直隸廳同知。是月，載洵、薩鎮冰復往美利堅、日本兩國考察海軍。

八月甲戌，置奉天鎮東縣。乙亥，清銳免，以鐵良爲江寧將軍。癸未，命沈家本充資政院副總裁。甲申，以外務部右丞劉玉麟充出使英國大臣。丁亥，理藩部奏變通禁止出邊開墾地畝、民人聘娶蒙古婦女、內外蒙古不准延用內地書吏教讀、公牘不得擅用漢文，蒙古人不得用漢字命名等舊例，許之。增置四川昭覺縣。己丑，聯芳免，以鳳山爲荆州將軍。命蔭昌兼訓練近畿各鎭大臣。甲子，命近畿陸軍各鎭俱歸陸軍部管轄。裁近畿督練公所。增置奉天鹽運使。改四川鹽茶道爲鹽運使，茶務歸勸業道管理。乙未，以奏報禁種烟苗粉飾，下吉林、黑龍江、河南、山西、福建、廣西、雲南、新疆諸省督撫部議，申諭各省嚴切查禁。丙午，授徐世昌爲體仁閣大學士，以吏部尙書李殿林協辦大學士。丁酉，以廓爾喀額爾德尼王畢熱提畢畢噶爾瑪生寫熱曾噶扒噶都熱薩哈拒西藏求援兵，詔嘉奬之。庚子，賑陝西華、渭南兩州縣潦災。

九月辛丑朔，資政院舉行開院禮，監國攝政王蒞會頒訓辭。壬寅，賞游學畢業生吳乃琛等四百五十九人文、醫、格致、農、工、商、法政進士、舉人有差。癸卯，免甘肅河、金、渭源、伏羌、安定、會寧、寧靈、循化、秦九廳州縣上年被災地畝錢糧草束。丙午，江北徐州等屬雨潦災，命度支部發帑賑之。乙巳，署綏遠城將軍、督辦墾務大臣信勤以疾免，調堃岫代之。以奎芳爲烏里雅蘇臺將軍。戊申，命度支部再發帑銀二萬兩賑皖北災。壬子，張人駿以上海市情危急，請借洋款酌劑，並輸運庫帑銀五十萬兩，許之。癸丑，永定河安瀾。賑四川縣竹等廳縣水災。甲寅，裁海龍圍場總管。丙辰，詔直省舉賢良方正，從嚴甄取。己未，予積貲興學山東堂邑義丐武訓事實宣付史館。裁湖南常德府同知、寶慶府長安營同知。癸亥，諭綏遠城墾務緊要，沿邊道廳以下官，凡關墾務者，均聽墾務大臣節制。丙寅，楊樞以疾免，命農工商部右丞李國杰充出使比國大臣。賑黑龍江水災。丁卯，袁樹勳以疾免，命張鳴岐署兩廣總督。以沈秉堃爲雲南巡撫。戊辰，裁貴州副將、游擊、都司、守備等官。免新疆迪化等十一廳縣民欠錢糧、籽種。

十月癸酉，詔改於宣統五年開國會，以直省督撫多以爲言，復據順天直隸各省諮議局人民代表請願速開國會，故有是命。甲戌，命溥倫、載澤充纂擬憲法大臣。乙亥，黃河安瀾。丁丑，廣西岑溪匪亂，官軍剿定之，匪首陳榮安伏誅。程文炳卒，以程允和爲長江水師提督，命甘肅提督張勳接統江南浦口各營。免甘肅靈州水災銀米。庚辰，增韞奏浙江裁綠營改編水師。辛巳，詔以縮改宣統五年開設議院，責成各主管衙門切實籌備，民政、度支、法、學諸部俱有應負責任，提前通盤籌畫，分別最要、次要，詳細以聞。並誡勉直省督撫淬厲精神，切實遵行，毋再因循推諉，致誤限期。壬午，何彥昇卒，以袁大化爲新疆巡撫。戊戌，予故大學士、前署兩廣總督張之洞於江寧省城建祠。

十一月癸卯，罷陸軍尚書、侍郎及左右丞、參議，改設陸軍大臣、副大臣各一人。置海軍部，設海軍大臣、副大臣各一人。以廕昌爲陸軍大臣，壽勳副之。貝勒載洵爲海軍大臣，譚學衡副之。乙巳，命海軍提督薩鎭冰統巡洋長江艦隊。丙午，雲南大姚縣民亂，入城劫獄殺人，官軍剿定之，匪首陳文培、鄧良臣俱伏誅。己酉，命前安徽巡撫馮煦爲江、皖籌賑大臣。壬子，農工商部進編輯棉花圖說。丁巳，資政院言軍機大臣責任不明，難資輔弼，請設立責任內閣。詔以朝廷自有權衡，非院臣所得擅預，斥之。雷震春罷，命段祺瑞署江北提督。庚申，陳夔龍奏順直諮議局呈請明年即開國會，諭提前豫備事宜已慮不及，豈能再議更張。命剴切宣示，不准再行要求瀆奏。加賞普濟教養局倉米六十石，月以爲常。辛酉，置各省高等審判、檢察廳，設丞、長，湖南緩設。癸亥，東三省國會請願代表來京，呈請明年即開國會。軍機大臣以聞。詔民政部、步軍統領衙門勒歸籍，勿逗留，再有來京及各省聚衆者察治之。甲子，詔趣憲政編查館擬訂籌備清單，內閣官制並纂擬具奏。予故大學士張之洞於湖北省城建祠。乙丑，慶親王奕劻請免軍機大臣及總理外務部，優詔慰留之。己巳，資政院請明諭剪髮易服。

十二月壬申，諭各省曉諭學堂，禁學生干豫政治，聚衆要求，違者重治。丙子，唐紹儀以疾免，以盛宣懷爲郵傳部尙書。丁丑，察哈爾右翼四旗蒙古災，發帑銀一萬兩賑之。己卯，志銳請變通銷除旗檔舊制。辛巳，召增祺入覲，命孚琦署廣州將軍。壬午，召趙爾巽入覲。癸未，重申烟禁，地方官仍前粉飾者罪之，並命民政、度支二部考核。命各省總督會同憲政編查館王大臣參訂外省官制。乙酉，裁併江蘇州縣，設審判廳。江寧以江寧併入上元，蘇州以長洲、元和併入吳，江都併入甘泉，昭文併入常熟，新陽併入崑山，震澤併入吳江，婁併入華亭，陽湖併入武進，金匱併入無錫，荊溪併入宜興。丁亥，憲政編查館上遵擬修正逐年籌備事宜清單。裁吉林水師營官丁。戊子，四川匪踞黔江縣爲亂，官軍擊卻之，復其城。己丑，考察憲政大臣李家駒進日本租稅制度考、會計制度考。癸巳，四川匪首溫朝鍾竄入湖北咸豐縣境，擒斬之。乙未，命貝子銜鎭國將軍載振充頭等專使大臣，賀英君加冕。資政院議決新刑律總則、分則，詔頒布之。丙申，免陝西咸寧等六十四府廳州縣光緒三十三年逋賦，並廣有倉錢糧草束。丁酉，資政院上議決統一國庫章程。戊戌，資政院奏議決宣統三年歲出歲入總豫算。廷杰卒，以紹昌爲法部尚書。己亥，裁甘肅蘭州道，置勸業道。是月，江、淮饑，人相食。東三省疫。

三年辛亥春正月庚子朔，以山海關外防疫，天寒道阻，諭陳夔龍、錫良安置各省工作人。丙午，馮煦奏察勘徐、淮災狀。己酉，免江蘇長洲等四十廳州縣田地銀糧。庚戌，賑江蘇高郵、寶應、淸河、安東、山陽、阜寧等縣水災。甲寅，度支部上全國豫算章程。丙辰，釋服。御史胡思敬劾憲政編查館，言新官不可濫設，舊官不可盡裁；起草應用正人，頒行當採衆議。下其章於政務處。庚申，調志銳爲伊犂將軍，廣福爲杭州將軍。乙丑，除非刑。凡遣、流以下罪，毋用刑訊。法部奏上已革綏遠城將軍貽穀罪論死。詔改戍新疆效力贖罪。乙巳，命周樹模會勘中俄邊界。是月，直隸、山東民疫。

二月庚午朔，予故大學士、前湖南巡撫王文韶於湖南省城建祠。馮煦請濬睢河。民政部上編訂戶籍法。壬申，諭所司防疫，毋藉端騷擾，並命民政部、步軍統領衙門、順天府以保衞民生之意諭人民。乙亥，四川德格、春科、高日三土司改設流官，置邊北道，登科府，德化、白玉二州，石渠、同普二縣。定應遣新疆軍台人犯改發巴、藏。丙子，免雲南昆明等三州縣被災田地條糧銀米。丁丑，免浙江仁和等三十州縣，杭、嚴二衞，衢、嚴二所荒地錢糧漕米。戊寅，改陸軍部、海軍部大臣、副大臣爲正都統、副都統，仍以廕昌、壽勳、載洵、譚學衡爲之。英人佔片馬。癸未，命李家駒撰擬講義輪班進呈。丙戌，裁駐藏幫辦大臣，設左右參贊。丁亥，頒浙江惠興女學堂「貞心毅力」扁額。己丑，外務部上勳章贈賞章程。命度支部右侍郎陳邦瑞、學部右侍郎李家駒、民政部左參議汪榮寶協纂憲法。以誠勳爲廣州將軍，溥頲爲熱河都統。以貝子溥倫爲農工商部尚書，世續爲資政院總裁，李家駒副之，劉若曾爲修訂法律大臣。壬辰，禁洋商運鹽入口。改設英屬檳榔嶼正領事官。

三月庚子，以劉銳恆爲雲南提督。裁稽察守衞處，置管理前鋒、護軍等營事務處，三旗護軍仍隸內務府。陸軍部奏，東三省測量局員焦滇賄賣秘密地圖，誅之。辛丑，裁奉天承德、錦二縣。壬寅，裁四川川北、重慶二鎭總兵官。癸卯，頒盡忠節、守禮節、尙武勇、崇信義、敦樸素、重廉恥六條訓諭軍人。丁未，賞陸軍各鎭、協統制、統領等官何宗蓮、李奎元等陸軍副都統銜、協都統有差。戊申，吉林濬圖們江航路通於海。己酉，命出使義國大臣吳宗濂充專使，賀義大利立國慶典。庚戌，革命黨人以藥彈擊殺署廣州將軍孚琦。壬子，以薩鎭冰爲海軍副都統。趙爾豐奏平三巖野番，改孔撒、麻書兩土司，設流官。甲寅，授張鳴岐兩廣總督。乙卯，度支部尙書載澤與英美德法四國銀行締結借款契約。丙辰，賞伊犂將軍志銳尙書銜，伊犂地方文武各官受節制。免浙江仁和等三十七州縣並衞所田塘宣統二年銀糧。戊午，以江、皖、豫災，命馮煦會三省督撫籌春賑。己未，和蘭開禁烟會於海牙，命出使德國大臣梁誠往與會。賑科布多札哈沁蒙古游牧災。庚申，錫良以疾免，調趙爾巽爲東三省總督，授欽差大臣，兼管三省將軍事。加直隸熱河道提法使銜。辛酉，命趙爾豐署四川總督，王人文爲川滇邊務大臣。予哀毁殉親前浙江巡撫聶緝槼孝行宣付使館。癸亥，漢儒趙岐、元儒劉因俱從祀文廟。華商創立大同學校於日本橫濱，頒「育才廣學」扁額。丁卯，革命黨人黃興率其黨於廣州焚總督衙署，擊走之。

夏四月辛未，楊文鼎請緩裁湖南綠營及防軍。甲戌，賞游學畢業生鍾世銘、汪爔芝等法政科進士、舉人，工科舉人有差。丙子，趙爾巽奏請用人行政便宜行事，從之。丁丑，裁山東撫、鎭標營官。戊寅，詔改立責任內閣。頒內閣官制。授慶親王奕劻爲內閣總理大臣，大學士那桐、徐世昌俱爲協理大臣。以梁敦彥爲外務大臣，善耆爲民政大臣，載澤爲度支大臣，唐景崇爲學務大臣，廕昌爲陸軍大臣，載洵爲海軍大臣，紹昌爲司法大臣，溥倫爲農工商大臣，盛宣懷爲郵傳大臣，壽耆爲理藩大臣。復命內閣總、協理大臣俱爲國務大臣，內閣總理大臣、協理大臣均充憲政編查館大臣，慶親王奕劻仍管理外務部。罷弼德院，以陸潤庠爲院長，榮慶副之。罷舊內閣、辦理軍機處及會議政務處。大學士、協辦大學士仍序次於翰林院。裁內閣學士以下官。置軍諮府，以貝勒載濤、毓朗俱爲軍諮大臣，命訂府官制。趙爾巽會陳夔龍、張人駿、瑞澂、李經羲與憲政編查館大臣商訂外省官制。己卯，慶親王奕劻、大學士那桐、徐世昌俱辭內閣總理、協理，不許，趣卽任事。重申鴉片烟禁，諭民政、度支二部，各省督撫剋期禁絕。詔定鐵路國有。先是，給事中石長信疏論各省商民集股造路公司弊害，宜敕部臣將全國幹路定爲國有，自餘枝路准各省紳商集股自修，上韙之，下郵傳部議。至是，奏言：「中國幅員廣袤，邊疆遼遠，必有縱横四境諸大幹路，方足以利行政而握中樞。從前規畫未善，致路政錯亂紛歧，不分枝幹，不量民力，一紙呈請，輒准商辦。乃數載以來，粤則收股及半，造路無多。川則倒帳甚鉅，參追無着。湘、鄂則開局多年，徒供坐耗。循是不已，恐曠日彌久，民累愈深，上下交受其害。應請定幹路均歸國有，枝路任民自爲。曉諭人民，宣統三年以前各省分設公司集股商辦之幹路，應卽由國家收回。亟圖修築，悉廢以前批准之案。」故有是詔。辛未，吉林火災，發帑銀四萬兩賑之。癸未，贈卹署廣州將軍副都統孚琦。丁亥，資政院請預算借款兩事歸院會議，不許。戊子，起端方以侍郎候補，充督辦粵漢、川漢鐵路大臣。諭裁缺候補人員毋得奏事。諭本年秋季調集禁衞軍及近畿各鎭陸軍於直隸永平府大操。己丑，恭親王溥偉以疾免禁煙大臣，以順承郡王訥勒赫代之。庚寅，郵傳大臣盛宣懷與英德法美四國銀行締結借款契約成。辛卯，龐鴻書罷，以沈瑜慶爲貴州巡撫。壬辰，命督撫曉諭人民，鐵路現歸官辦，起降旨之日，川、湘兩省租股，並停罷之。宣統三年四月以前所收者，應由郵傳部、督辦鐵路大臣會督撫查奏。地方官敢有隱匿不報者詰治。楊文鼎奏湘省自聞鐵路幹路收歸國有諭旨，羣情洶懼，譁噪異常，偏發傳單，恐滋煽動。諭嚴行禁止，儻有匪徒從中煽惑，意在作亂者，照懲治亂黨例，格殺勿論。朱家寶奏江、淮交會爲匪黨出沒之區，比歲薦飢，盜風尤熾。請援鄂、蜀懲辦會匪、土匪章程，犯者以軍法從事。丙申，移稅務司附屬之郵政歸郵傳部管理。除雲南昆明縣官用田地額賦。丁酉，賑山東滕、嶧二縣災。

五月庚子，用湖南京官大理寺少卿王世祺等言，停湖南因路抽收房捐及米鹽捐。辛酉，楊文鼎奏湖南諮議局呈湘路力能自辦，不甘借債，據情代奏。嚴飭之。卹墨西哥被害華僑銀。壬寅，裁廣西綠營都司、守備以下官及馬步兵。癸卯，山東兗、沂、曹三府，濟寧州災，發帑銀三萬兩賑之。四川諮議局以紳民自閙鐵路國有之旨，函電紛馳，請緩接收，並請停刊謄黃，呈王人文代奏。人文以聞，詔切責之，仍命迅速刊刻謄黃，徧行曉諭，並剴切開導。乙巳，免琿春貧苦旗丁承領荒地價銀。戊申，廷試游學畢業生進士江古懷等，敍官有差。乙卯，孫寶琦奏宗支不宜豫政，飭之。壬子，起復那桐，仍授文淵閣大學士。丙辰，廣東因收回路事，倡議不用官發紙幣，持票取銀。諭張鳴岐防範。丁巳，資政院上修改速記學堂章程。戊午，度支、郵傳二部會奏川、粵、漢幹路收回辦法。請收回粵、川、湘、鄂四省公司股票，由部特出國家鐵路股票換給。粵路發六成。湘、鄂路照本發還。川路宜昌實用工料之款四百餘萬，給國家保利股票，其現存七百餘萬兩，或仍入股，或興實業，悉聽其便。詔端方迅往三省會各督撫照行之。丁寶銓以疾免，以陳寶琛爲山西巡撫。庚申，命于式枚總理禮學館。甲子，內閣上內閣屬官官制、法制院官制，詔頒布之。置內閣承宣廳，制誥、敍官、統計、印鑄四局。設閣丞、廳長、局長各官。並置內閣法制院院使。罷憲政編查館、吏部、中書科、稽察欽奉上諭事件處、批本處，俱歸其事於內閣。以繙書房改隸翰林院。陸軍部奏，簡各省督練公所軍事參議官。乙丑，翰林院進檢討章梫所纂康熙政要。

六月丁卯，命資政院會內閣改訂院章。賑湖南武陵、龍陽、益陽三縣水災。保定陸軍軍械局火藥庫、陸軍第二鎭演武廳火藥庫俱火。庚辰，安徽水，無爲州五里碑、九連等處圩壞。辛巳，以榮慶爲弼德院院長，鄒嘉來副之。陸潤庠免禁烟大臣，陳寶琛免山西巡撫，以侍郎候補。伊克坦免都察院副都御史，以副都統記名。裁兼管順天府府尹。壬午，以陸鍾琦爲山西巡撫。癸未，趙爾豐奏收巴塘得榮地方，戶民請納糧稅，浪莊寺喇嘛千餘人許還俗。又奏巴塘臨卡石戶民投誠，撥隸三壩廳管理。乙酉，伊克昭盟扎薩克固山貝子三濟密都布旗災，發帑銀一萬兩賑之。丙戌，丹噶爾廳及西寧縣匪黨糾衆爲亂，官軍擊散之，首犯李旺、李統春、李官博儉等伏誅。辛卯，置典禮院，設掌院大學士、副掌院學士、學士、直學士各官。以李殿林爲典禮院掌院學士，郭曾炘爲副。壬辰，四川紳民羅綸等二千四百餘人，以收路國有，盛宣懷、端方會度支部奏定辦法，對待川民純用威力，未爲持平，不敢從命，呈請裁察。王人文以聞，詔以一再瀆奏，切責之。增設和屬爪哇島總領事，泗水、蘇門答臘正領事。甲午，湖南常德府大雨河溢，浸屬縣，壞田廬，發帑銀六萬兩賑之。丙申，以禁烟與英使續訂條件，重申厲禁，諭中外切實奉行。

閏六月己亥，命寶熙充禁烟大臣。庚子，恩壽以疾免，以余誠格爲陝西巡撫。癸卯，安徽大雨，江潮暴發，濱江沿河各州縣澇災，發帑銀五萬兩賑之。庚戌，調余誠格爲湖南巡撫，楊文鼎爲陝西巡撫。壬子，詔本年調集禁衞軍及近畿各鎮軍於永平府大操，命軍諮大臣貝勒載濤恭代親臨監軍。癸丑，命貝子溥倫、鎮國公載澤會宗人府纂擬皇室大典。乙卯，革命黨人以藥彈道擊廣東水師提督李準，傷而免。前吉林將軍銘安卒。丙辰，命載振、陸潤庠、增祺、陳寶琛、丁振鐸、姚錫光、沈雲沛、誠勳、清銳、朱祖謀俱充弼德院顧問大臣，國務大臣奕劻、那桐、徐世昌、梁敦彥、善耆、載澤、唐景崇、廕昌、載洵、紹昌、溥倫、盛宣懷、壽耆及宗人府宗令世鐸、總管內務府大臣奎俊、繼祿俱兼任弼德院顧問大臣。丁巳，調善耆爲理藩大臣，以桂春署民政大臣。調鳳山爲廣州將軍，以壽耆爲荆州將軍。川路股東會會長顏楷等呈劾郵傳部，趙爾豐以聞，不報。辛酉，裁各省府治首縣，改置地方審判廳。乙丑，內閣請修訂法規。

七月壬申，趙爾豐奏鐵路收歸國有，川民仍多誤會，相率要求。諭郵傳部、督辦鐵路大臣清理路股，明示辦法，以釋羣疑。甲戌，命瑞澂、張鳴岐、趙爾豐、余誠格各於轄境會辦鐵路事宜。命端方赴四川按查路事。丁丑，以四川人心浮動，宜防鼓惑，諭提督田振邦嚴束營伍彈壓之，趣端方速赴四川，許帶兵隊。趙爾豐、玉崑率提督、司、道奏，川民爭路激烈，請交資政院議決仍歸商辦，不許，仍責趙爾豐彈壓解散。己卯，江蘇各屬大雨，圩堤潰決，田禾淹沒，發帑銀四萬兩賑之。永定河決。端方入川，水陸新舊諸軍聽調遣。調陸徵祥爲出使俄國大臣，劉鏡人爲出使和國大臣。辛巳，忠瑞免，以桂芳爲科布多辦事大臣。溥鋼免，以薩蔭圖爲科布多參贊大臣。壬午，四川亂作，趙爾豐執諮議局議長蒲殿俊、副議長羅綸、保路同志會長鄧孝可、股東會長顏楷、張瀾及胡嶸、江三乘、葉秉誠、王銘新九人。尋同志會聚衆圍總督署，擊之始散。賑浙江杭、嘉、湖、紹四府災。癸未，帝入學，大學士陸潤庠、侍郎陳寶琛授讀，副都統伊克坦教習國語清文。賑湖北水災。甲申，廣東澄海縣堤決，發帑銀四萬兩賑之。四川旅京人民以爭路開會，具呈資政院乞代奏。命捕代表劉聲元解歸籍。諭學部約束學生勿預外事，並敕所司禁聚衆開會。丁亥，山東濟南及東西路各州縣水災，黃河上游民埝復決，發帑銀五萬兩賑之。賑福建水災。戊子，命前兩廣總督岑春煊往四川，會趙爾豐辦理剿撫事宜。己丑，監國攝政王閱禁衞軍。癸巳，以四川民亂，諭趙爾豐督飭諸軍迅速擊散，仍分別良莠剿撫，被脅者宥之。甲午，波密野番投誠。

八月丙申，總稅務司赫德卒，晉太子太保銜。予故成都將軍、前伊犁將軍馬亮於伊犁建祠。壬寅，慶親王奕劻復請免內閣總理大臣及管理外務部，不許。甲辰，裁直隸督標、提標，通永、天津、正定、大名、宣化各鎭標官弁馬步守兵，提督依舊。丙午，江南提督劉光才以疾免，調張勳代之，以張懷芝爲甘肅提督。丁未，定國樂。庚戌，置鹽政院，設大臣以下官，廢鹽務處。命載澤兼任鹽政大臣。癸丑，端方、瑞澂奏，湖北境內粵漢、川漢鐵路改歸國有，取消商辦公司，議定接收路股辦法，詔嘉之，并以深明大義獎士紳。甲寅，革命黨謀亂於武昌，事覺，捕三十二人，誅劉汝夔等三人。瑞澂以聞，詔嘉其弭患初萌，定亂俄頃，命就擒獲諸人嚴鞫，並緝逃亡。乙卯，武昌新軍變附於革命黨，總督瑞澂棄城走，遂陷武昌。詔奪瑞澂職，仍命權總督事，戴罪圖功。命陸軍大臣廕昌督師往討，湖北軍及援軍悉聽節制，薩鎮冰率兵艦、程允和率水師並援之。丙辰，張彪以兵匪搆變，棄營潛逃，奪湖北提督，仍責剿匪。停永平大操。弛山西、河南運糧禁。武昌軍民擁陸軍第二十一混成協統領官黎元洪稱都督，置軍政府。嗣是行省各擁兵據地號獨立，舉爲魁者皆稱都督。革命軍取漢陽，襲兵工廠、鐵廠，據漢口。丁巳，起袁世凱爲湖廣總督，岑春煊爲四川總督，俱督辦剿撫事宜。命貝勒載濤督禁衞各軍守近畿。戊午，王人文罷，復以趙爾豐爲川滇邊務大臣。停奉天今年貢。己未，岑春煊辭四川總督，詔不許。趣梁敦彥來京供職。京師開糶濟民食。壬戌，詔長江水陸諸軍俱聽袁世凱節制。諭川、楚用兵，原脅從，自拔來歸，不咎既往，願隨軍自效，能擒獻匪黨者，優賞之。獲逆黨名册應銷毀，毋株連。兩省被擾地方撫恤之。免裁各省綠營、巡防隊。壽耆免，授連魁荆州將軍。癸亥，皇太后懿旨，發帑銀二十萬兩賑湖北遭兵難民。福建龍溪、南靖兩縣河溢隄決，發帑銀二萬兩賑之。以湖北用兵，諭山東、山西兩省購運米麥濟軍。甲子，命副都統王士珍襄辦湖北軍務。

九月乙丑朔，日有食之。資政院第二次開會，詔勖議員。湖南新軍變，巡撫余誠格奔於兵艦，巡防營統領前廣西右江鎮總兵黃忠浩死之。丙寅，陝西新軍變，護巡撫布政使錢能訓自殺不克，遂走潼關，西安將軍文瑞、副都統承燕、克蒙額俱死之。丁卯，皇太后懿旨，發內帑二十四萬兩賑直隸、吉林、江蘇、安徽、山東、浙江、湖南、廣東諸省饑，立慈善救濟會。戊辰，張蔭棠免，以施肇基充出使義墨秘魯三國大臣。革命黨人以藥彈擊殺廣州將軍鳳山。己巳，皇太后助帑於慈善救濟會。資政院言郵傳大臣盛宣懷侵權違法，罔上欺君，塗附政策，釀成禍亂，實爲誤國首惡，詔奪職。端方奏，訪查川亂緣起，實由官民交鬨而成，請釋諮議局議長蒲殿俊及鄧孝可等九人，湖北拘留法部主事蕭湘並免議，從之。以唐紹儀爲郵傳大臣。命陳邦瑞爲江、皖賑務大臣。庚午，皇太后出內帑一百萬兩濟湖北軍。召廕昌還，授袁世凱欽差大臣，督辦湖北剿撫事宜，節制諸軍。命軍諮使馮國璋總統第一軍，江北提督段祺瑞總統第二軍，俱受袁世凱節制。以春祿爲廣州將軍。贈卹遇害廣州將軍鳳山。馮國璋與革命軍戰於灄口，水陸夾擊漢口，復之。壬申，以瑞澂失守武昌，避登兵艦，潛逃出省，偸生喪恥，詔逮京，下法部治罪。癸酉，下詔罪己。命溥倫、載澤纂憲法條文，迅速以聞。資政院總裁大學士世續以疾免，以李家駒代之，達壽爲副。桂春回倉場侍郎任，趙秉鈞署民政大臣。奪湖南巡撫余誠格職，仍權管湖南巡撫事。山西新軍變，巡撫陸鍾琦死之。雲南新軍變，總督李經羲遁，布政使世增及統制官鍾麟同、兵備處候補道王振畿、輜重營管帶范鍾岳俱死之。命湯壽潛總辦浙江團練。開黨禁。戊戌政變獲咎，及先後犯政治革命嫌疑，與此次被脅自歸者，悉原之。資政院言內閣應負責任，請廢現行章程，實行內閣完全制度，不以親貴充任。詔韙之。順天府平糶。甲戌，江西新軍變，巡撫馮汝騤走九江，仰藥死。安徽新軍犯省垣，擊散之。乙亥，授袁世凱內閣總理大臣，命組織完全內閣。慶親王奕劻罷內閣總理大臣，命爲弼德院院長。那桐、徐世昌罷內閣協理大臣，及榮慶並爲弼德院顧問大臣。罷善耆、鄒嘉來、載澤、唐景崇、廕昌、載洵、紹昌、溥倫、唐紹儀、壽耆國務大臣，俱解部務。載濤罷軍諮大臣，以廕昌爲之。起魏光燾爲湖廣總督，命速往湖北。陸海各軍及長江水師仍聽袁世凱節制調遣。丙子，召袁世凱來京。命王士珍權署湖廣總督。用張紹曾言，改命資政院制定憲法。丁丑，資政院奏採用君主立憲主義，上重大信條十九事。發內帑十萬兩賑四川遭兵難民。戊寅，詔統兵大員以朝廷與民更始，不忍再用兵力之意諭人民。諭統兵大員申明紀律，禁擾民。命第六鎭統制吳祿貞署山西巡撫。袁世凱辭內閣總理大臣，溫詔勉之。贈卹殉難山西巡撫陸鍾琦。貴州獨立，舉都督，巡撫沈瑜慶遁。革命軍陷上海。袁世凱命前敵諸軍停進兵。尋遣知府劉承恩、正參領蔡廷幹詣黎元洪勸解兵，不得要領而還。己卯，詔許革命黨人以法律組政黨。資政院言漢口之役，官軍慘殺人民，請敕停戰。諭袁世凱按治軍官罪，商民損失由國家償之。吳祿貞奏，遣員入敵軍勸告，下令停攻擊，親赴孃子關撫慰革命軍，詔嘉之。裁廣東交涉使司。江蘇巡撫程德全以蘇州附革命軍，自稱都督。浙江新軍變，巡撫增韞被執，尋縱之。庚辰，予第二十鎭統制張紹曾侍郎銜，宣撫長江。紹曾稱疾不赴。命張勳充會辦南洋軍務大臣。趙爾豐免，命端方署四川總督。趣袁世凱入京。釋政治嫌疑犯汪兆銘、黃復生、羅世勳於獄。辛巳，廣西巡撫沈秉堃自稱都督。內閣銓敍局火。壬午，江寧新軍統制徐紹楨以其軍變，將軍鐵良、總督張人駿、提督張勳拒守。鎭江陷，京口副都統載穆死之。安徽新軍變，推巡撫朱家寶爲都督。癸未，詔特命袁世凱爲內閣總理大臣。從資政院奏，依憲法信條公舉，故有是命。呂海寰請依紅十字會法，推廣慈善救濟會，從之。廣東獨立，舉都督，總督張鳴岐遁。福建新軍變，將軍樸壽、總督松壽死之。甲申，皇太后懿旨罷繼祿，起世續復爲總管內務府大臣。召錫良入覲。以朝廷於滿、漢軍民初無歧視，命統兵大員曉諭之。乙酉，山東巡撫孫寶琦宣告獨立。順天府奏立臨時慈善普濟赤十字總會於京師。罷貝勒毓朗軍諮大臣，以徐世昌代之。丙戌，賞卹江寧戰守將士。命呂海寰充中國紅十字會會長，兼慈善救濟會事。東三省諮議局及新軍要求獨立，總督趙爾巽不從，寢其議，仍令解勸之。丁亥，命近畿各鎭及各路軍隊並姜桂題所部俱聽袁世凱節制。戊子，分遣被兵各省宣慰使，徵國民意見。命各省督撫舉足爲代表者來京與會議。趙爾巽以川事引咎請罷，詔不許。吳祿貞以兵至石家莊，爲其下所殺。御史溫肅劾祿貞包藏禍心，反形顯著。詔陳夔龍按查。王士珍以疾免，命段芝貴護湖廣總督。永定河合龍。袁世凱來京。己丑，以張錫鑾爲山西巡撫。溥頲免，以錫良爲熱河都統。庚寅，袁世凱舉國務大臣。詔命梁敦彥爲外務大臣，趙秉鈞爲民政大臣，嚴修爲度支大臣，唐景崇爲學務大臣，王士珍爲陸軍大臣，薩鎮冰爲海軍大臣，沈家本爲司法大臣，張謇爲農工商大臣，楊士琦爲郵傳大臣，達壽爲理藩大臣，俱置副大臣佐之。于式枚、寶熙充修律大臣。紹昌、林紹年、陳邦瑞、王垿、吳郁生、恩順俱充弼德院顧問大臣。辛卯，命段祺瑞署湖廣總督。起升允署陝西巡撫，督辦軍務。壬辰，浙江巡撫增韞坐擅離職守奪職。癸巳，以督攻秣陵關餘黨，將士奮勇，賞張勳二等輕車都尉世職。甲午，資政院上改訂院章，頒布之。

冬十月丙申，內閣奏立憲牴觸事項，停召對奏事。弼德院、軍諮府並限制之。廢各衙門直日舊章。更命世續復爲文淵閣大學士。戊戌，伍廷芳、張謇、唐文治、溫宗堯勸告攝政王，請贊共和政體。庚子，以憲法信條十九事誓告太廟，攝政王代行祀事。以勞乃宣爲大學堂總監督。溥良免，命直隸宣化鎮總兵黃懋澄兼署察哈爾都統。辛丑，命甘肅提督張懷芝幫辦直隸防務。四川成都獨立，舉都督。壬寅，督辦鐵路大臣、候補侍郎、署四川總督端方率兵入川，次資州，爲其下所殺。其弟端錦從，並遇害。敍復漢陽功，封馮國璋二等男爵。命科爾沁親王阿穆爾靈圭往奉天，會趙爾巽籌畫蒙古事宜。變軍犯金陵，副將王有宏戰死。甲辰，孫寶琦罷獨立，自劾待罪。詔原之，褒奬山東官商不附和者。發帑犒張勳軍。賞梁鼎芬三品京堂，會李準規復廣東。丙午，革命軍陷江寧，將軍鐵良、總督張人駿走上海，張勳以其餘衆退保徐州。袁世凱與民軍訂暫時息戰條款，停戰三日。自是展期再三，至決定國體日乃已。命徐世昌充專司訓練禁衞軍大臣。丁未，寶棻免，以齊耀琳爲河南巡撫。命壽勳會袁世凱、徐世昌籌辦軍務。戊申，哲布尊丹巴胡圖克圖自立，逐庫倫辦事大臣三多。詔奪三多職。己酉，贈䘏殉難江西巡撫馮汝騤。庚戌，監國攝政王載灃奏皇太后，繳監國攝政王章，退歸藩邸。皇太后懿旨，晉世續、徐世昌俱爲太保，衞護皇帝。諭段祺瑞剿當陽、天門諸路土匪。辛亥，詔授袁世凱全權大臣，委代表人赴南方討論大局。以馮國璋爲察哈爾都統。資政院請改用陽曆，並臣民自由剪髮，詔俱行之。壬子，改訓練禁衞軍大臣爲總統官，以馮國璋爲之。以良弼爲軍諮府軍諮使。贈䘏殉難閩浙總督松壽。丙辰，開黑龍江省太平山察漢敖拉煤鑛。丁巳，革命軍至荆州，署左翼副都統恆齡死之。戊午，內閣奏行愛國公債票。辛酉　孫寶琦免，以胡建樞爲山東巡撫。

十一月甲子朔，袁世凱請廢臣工封奏舊制。乙丑，命前署湖北提法使施紀雲、前光祿寺少卿陳鍾信四川團練。丙寅，成都尹昌衡、羅綸以同志軍入總督衙，劫前署四川總督、川滇邊務大臣趙爾豐執之，不屈，死。戊辰，贈䘏死事廣東潮州鎭總兵趙國賢。壬申，皇太后命召集臨時國會，以共和立憲國體付公決。初，袁世凱遣唐紹儀南下，與民軍代表伍廷芳討論大局，以上海爲議和地，一再會議，廷芳力持廢帝制建共和國，紹儀不能折，以當先奏聞取上裁，遂以入告。世凱奏請召集王公大臣開御前會議，終從其言。至是，乃定期開國民會議於上海，解決國體。甲戌，各省代表十七人開選舉臨時大總統選舉會於上海，舉臨時大總統，立政府於南京，定號曰中華民國。戊寅，勸親貴王公等輸財贍軍。大理院正卿定成免，以劉若曾代之。己卯，楊士琦免，命梁士詒署郵傳大臣。辛巳，贈卹署四川總督、督辦粵漢川漢鐵路大臣、候補侍郎端方及其弟知府端錦。罷鹽政院。灤州兵變，撫定之。伊犁新軍協統領官楊纘緒軍變，將軍志銳死之。丁亥，告諭哲布尊丹巴胡圖克圖，並賚先朝珍物。庚寅，贈卹殉難署荆州左翼副都統恆齡。辛卯，袁世凱道遇炸彈，不中。壬辰，命張懷芝兼幫辦山東防務大臣。癸巳，命所司保護外人生命財產。命舒清阿幫辦湖北防務。以烏珍爲步軍統領，京師戒嚴。

十二月甲午朔，賞張懷芝巡撫銜。己未，再予前山西巡撫陸鍾琦二等輕車都尉世職，追贈同時遇害其子翰林院侍講陸光熙三品京堂，優卹賜謚，並旌卹鍾琦妻唐氏。丁酉，張人駿罷，命張勳護兩江總督。胡建樞罷，命張廣建署山東巡撫，吳鼎元會辦山東防務。己亥，贈卹殉難伊犁將軍志銳。辛丑，皇太后懿旨，以袁世凱公忠體國，封一等侯爵。命額勒渾署伊犁將軍，文琦辦塔爾巴哈台參贊大臣事。李家駒免，以許鼎霖爲資政院總裁。革命黨以藥彈擊良弼，傷股，越二日死。壬寅，袁世凱辭侯爵，固讓再三乃受。癸卯，以復潼關，賞銀一萬兩犒軍。甲辰，以敍漢陽功，復張彪提督。乙巳，以張懷芝爲安徽巡撫。贈卹死事福州將軍樸壽。丁未，命張錫鑾往奉天會辦防務，李盛鐸署山西巡撫，盧永祥會辦山西軍務。贈卹遇害軍諮府軍諮使良弼。戊申，以王賡爲軍諮府軍諮使。己酉，皇太后懿旨，授袁世凱全權，與民軍商酌條件奏聞。時岑春煊、袁樹勳、陸徵祥、段祺瑞等請速定共和國體，以免生靈塗炭，故不俟國會召集，決定自讓政權，遂有是命。庚戌，命崑源會辦熱河防務。辛亥，命宋小濂署黑龍江巡撫。壬子，徐世昌免軍諮大臣，贈卹雲南殉難甘肅布政使世增。乙卯，錫良免，命崑源署熱河都統。丁巳，免江南徐州府未完丁漕銀糧。戊午，袁世凱奏與南方代表伍廷芳議，贊成共和，並進皇室優待條件八，皇族待遇條件四，滿、蒙、回、藏待遇條件七，凡十九條。皇太后命袁世凱以全權立臨時共和政府，與民軍商統一辦法。袁世凱遂承皇太后懿旨，宣示中外曰：「前因民軍起義，各省響應，九夏沸騰，生靈塗炭。特命袁世凱遣員與民軍代表討論大局，議開國會、公決政體。兩月以來，尚無確當辦法。南北暌隔，彼此相持。商輟於塗，士露於野。國體一日不決，民生一日不安。今全國人民心理，多傾向共和。南中各省，既倡義於前，北方將領，亦主張於後。人心所向，天命可知。

予亦何忍因一姓之尊榮，拂兆民之好惡。是用外觀大勢，內審輿情，特率皇帝將統治權公諸全國，定爲立憲共和國體。近慰海內厭亂望治之心，遠協古聖天下爲公之義。袁世凱前經資政院選爲總理大臣，當茲新舊代謝之際，宜爲南北統一之方。卽由袁世凱以全權組織臨時共和政府，與民軍協商統一辦法。總期人民安堵，海宇乂安，仍合滿、蒙、漢、回、藏五族完全領土爲一大中華民國。予與皇帝得以退處安閒，優遊歲月，受國民之優禮，親見郅治之告成，豈不懿歟！」又曰：「古之君天下者，重在保全民命，不忍以養人者害人。現將新定國體，無非欲先弭大亂，期保乂安。若拂逆多數之民心，重啓無窮之戰禍，則大局決裂，殘殺相尋，必演成種族之慘痛。將至九廟震驚，兆民荼毒，後禍何忍復言。兩害相形，取其輕者。此正朝廷審時觀變，痌瘝吾民之苦衷。凡爾京、外臣民，務當善體此意，爲全局熟權利害，勿得挾虛矯之意氣，逞偏激之空言，致國與民兩受其害。著民政部、步軍統領、姜桂題、馮國璋等嚴密防範，剴切開導。俾皆曉然於朝廷應天順人，大公無私之意。至國家設官分職，以爲民極。內列閣、府、部、院，外建督、撫、司、道，所以康保羣黎，非爲一人一家而設。爾京、外大小各官，均宜慨念時艱，愼供職守。應卽責成各長官敦切誡勸，勿曠厥官，用副予夙昔愛撫庶民之至意。」又曰：「前以大局阽危，兆民困苦，特飭內閣與民軍商酌優待皇室各條件，以期和平解決。茲據覆奏，民軍所開優禮條件，於宗廟陵寢永遠奉祀，先皇陵制如舊妥修各節，均已一律擔承。皇帝但卸政權，不廢尊號。並議定優待皇室八條，待遇皇族四條，待遇滿、蒙、回、藏七條。覽奏尚爲周至。特行宣示皇族暨滿、蒙、回、藏人等，此後務當化除畛域，共保治安，重覩世界之昇平，胥享共和之幸福，予有厚望焉。」遂遜位。

論曰：帝沖齡嗣服，監國攝政，軍國機務，悉由處分，大事並白太后取進止。大變既起，遽謝政權，天下爲公，永存優待，遂開千古未有之奇。虞賓在位，文物猶新。是非論定，修史者每難之。然孔子作春秋，筆則筆，削則削。所見之世且詳于所聞，一朝掌故，烏可從闕。儻亦爲天下後世所共鑒歟？